W0055848

Spannende Einsichten in ein unterschätztes Alltagsphänomen. Wie viele Linkshänder gibt es? Die exakte Antwort auf diese Frage kennt niemand. Offiziell ist mehr als jeder zehnte Deutsche Linkshänder, die Dunkelziffer dürfte aber viel höher sein. Ist das überhaupt wichtig? Der Wissenschaftsjournalist und Biologe Sebastian Jutzi meint: Unbedingt! Denn vieles in der Natur ist rechts oder links gestrickt, selbst in der Tierwelt existieren Links- und Rechtshänder. Wichtige Bausteine des menschlichen Körpers sind links- oder rechtshändig. Nicht nur Katzen, Papageien oder Affen bevorzugen für bestimmte Tätigkeiten die Linke – oder die Rechte. Die Wurzeln der Händigkeit reichen so tief, dass selbst bei intensivstem Training aus einem Linkshänder niemals ein echter Rechtshänder wird. Wer die Linkshändigkeit versteht, erfährt mehr über das Wesen Mensch, angefangen bei seinen Genen und seinem Gehirn bis hin zur Geschichte, Sprache und Pädagogik.

Sebastian Jutzi wurde 1967 in Bad Kreuznach geboren. Er studierte Biologie an der Universität des Saarlands und besuchte den Aufbaustudiengang Journalistik an der Universität Hohenheim. Als Redakteur arbeitete er unter anderem für die Zeitschrift »bild der wissenschaft« und für das ZDF. Er schrieb zwölf Jahre für das Nachrichtenmagazin »Focus« über Themen aus Medizin, Biologie, Umwelt, Internet und Technik. Seit 2014 ist er Chefredakteur der Zeitschrift »natur«.

Weitere Informationen, auch zu E-Book-Ausgaben, finden Sie bei www.fischerverlage.de

Sebastian Jutzi

Nur für Linkshänder

Das Buch

FISCHER Taschenbuch

Erschienen bei FISCHER Taschenbuch
Frankfurt am Main, Juli 2014

© S. Fischer Verlag GmbH, Frankfurt am Main 2014
Satz: Dörlemann Satz, Lemförde
Druck und Bindung: CPI books GmbH, Leck
Printed in Germany
ISBN 978-3-596-19523-7

Wie viel Linkshänder steckt in Ihnen?

Drei Blitz-Tests verraten es Ihnen.

Test 1

Mit welcher Hand üben Sie die folgenden Aufgaben aus beziehungsweise nutzen Sie folgendes Gerät?

1.	Schreiben	links / rechts
2.	Zeichnen	links / rechts
3.	Werfen	links / rechts
4.	Schere	links / rechts
5.	Kämmen	links / rechts
6.	Zähneputzen	links / rechts
7.	Messer (ohne Gabel)	links / rechts
8.	Löffel	links / rechts
9.	Hammer	links / rechts
10.	Schraubenzieher	links / rechts
11.	Tennisschläger	links / rechts
12.	Messer (mit Gabel)	links / rechts
13.	Cricketschläger (untere Hand)	links / rechts
14.	Golfschläger (obere Hand)	links / rechts
15.	Besen (obere Hand)	links / rechts
16.	Harke (obere Hand)	links / rechts

17.	Streichholz anzünden	links / rechts
18.	Eine Kiste öffnen	links / rechts
19.	Spielkarten austeilen	links / rechts
20.	Nadel einfädeln (Hand an Nadel oder Faden, je nachdem welche Hand die Aktion ausführt)	links / rechts

Nun ziehen Sie die Anzahl der Rechts-Antworten von der Anzahl der Links-Antworten ab und teilen das Ergebnis durch die Anzahl aller Antworten. Das Ergebnis multiplizieren Sie mit 100 und schon haben Sie einen Lateralisations-Quotient, der sich zwischen Werten von –100 bis +100 bewegt.

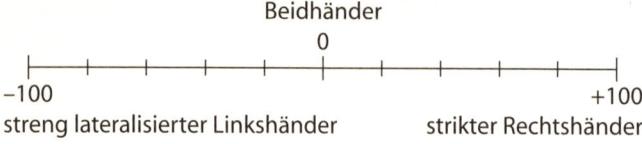

Beidhänder
0

–100
streng lateralisierter Linkshänder

+100
strikter Rechtshänder

Test 2

Setzen Sie innerhalb 30 Sekunden Punkte in so viele Kreise
wie möglich. Einmal mit der linken und einmal mit der
rechten Hand. Wo mehr Punkte genauer gesetzt sind, befindet sich die geschicktere Hand, die Führungshand.

Test 3

Halten Sie eine Papierröhre mit ausgestreckten Armen vor sich und peilen damit ein Objekt, z. B. eine Wanduhr, mit beiden Augen durch die Röhre an. Dann schließen Sie jeweils ein Auge. Das Auge, das die Uhr in der Röhre sieht, ist das Führungsauge. Es dominiert das andere Auge und steuert die Blickrichtung. Bei Linkshändern dominiert das linke doppelt so häufig wie das rechte.

linkes Führungsauge

Eine Papierröhre mit ausgestreckten Armen vor sich halten und ein Objekt (z. B. eine Wanduhr) mit beiden Augen durch die Röhre anpeilen.

Jeweils ein Auge schließen. Das Auge, das die Uhr in der Röhre sieht, ist das Führungsauge. Es dominiert das andere Auge und steuert die Blickrichtung. Bei Linkshändern dominiert das linke Auge etwa doppelt so häufig wie das rechte.

Inhalt

Der Speer des Zorro und
der Fall des Dr. Watson

Als der deutsche Speerwerfer Matthias de Zordo während der Leichtathletik-Europameisterschaft am 31. Juli 2010 im Olympiastadion von Barcelona zu seinem zweiten Versuch im laufenden Wettbewerb ansetzte, ahnte keiner der Zuschauer, was sich in den kommenden Sekunden abspielen würde. Der Sportler, glücklich über seine bereits im ersten Versuch erzielte persönliche Bestleistung von 86,22 Metern, lief an, schleuderte seinen Speer mit aller Macht in den Abendhimmel und schickte dem Wurfgerät einen gewaltigen Schrei hinterher. Nach einem langen Flug bohrte sich die Speerspitze deutlich über der 85-Meter-Marke in den Rasen. Die Siegerpose de Zordos, dem seine Freunde den Spitznamen »Zorro« gaben, ließ nicht lange auf sich warten. Schließlich verkündeten die Kampfrichter die Weite des Wurfs: 87,81 Meter. Erneut eine persönliche Bestleistung und Weltrekord – für Linkshänder.

Obwohl noch nie in einem offiziellen Wettkampf ein Linkshänder seinen Speer weiter geworfen hatte, musste sich de Zordo dem amtierenden Weltmeister und Olympiasieger Andreas Thorkildsen – einem Rechtshänder – geschlagen geben und wurde Vize-Europameister in seiner Disziplin. Gut ein Jahr später erkämpfte sich de Zordo bei der Leichtathletik-Weltmeisterschaft die Goldmedaille – allerdings mit »nur« 86.27 Metern.

Wie soll man den Weltrekord de Zordos bewerten: Herausragende Leistung oder Spitzenwert innerhalb einer Exotengruppe?

Gleichgültig zu welchem Schluss man kommt, er wird die uralte Konfrontation zwischen links und rechts nicht beenden. Ist ein Mensch Rechtshänder oder Linkshänder? Weshalb existieren Linkshänder – oder Rechtshänder? Seit wann gibt es überhaupt Rechtshänder – oder Linkshänder? Was bringt dem Menschen mehr Vor- oder Nachteile? Was verrät das Wesen der Linkshänder über die Rechtshänder – und umgekehrt? Wird es einmal keine Rechtshänder mehr geben? Oder sterben die Linkshänder aus?

Seit Jahrtausenden beschäftigen sich Menschen mit den Fragen rund um die Händigkeit. Die Suche nach den Antworten erstreckt sich in viele Dimensionen. Zeitlich reicht sie bis zu den frühen Wurzeln der Menschheit vor etwa zwei Millionen Jahren. Räumlich taucht sie bis in die molekularen Tiefen des Lebens. Anatomisch erschließt sie die Eigenheiten unseres Körpers. Biographisch entschlüsselt sie Rätsel um die Entwicklung des Individuums. Schließlich eröffnet sie uns historische oder boulevardesque Perspektiven auf herausragende oder nur prominente Persönlichkeiten.

Wer sich auf die Spuren der Linkshändigkeit setzt, entdeckt, weshalb man Menschen wie Marionetten manipulieren kann, dass die linke Hand manchmal mehr weiß als die rechte oder wieso die Bevorzugung einer Seite keine Frage der Hände und beileibe nicht nur dem Menschen vorbehalten ist.

Hinter dem augenscheinlichen Phänomen der Linkshändigkeit verbirgt sich ein viel weiter reichendes, das Biologen, Mediziner und Psychologen als Lateralität bezeichnen. Gemeint ist damit zunächst lediglich die Bevorzugung

12

einer Körper- oder Organseite bei bestimmten Wahrnehmungen, Tätigkeiten oder auch einfach nur die Lage von Organen.

Drei weithin in Vergessenheit geratene Namen von Ärzten, die im 19. Jahrhundert lebten, verbinden sich mit entscheidenden Entdeckungen zu diesem Phänomen.

Im Herbst des Jahres 1835 starb der 48-jährige John Reid in einem Londoner Krankenhaus. Von ihm oder seinem Leben wäre der Nachwelt nichts Nennenswertes überliefert, hätte sein Arzt Thomas Watson nicht wissen wollen, was denn nun die Todesursache gewesen sei. Bei der Obduktion seines Patienten entdeckte Dr. Watson zwar nicht, weshalb der Mann das Zeitliche segnen musste, aber die erstaunliche Tatsache, das Reids Organe seitenverkehrt in seinen Körperhöhlen gelagert waren. Das Herz lag rechts, ebenso wie Magen und Milz, wohingegen die Leber sich links eingeordnet hatte.

Trotz dieser Spiegelung seines Inneren hatte Reid bis zu seinem Tod weitgehend beschwerdefrei gelebt. Etwa ein halbes Jahr später erfuhr Dr. Watson von einem ähnlichen Kuriosum, nur dass es sich diesmal um eine an Durchfall gestorbene Frau handelte. Watson folgerte messerscharf, dass die bislang als gültig angesehene Anordnung der Organe nicht zwangsläufig für deren Funktion notwendig ist. Die spiegelverkehrte Positionierung gewährleistete ein ebenso reibungsloses Arbeiten der Organe. Die übliche Lateralität, also Herz links, Leber rechts und so weiter, war offensichtlich austauschbar. Angeregt durch diese Beobachtung ließ sich Watson zu der Spekulation hinreißen, die eigentliche Händigkeit, also das Bevorzugen der Hand einer Seite, müsste biologisch betrachtet in der Bevölkerung gleich ver teilt sein. Die beobachtbare Abweichung könne demnach nur kulturell, also durch das Umerziehen von Linkshändern, begründet sein.

Zur gleichen Zeit machte der französische Arzt Marc Dax die Entdeckung, dass entscheidende Sprachzentren in der linken Gehirnhälfte des Menschen angesiedelt sind. Dax fasste seine Erkenntnisse zusammen und trug sie im Juli 1836 einer Konferenz von Medizinern vor – ohne Aufsehen zu erregen. Erst 1861 veröffentlichte sein Sohn, Gustave, ein Manuskript, das die Gedanken seines Vaters zusammenfasste. Marc Dax hatte mehr als ein halbes Jahrhundert zuvor einen Kavallerie-Hauptmann der französischen Armee untersucht. Dieser hatte eine Schädelverletzung durch einen schweren Säbelhieb davongetragen. Der Schlag hatte die linke Hälfte des Schädels getroffen und der Offizier litt seither unter eine Sprachschwäche. Unter anderem konnte er sich nicht mehr an bestimmt Worte erinnern. Das brachte Dax zu seiner – wie sich erst viel später herausstellen sollte, richtigen Vermutung, dass Sprache zu wesentlichen Teilen in der linken Gehirnhälfte verarbeitet beziehungsweise produziert wird.

Die Veröffentlichung von Dax' Gedanken durch seinen Sohn geschah gerade noch rechtzeitig, so dass sich sein Vater den Ruhm, der Entdecker dieses wichtigen Faktums zu sein, mit Paul Broca teilen konnte. Der ebenfalls aus Frankreich stammende Arzt hatte wie Dax erkannt, dass menschliches Sprachvermögen entscheidend mit der linken Gehirnhälfte gekoppelt ist. Er fand heraus, dass bestimmte Körperfunktionen wesentlich von nur einer Seite des Gehirns gesteuert werden.

Seitdem ist der Streit um links und rechts auf eine naturwissenschaftliche Grundlage gestellt. Wissenschaftliche Arbeiten zur Lateralisation reihen sich tausendfach aneinander. Trotzdem führen sie nicht immer zu einem sachlichen, rationalen Umgang mit dem Thema, wie Linkshänder bestätigen werden.

Bei der Erklärung, weshalb gerade die Linkshändigkeit provozierend auf Rechtshänder wirkt, zu Vorurteilen verleitet und zu Fehl- oder sogar Überreaktionen führen kann, hilft ein Blick auf die Biologie des Menschen.

Beim Betrachten der untenstehenden Abbildung 1 glauben wir, dass Feld B des Schachbrettmusters deutlich heller als Feld A sei. In Wirklichkeit weisen beide denselben Grau-

Abb.1 Das Feld B wirkt eindeutig heller als Feld A, eine Folge der Verrechnung in unserem Gehirn. In Wirklichkeit haben beide Felder denselben Grauwert.

wert auf. Das ist tatsächlich so, auch wenn man es kaum glauben mag.

Die eigentliche Wahrnehmung geschieht in unserem Gehirn. Dort werden millionenfach Reize, die von den Sinnesorganen anfluten, verarbeitet. Eine Möglichkeit der Rationalisierung ist dabei das Erkennen und Fortschreiben von Mustern, in unserem konkreten Fall des Schachbrettmusters. Derlei vereinfachende Verarbeitung der Reize geschieht sogar bereits im Auge.

Hinzu kommt die Alltagserfahrung des Gehirns, dass Flächen im Schatten gewöhnlich dunkler sind als solche im Licht. Kurzerhand bastelt das Gehirn daraus jenes vermeintlich korrekt fortlaufende Schachbrettmuster, das wir beim Betrachten von Abbildung 1 sehen. Selbst wenn wir wissen, dass wir uns täuschen, unser Gehirn besteht auf seiner Version der Realität.

Das Beispiel macht klar, wie sehr der Mensch abhängig ist von seiner optischen Wahrnehmung und ihren biologischen Grundregeln. Sie bedingt, dass wir ständig auf der Suche nach Mustern sind. Was nicht passt, wird eben passend gedacht. Deshalb richtet sich das Augenmerk jener Menschen, die bevorzugt ihre rechte Hand für bestimmte Tätigkeiten benutzen, auf die Linkshändigkeit als offensichtlichste Ausprägung einer Lateralisation, und passt sie in bestimmte Muster ein. Der Mensch ist – auch wenn er sich weigert – also manchmal hilflos gegen das, was ihm sein Gehirn vorgaukelt. Das Muster gewinnt, selbst wenn wir uns dagegen sträuben.

Verstärkt wird diese Tendenz des Menschen durch eine zweite Neigung: den Hang zur sogenannten In-Group. Mit diesem Fachbegriff bezeichnen Forscher alle Angehörigen einer bestimmten Gruppe. Wer dazugehört, ist »in« der Gruppe. Gerne geben sich die Mitglieder solcher Gruppen einander zu erkennen, beispielsweise durch äußere Kennzeichen wie Embleme und Uniformen oder durch Gesten, Verhaltens- oder Ausdrucksweisen.

Wie tief diese Tendenz zu unserer eigenen, wie auch immer definierten Gruppe in uns wurzelt, zeigen zwei Experimente, die der Psychologe Kurt Hugenberg an der Miami Universität in Florida durchführte. Sie verdeutlichen Mechanismen, die wohl auch der Attitüde von Rechtshändern gegenüber Linkshänden zugrunde liegen.

Hugenberg präsentierte Studenten seiner Universität Bilder von Männer-Gesichtern. Das wesentliche Unterscheidungsmerkmal während einer ersten Lernphase war der Hintergrund. Die eine Hälfte der vorgeführten Gesichter wurde vor rotem Hintergrund präsentiert, die andere Hälfte vor grünem. Zusätzlich wurde den Probanden gesagt, die Gesichter vor rotem Hintergrund gehörten direkten Kommilitonen, die vor grünem Hintergrund stammten von Studenten einer anderen Hochschule. Anschließend wurden den Probanden diese Gesichter vermischt mit neuen Konterfeis gezeigt. Ergebnis: Die Studenten erkannten ihre vermeintlichen Kommilitonen, die angeblich zur selben Universität gehörten, wesentlich besser als die Fremden. Sie zeigten eine deutliche Tendenz zu ihrer eigenen Gruppe, die sich in diesem Fall von anderen lediglich durch die vorgebliche Zugehörigkeit zu ein und derselben Universität unterschied.

In einem zweiten Versuch mussten die Probanden zunächst einen schriftlichen Fragebogen ausfüllen. Die Auswertung der Befragung, stufte die Teilnehmer entweder als

»grüne« oder »rote« Persönlichkeit ein, was den Studenten auch mitgeteilt wurde. Anschließend zeigte man ihnen Gesichter, die lediglich mit dem jeweiligen Wort als »grüne« oder »rote« Persönlichkeit gekennzeichnet waren. In dieser Abfolge von Konterfeis erkannten die Versuchspersonen auch hier jene Gesichter, die ihrer eigenen Persönlichkeitskategorie zugeordnet waren, wesentlich besser als andere. Die Roten erkannten besonders gut andere Rote, die Grünen besonders gut die Grünen. Sie zeigten wieder eine deutliche Tendenz zu ihrer eigenen Gruppe.

Hugenbergs Ergebnis, wie viele andere Experimente auch, bestätigen das Sprichwort: »Gleich und gleich gesellt sich gern.« Man könnte es sogar dahingehend erweitern, dass sich gleich und gleich auch besonders gut erkennt beziehungsweise wiedererkennt.

Wenn also Rechtshänder etwas verwundert ihr linkshändiges Gegenüber betrachten und dazu neigen, ihm mit einer Flut von Vorurteilen zu begegnen, dann sollten sich Linkshänder nicht sofort darüber ärgern. Der Hang zur Musterbildung und -erkennung, begründet in der Biologie des Menschen, verleitet Rechtshänder dazu, Linkshänder zumindest als merkwürdig einzustufen. Getreu dem Muster: Was nicht ich bin, muss etwas Anderes sein – und das ist im Zweifel erst einmal merkwürdig.

Das Leben ist links gestrickt und Linkshänder riechen anders

Im Jahr 1848 erhielt die lateinische Redewendung »in vino veritas«, im Wein liegt die Wahrheit, eine neue Bedeutung. In jenem Jahr präsentierte der 25-jährige, französische Naturwissenschaftler Louis Pasteur die Ergebnisse seiner bahnbrechenden Forschung. Er hatte bewiesen, dass es in der Natur tatsächlich links- oder rechtshändige Substanzen gibt – und hatte sie sogar voneinander getrennt.

Pasteur führte seine Experimente mit Weinsäure durch und gelangte so zu einer grundlegenden Erkenntnis. Der Name dieser Substanz verrät schon, wo sie vorkommt: in Rebstöcken, Trauben und folglich auch im Wein. Pasteur verglich nun die Säure aus Wein mit industriell hergestellter Weinsäure. Er stellte fest, dass die beiden Substanzen, in Wasser gelöst, jeweils unterschiedlichen Einfluss auf Licht ausübten.

Licht breitet sich in Wellen aus. Diese Wellen kann man filtern, so dass nur Licht einer bestimmten Wellenart durch den Filter kommt. Es hat, wie Wissenschaftler sagen, eine bestimmte Polarisationsebene.

Dieses polarisierte Licht durchdringt jeden Filter, der so aufgebaut ist wie in der Abbildung 2. Würde man den Filter drehen, dann würde er das Licht nicht hindurchlassen.

Pasteur schickte nun derart polarisiertes Licht einmal durch eine Lösung mit Weinsäure aus Trauben und ein andermal durch eine Lösung mit industriell hergestellter

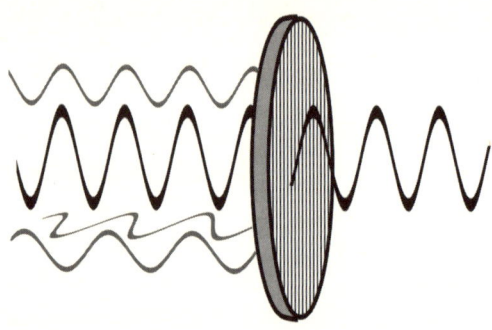

Abb. 2 Aus einem Sammelsurium unterschiedlicher Lichtwellen wird eine ganz bestimmte Welle herausgefiltert. Das Licht ist polarisiert.

Weinsäure. Er stellte verblüfft fest, dass die natürliche Weinsäure das polarisierte Licht nach rechts, also im Uhrzeigersinn, drehte – die industriell hergestellte aber nicht.

Der Forscher verdunstete das Wasser, die Weinsäure bildete Kristalle und Pasteur entdeckte unter dem Mikroskop, dass die Kristalle aus Trauben alle gleich aussahen, während sich die Kristalle aus der industriellen Lösung in zwei Typen unterscheiden ließen (siehe Abbildung 3). Mit einer feinen Nadel sortierte der Forscher dann diese beiden unterschiedlichen Kristallformen.

Nachdem er sie wieder in Wasser aufgelöst hatte, drehte die eine Lösung das polarisierte Licht nach rechts wie bei der natürlichen Weinsäure, die andere drehte das Licht aber nach links. Ein Gemisch aus beiden hatte erneut keinen Effekt. Die natürliche Weinsäure bestand also aus jenem Typ, der das Licht nach rechts drehte.

Jahre später stellte Pasteur weitere Versuche an und entdeckte, dass Mikroorganismen nur mit einer der beiden Formen der Weinsäure wachsen konnten.

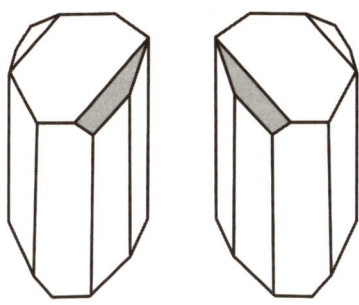

Abb. 3 Links Kristall der D-Weinsäure, rechts Kristall der L-Weinsäure.

Worin unterscheiden sich die beiden Substanzen, die doch ansonsten gleiche Eigenschaften haben? Das Geheimnis liegt tatsächlich in der »Händigkeit« der beiden Verbindungen. Sie setzen sich zwar aus exakt den gleichen Bausteinen zusammen, diese sind aber einmal linkshändig zusammengesetzt und einmal rechtshändig (siehe Abbildung 4). Sie gleichen sich wie Spiegelbild und Original. Ebenso wie rechte und linke Hand ähneln sie sich stark, aber genauso wie unsere Hände sind sie durch kein Manöver zur exakten Deckung zu bringen.

Die grundlegende Erkenntnis, die Pasteur mit seinen Versuchen gewann, hat weitreichende Bedeutung, denn nicht nur Weinsäure kann asymmetrisch aufgebaut sein.

Der menschliche Körper setzt sich zu einem guten Teil aus Aminosäuren zusammen, den Bausteinen der Eiweiße. Haut, Muskeln, Bindegewebe, Haare, Fingernägel – ohne Eiweiße würde der Mensch nicht existieren, ja, es gäbe überhaupt kein Leben auf der Erde. Auch die Aminosäuren können – ähnlich wie die Weinsäure – in linkshändige L-Aminosäuren und rechthändige D-Aminosäuren unter-

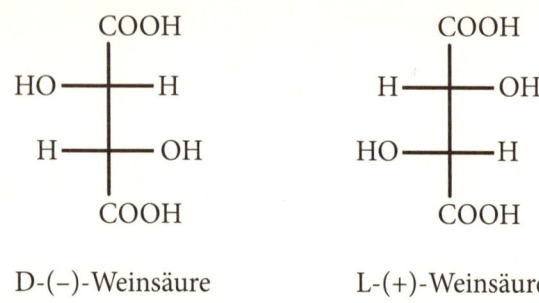

	COOH			COOH	
HO —		— H	H —		— OH
H —		— OH	HO —		— H
	COOH			COOH	

D-(−)-Weinsäure   L-(+)-Weinsäure

Abb. 4 Die beiden Formen der Weinsäure setzen sich gleich zusammen, aber die OH-Gruppen sind unterschiedlich angeordnet. D steht für dexter (lateinisch: rechts), L für laevus (lateinisch: links).

schieden werden. Lebewesen nutzen zum ganz überwiegenden Teil nur die L-Aminosäuren.

Würde man beispielsweise einem Menschen Eiweiß zu essen geben, das sich nur aus D-Aminosäuren aufbaut, müsste er verhungern, denn sein Körper wäre weder in der Lage, die Nahrung zu verdauen noch sie aufzunehmen. Der Tod käme mit vollem Magen, denn die Enzyme, die üblicherweise das Eiweiß zerkleinern, sind auf linkshändige Aminosäuren eingestellt. Sie greifen bestimmte Strukturen der Proteine an. Eiweiß und Enzym passen zusammen wie Schloss und Schlüssel. Nur dann kann der Abbau gelingen. So wie ein Händeschütteln nur dann richtig funktioniert, wenn zwei rechte oder zwei linke Hände nacheinander greifen.

Weshalb die linkshändigen Aminosäuren eindeutig überwiegen ist Gegenstand heftiger wissenschaftlicher Diskussionen. Manche Forscher glauben, dass die Grundbausteine des Lebens durch Kometen oder Meteoriten auf die Erde kamen und die L-Aminosäuren die Reise durchs

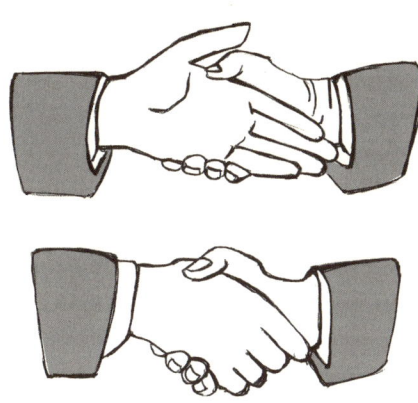

Abb. 5 Oben greifen eine rechte und eine linke Hand nacheinander. Das Händeschütteln geht schief. Anders unten, wo zwei rechte Hände einander berühren. So müssen auch Enzyme zur Nahrung passen.

Weltall einfach besser überstanden als ihr rechtshändiges Pendant.

Andere vermuten, dass die Ursuppe, in der sich das Leben entwickelte, einfach ein wenig mehr L- als D-Aminosäuren enthielt und sich das Leben deshalb für die linkshändigen Verbindungen entschied.

Die weitgehende Unverdaulichkeit von Eiweißen, die D-Aminosäuren enthalten, machen sich Bakterien zunutze, indem sie genau diese Aminosäuren in ihre Zellwände einbauen. Das bietet ihnen Schutz gegen Angriffe von außen. Normalerweise. Zum Glück entdeckte der britische Forscher Alexander Fleming zu Beginn des 20. Jahrhunderts das Penicillin, das von einem Pilz produzierte Abwehrgift gegen Bakterien, das eben jenes Bollwerk der Einzeller sprengt.

Viele Substanzen in der Natur weisen eine Händigkeit auf. Greifen Lebewesen bevorzugt auf linkshändige Amino-

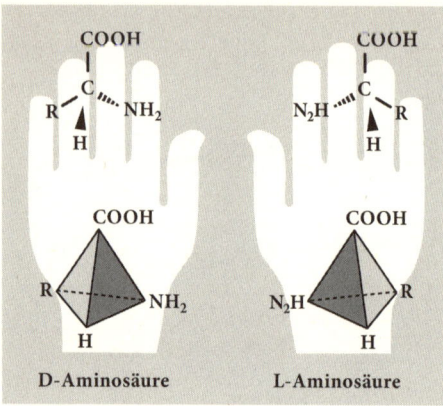

COOH
|
C
R —⟍ — NH₂
H

COOH
|
C
N₂H — ⟍ — R
H

COOH

R ⟵ NH₂
H

D-Aminosäure

COOH

N₂H ⟶ R
H

L-Aminosäure

Abb. 6 Lebewesen setzen sich überwiegend aus linkshändigen L-Aminosäuren zusammen. Entscheidend ist hier die NH₂-Gruppe.

säuren zurück, handhaben sie das bei Zuckern genau umgekehrt. Die allermeisten Zucker, die der Stoffwechsel von Lebewesen umsetzen kann, sind rechtshändig.

Die Bedeutung der auch als Chiralität bezeichneten Händigkeit von Molekülen ist groß. So duften manche links- oder rechtshändigen Stoffe verschieden, zum Beispiel das Limonen. Es ist sowohl für den Duft von Zitronen als auch Orangen verantwortlich. Obwohl es sich jeweils um die gleiche Verbindung handelt, riechen beide Zitrusfrüchte für uns unterschiedlich. Der Grund hierfür ist die Händigkeit des Limonens. Linkshändiges duftet nach Zitrone, rechtshändiges nach Orange. Auch andere Aromen lösen je nach ihrer Orientierung unterschiedliche Empfindungen aus. So riecht linkshändiges Carvon nach Minze, rechtshändiges dagegen nach Kümmel. Der in vielen ätherischen Ölen enthaltene Duftstoff Linalool verbreitet in seiner linkshändigen Form einen süßlichen Lavendelduft, als Rechtshänder riecht er holzig. Basilikumöl kann bis zu 60 Prozent linkshändiges Linalool enthalten, Korianderöl dagegen bis zu 80 Prozent der rechtshändigen Form.

Manche Pestizide, die auf Äcker ausgebracht werden, um Schädlinge zu töten, bestehen ebenfalls aus rechts- oder linkshändigen Verbindungen. Die Gifte werden meist als Gemisch verkauft, weil man nicht weiß, ob beide wirken oder nur eine Form den eigentlichen Zweck erfüllt. Klar ist jedenfalls, dass bei einigen dieser Agrochemikalien die eine Form wesentlich länger in der Umwelt verweilt als die andere, teilweise doppelt so lange. Ein Grund hierfür dürfte sicher darin liegen, dass Mikroorganismen mit ihren Enzymen auf entweder links- oder rechtshändige Formen dieser Gifte spezialisiert sind und nur diese rasch abbauen können.

Händigkeit von ansonsten gleich gebauten Substanzen duftet nicht nur unterschiedlich oder erweist sich als hartnäckiger gegen den Verfall, sie kann auch darüber entscheiden, ob eine Arznei heilt oder schadet. So erlangte der Wirkstoff Thalidomid unter dem Handelsnamen eines Medikaments traurige Berühmtheit. Ende der 1950er-Jahre schädigte das Schlaf- und Beruhigungsmittel Contergan mehrere tausend Ungeborene, weil ihre Mütter auf die Aussage des Herstellers und der Ärzte vertrauten, das Mittel sei für Schwangere gut geeignet. Leider erwies sich das als Irrtum und viele missgebildete Kinder kamen zur Welt.

Thalidomid existiert in einer links- und einer rechtshändigen Form, die sich allerdings spontan und schnell ineinander umwandeln – auch im menschlichen Körper. Deshalb spielen Spekulationen darüber, ob nur eine der beiden

Substanzen schädlich für Ungeborene ist, keine Rolle. Bei anderen Wirkstoffen ist es jedoch entscheidend, welche Form ein Patient bekommt. So wird L-Dopa oder Levo-dopa unter anderem zur Behandlung der Parkinsonschen Krankheit eingesetzt, während das rechtshändige D-Dopa versagen und die Zahl der weißen Blutkörperchen stark senken würde, was die Immunabwehr extrem schwächt.

Das Antibiotikum Ethambutol hilft bei der Bekämpfung der Tuberkulose, die sich in manchen Regionen der Erde erneut ausbreitet. Nur die linkshändige Version entfaltet eine heilende Wirkung. Das rechtshändige Molekül kann dagegen zur Erblindung führen.

Mehr als 30 Prozent aller handelsüblichen Pharmazeutika weisen eine Händigkeit auf. Oft werden sie als Gemisch von links- und rechtshändigen Substanzen verkauft, nur etwa 20 Prozent der Medikamente, die eine Händigkeit aufweisen, werden in reiner links- oder rechtshändigen Form verkauft.

Die Händigkeit von chemischen Verbindungen nährt auch die Hoffnung auf neue Waffen gegen Krankheitserreger. Britischen Biochemikern ist es gelungen, organische Moleküle so um Eisenatome anzuordnen, dass sie Spiralen bilden, die sich entweder links- oder rechtsherum winden. Die linkshändige Form dieser neuen Substanzen zeigt im Labor bereits gute Wirkung gegen multiresistente Bakterien und scheint gleichzeitig nur wenig giftig für höher entwickelte Lebewesen zu sein. Angesichts der zunehmenden Resistenzen von Krankheitserregern gegen herkömmliche Antibiotika, könnten diese Linkshänder vielleicht bald viele Menschenleben retten.

Die Bedeutung der unterschiedlichen Händigkeit von

Substanzen ist so groß, dass im Jahr 2001 der Nobelpreis für Chemie an drei Wissenschaftler vergeben wurde. Mit ihrer Forschung haben sie entscheidend dazu beigetragen, dass man heute im Labor gezielt entweder links- oder rechtshändige Moleküle erzeugen kann. Die drei Laureaten William Knowles und Barry Sharpless aus den USA sowie Ryoji Noyori aus Japan dürften sich angesichts des Preisgeldes von etwa 1,2 Millionen Euro besonders darüber freuen, dass links und rechts in Chemie und Biologie eine so große Rolle spielen.

Wenn es schon für Moleküle wichtig ist, ob sie links- oder rechtshändig sind, dann überrascht es kaum, dass Pflanzen und Tiere mindestens ebenso davon abhängig sind.

Schneckenkönig und Adlerauge

Neben Elefanten, Tigern, Löwen und Co. bieten viele Zoos eine weitere Attraktion, vor der sich Kinder wie Erwachsene gerne die Nase an einer Scheibe platt drücken. Fasziniert schauen die Besucher in gläserne Brutkammern und sehen zu, wie Küken aus dem Ei schlüpfen. Dass aus dem, was wir uns gerne als Rühr- oder Spiegelei in die Pfannen hauen, auch so ein entzückendes Flaumknäuel werden kann, grenzt jedes Mal an ein Wunder, betrachtet man das kleine Tier.

In 21 Tagen entwickelt sich hinter der Kalkschale eines Eis der Embryo zum Küken. Während sich aus dem anfänglich unförmigen Zellklumpen zusehends das spätere Hühnchen formt, spielt sich etwa 48 Stunden vor dem Schlupf Entscheidendes ab. In dem Ei herrscht bereits gedrängte Enge. Für Bewegungsfreiheit oder gar bequemes Ausstrecken der Extremitäten oder des Kopfes ist auch nicht annähernd Platz. Das nun schon beinahe fertige Küken drückt mit seinem ganzen Körper gegen die Eierschale und muss unter anderem seinen Kopf zur Seite drehen. Das geschieht meist so, dass sein rechtes Auge zur Schale gerichtet ist, das linke sich dem Körper zuwendet. In das rechte Auge fällt also wesentlich mehr Licht. Diese Stimulation bewirkt, dass sich das rechte Auge des Kükens zum Führungsauge entwickelt. Die Hühnchen orientieren sich bei komplexen Aufgaben am liebsten mit diesem Auge.

Um das zu prüfen, brüteten australische Biologen einige Küken aus. Die eine Hälfte wurde bei Licht gewärmt, die andere im Dunkel. Den geschlüpften Hühnchen stellten sie folgende Aufgabe: In einem Käfig waren Futterkörner und kleine Kiesel am Boden verstreut. Die hungrigen Küken pickten eifrig danach. Diejenigen, deren Eier im Licht gelegen hatten, lernten schneller und besser Futter von Steinchen zu unterscheiden als jene, die permanent im Dunkel bebrütet worden waren.

Einem Teil der gefiederten Probanden wurde dann noch zusätzlich die Silhouette eines Raubvogels über ihren Köpfen präsentiert. Das löste bei den meisten ein angeborenes Flucht- und Warnverhalten aus. Diejenigen, deren Eier im Finstern gelegen hatten, waren noch schlechter in der Lage, Futter von Steinchen zu unterscheiden als vorher, als sie keine Greifvogelattrappe störte.

Die Küken, die schon vor dem Schlüpfen beleuchtet wurden, zeigten im Gegensatz zu ihren Brüdern und Schwestern aus der Dunkelheit eine weitere Besonderheit. Sie starrten bevorzugt mit dem linken Auge nach dem vermeintlichen Feind. Sie benutzten also ihr weniger geschultes Auge für die leichtere Aufgabe. Mit dem linken mussten sie lediglich darauf achten, wo sich zum Beispiel ein Habicht oder Adler befand, mit dem rechten konzentrierten sie sich darauf, zwischen Futter und Ungenießbarem zu wählen. Hühnchen haben also ein spezielles Adlerauge – und zwar das linke.

Die Augen der Küken verdeutlichen etwas Wesentliches im Zusammenhang von linker und rechter Körperhälfte. Die beiden Seiten ergänzen sich in Form einer Arbeitsteilung. Jede für sich übernimmt besondere Aufgaben. So schielt ein Auge eben nach Futter, während das andere nach Feinden Ausschau hält.

Das auch als Lateralisation beziehungsweise Seitigkeit bezeichnete Phänomen teilen viele Lebewesen miteinander. Schon bei sehr einfachen Tieren zeigt es sich. So tragen die allermeisten Gehäuseschnecken ein sogenannt rechtsdrehendes Haus. Die Spirale dreht sich von innen her im Uhrzeigersinn. Wenn das Haus einer Weinbergschnecke mit der Spirale nach oben liegt, dann zeigt die Öffnung des Gehäuses nach rechts unten (siehe Abbildung 7).

Selten kommen Abweichungen von diesem Normalfall vor. Bei Weinbergschnecken trägt etwa eine von 10 000, in manchen Populationen sogar nur eine von einer Million Tieren ein linksdrehendes Gehäuse. Weil diese quasi linkshändigen Schnecken etwas so Besonderes sind und sie aus der Masse ihrer gewöhnlichen Artgenossen herausragen, nennt man sie auch Schneckenkönige.

Anders als die Masse zu sein, kann Vorteile haben. Das war schon in der Urzeit so, wie amerikanische Paläontolo-

Abb. 7 Oben eine gewöhnliche Weinbergschnecke. Ihr Haus ist rechtsdrehend. Unten ein sogenannter Schneckenkönig mit linksdrehendem Gehäuse.

gen in mühevoller Detektivarbeit herausfanden. Sie begutachteten mehr als 1700 Gehäuse von Meeresschnecken, die im Pliozän vor 3,5 bis vier Millionen Jahren lebten – und deren Verwandten noch heute die Meere besiedeln. Die Forscher suchten nach Spuren eines Kampfes. Der Hauptfeind der Schnecken war damals wie heute eine Krabbe. Um ihre Beute zu töten, positioniert das Krustentier die Schnecke mit nach oben gerichtetem Hauseingang vor sich. Bei gewöhnlichen Schnecken mit rechtsdrehendem Gehäuse öffnet sich der Eingang so, dass die Krabbe bequem mit ihrer rechten Schere in das Gehäuse eindringen kann. Hierzu muss man wissen, dass Krabben meist ihre rechte Schere bevorzugen, sie also Rechtshänder sind.

Ein linksdrehendes Schneckenhaus erweist sich für diese rechtshändigen Krabben dagegen als sperrig, weil es sich seitenverkehrt präsentiert. Der Rand des Eingangs, an dem die Schere sonst so geschmeidig eindringt, liegt bei ihnen auf der gegenüberliegenden Seite. Die Forscher fanden denn auch anteilig viel weniger beschädigte linksdrehende Schneckenhäuser als rechtsdrehende. Offenbar erwiesen sich die außergewöhnlichen Linkshänder unter den Schnecken als so unhandlich, dass ihnen die Krabben viel seltener zu Leibe rückten. Diesen Vorteil behielten die Schnecken aber nur so lange, wie sie selten waren. Dass sie ihn nicht verloren, dafür sorgte eben diese Besonderheit selbst, denn wenn sich Schnecken paaren, pressen sie ihre Leiber aneinander. Das funktioniert ähnlich wie das Händeschütteln nur dann gut, wenn sich zwei Individuen mit einem rechtsdrehenden oder mit einem linksdrehenden Gehäuse miteinander vereinigen. Treffen Links- und Rechtshänder aufeinander, klappt die Zeugung nicht so gut, weil die Partner einfach nicht zusammenpassen. Da Schnecken mit linksdrehendem Gehäuse selten sind, stoßen sie auch nicht sehr häufig auf gleichgestaltete Paarungspartner. Sie haben weniger Nachkommen, was letztlich dafür sorgt, dass sie rar bleiben und sie somit ihren Vorteil gegenüber ihren rechtshändigen Fressfeinden behalten.

Japanische Biologen untersuchten nun Landschnecken auf irgendeinen Vorteil der seltenen Linkshändigkeit. In vielen Regionen der Erde fressen kleine Schlangen Schnecken. Manche haben sich so sehr an die üblichen, rechtsdrehenden Gehäuse ihrer Beute angepasst, das sie auf der rechten Seite des Kiefers mehr und stärkere Zähne haben als links, was wiederum den linkshändigen Schnecken einen Vorteil verschaffen sollte. Und tatsächlich leben in Populationen, die von Schlangen bedroht sind, etwa zwölf Prozent linksdrehende Schnecken. In Gegenden, in denen keine Reptilien auf Schneckenjagd gehen, sind es dagegen nur fünf Prozent. Für die Landschnecken gilt dabei dasselbe wie für ihre Verwandten im Meer: Solange ihre außergewöhnliche Eigenschaft auch gleichzeitig dafür sorgt, dass sie selten bleiben, dürfen sie ihren Vorteil gegenüber ihren Fressfeinden genießen.

Erstaunlicherweise entscheiden schon bei den Schnecken eben jene Gene darüber, ob sie ein rechts- oder linksdrehendes Gehäuse tragen, die auch bei den Säugetieren dafür verantwortlich sind, dass die Organe ihren angestammten Platz einnehmen – also zum Beispiel die Leber rechts und das Herz eher links. Funktionieren diese Erbanlagen nicht, sterben sowohl die Schnecken als auch die Embryonen der Säugetiere.

Über Leben oder Tod entscheiden links und rechts aber

nicht nur hinsichtlich der Körperform und der Lage von Organen. Im afrikanischen Tanganjika-See leben Zahnkärpflinge, die sich von den Schuppen anderer Fische ernähren. Um an ihre Beute zu kommen, pirschen sich die kaum 15 Zentimeter kleinen Räuber an ihre Opfer heran, stoßen blitzschnell zu, reißen eine Schuppe aus der Haut ihrer Beute und schwimmen davon. Jeder der Kärpflinge greift dabei bevorzugt von links oder rechts an. Das Maul der Schuppenräuber passt sich dieser Seite an. Bei denen, die meist von rechts attackieren, biegt es sich nach links, und umgekehrt. Noch haben Biologen nicht geklärt, ob sich diese anatomische Besonderheit rein aufgrund der Erbanlagen so ausbildet oder sich durch das Jagdverhalten selbst eine bestimmte Maulform ausprägt.

Wenn die Fische aus den Eiern schlüpfen, ist bei manchen das Maul schon leicht in eine Richtung gekrümmt, entweder nach links oder rechts. Es gibt aber auch Fische, bei denen das Maul vollkommen symmetrisch ist. Erst wenn die Tiere erwachsen werden, zeigen viele eine deutliche Tendenz zum Links- oder Rechtsmäuler. Diese Spezialisierung verschafft ihnen einen größeren Jagderfolg als jenen, die sich nicht entscheiden können und mal von links, ein andermal von rechts angreifen.

Neben erfolgreicher Jagd ermöglicht Lateralisation aber auch eventuell erfolgreiche Flucht. Das beweist eine andere Fischart, die zu den Brandungsbarschen im nordöstlichen Pazifik gehört. Individuen, die ähnlich wie Küken eine stärkere Lateralisation zeigen, zum Beispiel Feinde bevorzugt mit dem einen Auge, Artgenossen mit dem anderen beobachten, reagieren schneller, wenn sie flüchten müssen. Wird es brenzlig, kann einem die Seitigkeit, egal ob links oder rechts, also sogar das Leben retten. Wie das eventuell mit dem Elfmeterschießen beim Fußball zusammenhängt, erfahren Sie auf Seite 108 f.

Pflanzen wenden sich nicht zur Flucht und im Fußballstadion dienen sie lediglich in Form des Rasens als angenehm grüne Spielfläche. Aber auch im Reich der Gewächse findet sich die Bevorzugung einer Seite. Das fiel bereits Immanuel Kant auf, als er in seinem Werk »Vom ersten Grunde des Unterschiedes der Gegenden im Raum« schrieb: »Aller Hopfen windet sich von seiner Linken gegen die Rechte um seine Stange; die Bohnen aber nehmen eine entgegengesetzte Wendung.« Schon der Königsberger Philosoph erkannte, dass Pflanzen Links- und Rechtsvorlieben haben. So rankt sich die Passionsblume immer nur in eine Richtung: rechtsherum. Der Blauregen, eine beliebte Fassadenpflanze, dreht sich ebenfalls immer rechtsherum – mit einer Ausnahme: Eine Unterart des Blauregens hat sich für die Linksspirale entschieden. Die Spiralrichtung einer Pflanze ist in ihren Genen festgelegt.

Botaniker definieren links und rechts, indem sie von oben auf die Pflanze schauen und verfolgen, in welche Richtung sie von unten nach oben gewachsen ist. Das entspricht genau der umgekehrten Herangehensweise von Architekten. Sie definieren rechtsherum nicht mit einem Blick aus der Vogelperspektive, sondern von unten nach oben, so wie man beispielsweise eine Treppe heraufgeht.

Die Mehrzahl der Schlingpflanzen sind übrigens Linkswinder mit teilweise klingenden Namen: Baumwürger, Pfeifenwinde, Schwarzäugige Susanne, Sternwinde oder Stangenbohnen zählen dazu. Die Rechtswinder sind weniger zahlreich. Der bekannteste ist der schon von Kant er-

wähnte Hopfen. Hinzu kommen Gewächse wie die Yams-
wurzel oder das Geißblatt.

Für keine der beiden Seiten konnte sich dagegen der
Schlingknöterich Fallopia entscheiden. Er windet sich mal
links- und mal rechtsherum.

Im Tierreich ist die Lateralisation noch wesentlich verbreiteter als unter den Pflanzen. So beobachteten Heidel-
berger Biologen Halsbandsittiche beim Fressen. Die eigentlich aus Asien und Afrika stammenden Vögel sind als
eingewanderte Art mittlerweile in einigen europäischen
Städten heimisch geworden. In Deutschland bevorzugen sie
die Siedlungen entlang des Rheingrabens und auch das
Stadtgebiet von Heidelberg. Hier legten sich der Zoologie-
professor Christoph Randler und seine Kollegen auf die
Lauer und sahen den Vögeln dabei zu, wie sie entweder die
Früchte von Trompetenbäumen oder als Köder ausgelegte
kleine Apfelstückchen fraßen. Dazu hielten die Sittiche das
Futter mit einem Fuß fest, um dann mit ihrem Schnabel
hineinbeißen zu können. Von 184 Vögeln, die Trompeten-
baumfrüchte verputzten, griffen 102 mit dem linken und
82 mit dem rechten Fuß zu. Bei den Sittichen, die sich an
den Apfelstücken gütlich taten, langten 24 mit links zu, elf
mit rechts. Unter den Halsbandsittichen scheint es also eine
deutliche Tendenz zur Linkshändigkeit zu geben.

In Australien stellten Forscher Papageien vor ein kom-
plexes Problem. An einer Querstange hing an einer 50 Zentimeter langen Schnur ein verlockendes Stück Futter. Die
Vögel konnten nur an die Leckerei herankommen, wenn sie
mit ihrem Schnabel ein Stück der Schnur zu sich heraufzo-
gen, sie dann mit einem Fuß festhielten, um erneut an der
Schnur zu ziehen. Auf diese Weise hievten sie das Futter

Stück für Stück hoch. Wenn sie dieses Vorgehen oft genug wiederholten, war das Futter schließlich so nahe, dass sie es fressen konnten.

Auch in diesem Experiment zeigte sich, dass es von Vorteil ist, wenn man eine Extremität bevorzugt. Je mehr die Vögel dazu tendierten, zur Lösung schwieriger Aufgaben immer einen bestimmten Fuß zu benutzen, desto leichter meisterten sie auch die in dem Versuchsaufbau gestellte Hürde. Individuen von acht Arten mit unterschiedlichem Hang zur Linkshändigkeit wurden in dem Experiment untersucht. Dabei zeigte sich, dass besonders jene Tiere die Aufgabe erfolgreich lösten, die auch sonst dazu neigten, immer entweder den rechten oder den linken Fuß zum Greifen zu benutzen. Am besten schnitten die Helmkakadus ab, die ausschließlich Linkshänder sind.

Art	Anteil der Linkshänder %	Erfolgreich %
Rosakakadu	58	66
Helmkakadu	100	88
Banks-Rabenkakadu	86	86
Gelbhaubenkakadu	94	88
Königssittich	12	82
Schildsittich	38	62
Nymphensittiche	90	0
Wellensittiche	50	0

Je stärker die Lateralisation beim Einsatz der Füße, desto erfolgreicher lösen Papageien eine komplexe Aufgabe.

Dass Nymphen- und Wellensittiche komplett scheiterten, hängt nicht mit ihrer Händigkeit und schon gar nicht mit mangelnder Intelligenz zusammen. Sie setzen üblicherweise ihre Füße nicht zur Nahrungssuche beziehungsweise beim Fressen ein. Und so lag ihnen auch in diesem Fall nichts ferner, als mit den Füßen nach der Schnur zu greifen, um an das Futter zu gelangen.

Während Papageien also offensichtlich eine Tendenz zur Linkshändigkeit zeigen, verhält es sich bei Walrossen umgekehrt. Wenn sie abtauchen, um nach Muscheln zu suchen – eine ihrer Hauptnahrung –, dann benutzen sie vier verschiedene Techniken, um an die im Sand eingegrabene Beute zu gelangen. Meist schaufeln sie den Sand mit der linken oder der rechten Vorderflosse beiseite. Manchmal spülen sie die Muscheln auch mit einem Wasserstrahl, den sie aus dem Maul herauspumpen, aus dem Versteck. Oder sie graben den Meeresboden mit ihrer Schnauze um wie nach Trüffel wühlende Wildschweine. In einem Prozent der Fälle nutzen sie den Wasserstrahl, zu 29 Prozent greifen sie auf die Wildschweinmethode zurück. In vier Prozent der Fälle rücken sie den Muscheln mit der linken Vorderflosse zu Leibe, aber zu 66 Prozent kommt die Rechte zum Einsatz. Betrachtet man nur die Technik des Ausgrabens mit den Flossen, wird die Händigkeit der Walrosse noch deutlicher: Zu 89 Prozent benutzen sie die Rechte.

Pferde wiederum sind hinsichtlich ihrer Händigkeit reichlich unentschlossen. Etwa 47 Prozent bevorzugen den linken Vorderhuf, 43 Prozent den rechten und zehn Prozent ist es egal, mit welchem Vorderlauf sie ein Rennen beginnen. Hengste tendieren dabei mehr zur Linkshändigkeit als Stuten. Wer also Pferdewetten auf der Rennbahn platzieren will, sollte sich vorher anschauen, welche Händigkeit sein Favorit hat. Da die allermeisten Rennen linksherum geführt werden, besitzen rechtshändige Pferde einen kleinen Vorteil. Sie stoßen sich mit dem rechten Vorderlauf kräftiger ab, was einen leichten Linksdrall bewirkt. Das hat zur Folge, dass sie die Linkskurven des Kurses etwas leichter als ihre linkshändige Konkurrenz meistern können. Einen ersten Hinweis auf die Händigkeit eines Pferdes liefert übrigens die Stirnlocke. Bei linkshändigen Tieren drehen sich die Haare in 75 Prozent der Fälle entgegen dem Uhrzeigersinn beziehungsweise nach links. Bei Rechtshändern zwirbelt sich die Locke immerhin noch zu 67 Prozent ebenfalls nach rechts.

Wie bei Pferden unterscheiden sich auch bei Hauskatzen die Geschlechter in der Bevorzugung der linken oder rechten Pfote. In einem Test, während dem 21 weibliche und 21 männliche Katzen Futter aus einem Glas angeln, einen Gegenstand über ihrem Kopf oder vor ihnen auf dem Boden berühren mussten, tendierten die Kater eindeutig zur Linkshändigkeit und die Weibchen zum Gegenteil. Jeweils 20 Männchen setzten immer nur die linke Pfote ein, so wie auch 20 Weibchen lediglich die Rechte zur Bewältigung der jeweiligen Aufgabe bevorzugten.

Die nicht immer besten Freunde der Katzen zeigen dagegen eine ganz besondere Form der Lateralisation. Wenn Hunde mit dem Schwanz wedeln, nehmen wir das als Ausdruck ihrer Erregung wahr. Zumeist vermuten wir, dass sie sich freuen. Aus dem Wedeln lässt sich aber viel mehr ablesen. Die Rute kann nämlich stärker nach links oder nach rechts schlagen, je nach der Situation, in der sich das Tier befindet. Der italienische Biologe Giorgio Vallortigara präsentierte Hunden entweder ihr eigenes Herrchen, eine fremde Person, einen fremden, dominanten Artgenossen oder eine Katze. Sahen die Hunde ihr Herrchen, wedelten sie ausgiebig mit eindeutiger Schlagseite nach rechts. Bei dem Fremden zeigten sie ein ähnliches, leicht abgeschwächtes Verhalten. Die Katze löste nur wenig Wedeln aus, mit ebenfalls leichter Tendenz nach rechts. Der dominante Hund ließ sein Gegenüber zwar auch wedeln, diesmal schlug der Schwanz aber deutlich weiter nach links aus. Vallortigara erzielte seine Ergebnisse mit Hilfe von Videoaufnahmen, die er, verlangsamt abgespielt, genau analysieren konnte. Denn für das menschliche Auge schlagen die allermeisten Hunderuten zu schnell, als dass wir mit bloßem Auge mehr als nur die hektische Bewegung feststellen können. Schade. Wenn sie nicht so schnell wedeln würden, könnten uns Hunde mit ihrem Schwanz mehr mitteilen als lediglich: Ich bin aufgeregt.

Eine dem Menschen sehr ähnliche Lateralisation zeigen Tiere, von denen man es zunächst nicht vermuten würde. Neukaledonische Krähen, auch Geradschnabelkrähe genannt, leben auf einer Inselgruppe im südlichen Pazifik. Die bis zu 40 Zentimeter großen Vögel sind für ihre Intelligenz und Findigkeit bekannt.

Der neuseeländische Biologe Gavin Hunt fand einen beeindruckenden Beleg dafür, als er den Werkzeuggebrauch der gefiederten Intelligenzbestien untersuchte. Die Vögel nutzen die Blätter von Schraubenpalmen, um besser an fette Maden heranzukommen, die sich in den Spalten von Ästen verbergen.

Der Rand der Palmblätter ist mit scharfen Widerhaken versehen. Die Krähen basteln sich daraus eine Art Angel, indem sie einen Streifen des Blattrandes abziehen. Bei der Untersuchung der Blätter entdeckte Hunt, dass überwiegend deren linke Seite bearbeitet wurde. Dabei mussten die Tiere das Blatt meist rechts am Kopf gehalten und von rechts nach links gearbeitet haben. Diese Vorliebe machte sich sogar noch bei solchen Blättern bemerkbar, die auf Grund ihrer Drehrichtung eigentlich leichter von der anderen Seite zu bearbeiten gewesen wären. Diese Ergebnisse deuten, so folgert der Forscher, auf eine Lateralisierung hin.

Bei dieser Vielfalt an Seitenbevorzugung in der Tierwelt wundert es nicht, dass auch die nächsten Verwandten des Menschen Händigkeit zeigen. Auch Menschenaffen sind wahlweise Links- oder Rechtshänder. Die Faustformel gilt: Je schwieriger eine Tätigkeit ist, desto stärker wird eine Seite bevorzugt – ganz einfach deshalb, weil es effektiver ist, wenn man nur eine Hand auf die Ausführung kniffliger Bewegungen trainiert anstatt zwei. Die Natur spart damit also Zeit und Aufwand. Gorillas erweisen sich zum Beispiel eher als beidhändig. Sie fressen überwiegend Grünzeug, das beinahe überall in ihrem Lebensraum sprießt. Sie müssen einfach nur danach grabschen.

Auch wenn Schimpansen Futter auflesen, das rund um sie herum auf dem Boden verteilt ist, tun sie das mit beiden Händen. Entscheidend ist dann nur, mit welcher Hand sie besser danach greifen können. Wenn sie sich dagegen über einen Termitenbau hermachen, erbeuten sie die Insekten, indem sie Zweige bearbeiten und die dünnen Halme in die Gänge der Termitenbaue stecken. Die Krabbler wähnen einen Feind, verbeißen sich in den mutmaßlichen Eindringling und lassen sich bequem ins Maul befördern. Quasi als Ameise am Stiel. Einige Studien liefern Hinweise, dass Schimpansen für diese Jagdmethode eher die linke Hand benutzen.

In Westafrika haben es die Affen außerdem gelernt, Nüsse zu knacken. Dafür verwenden sie entweder Steine oder große Holzstücke. Der Vorgang ist recht kompliziert. Mit einer Hand legen sie die Nuss auf eine geeignete Unterlage, zum Beispiel einen Stein, der als Amboss dient. Mit der anderen Hand, in der sie einen Knüppel oder Stein halten, schlagen sie wie mit einem Hammer zu. Es dauert Jahre bis Jungtiere diese Technik erlernen und sie schließlich an das nahrhafte Innere der hartschaligen Früchte gelangen. Schimpansen, die älter als zwölf Jahre alt sind, benutzen zum Zuschlagen immer nur eine bestimmte Hand mit einer leichten Tendenz zur Rechtshändigkeit.

Im Gegensatz zu ihren Verwandten in der freien Wildbahn zeigen Menschenaffen in Gefangenschaft meist einen ausgeprägten Hang zur Rechtshändigkeit. Die Wahrscheinlichkeit, dass sie ein rechtshändiger Pfleger betreut ist wesentlich größer, da Rechtshänder in menschlichen Populationen viel häufiger sind. Allgemein nimmt man an, dass sich die Affen an ihre Betreuer anpassen.

Alle vier großen Menschenaffenarten, also Schimpansen, Bonobos, Gorillas und Orang-Utans zeigen Händigkeit. Insgesamt tendieren sie eher zur Rechtshändigkeit. Allerdings ist die Häufigkeit von Rechts- und Linkshändern anders verteilt als beim Menschen. Statistisch betrachtet beträgt ihr Verhältnis zwei zu eins. Am deutlichsten neigen Schimpansen und Bonobos zur Rechtshändigkeit. Bei Gorillas scheinen nahezu gleich viele Linkshänder aufzutreten. Die Zahlen zu Orang-Utans könnten auf ein Überwiegen der Linkshänder deuten. Doch gerade bei dieser Art sind nur sehr wenige Daten zur Händigkeit vorhanden.

Am besten erforscht sind die Schimpansen. Wie der Mensch neigen sie eher zur Rechtshändigkeit. Besonders wenn sie mit Gesten kommunizieren, nutzen sie ihre Rechte. Eine Erkenntnis, die ein Schlaglicht auf die Evolution der menschlichen Sprache wirft. Um zu verstehen weshalb, muss man sich in den Maschinenraum der Händigkeit begeben – das Gehirn. Denn vielen der bisher genannten Beispiele liegt ein Prinzip zugrunde.

Das linke und das rechte Hirn

Ein Notfall: Auf der japanischen Insel Hokkaido prahlte 1949 ein betrunkener amerikanischer Besatzungssoldat damit, einem einheimischen Küchenjungen, der in der Kantine der örtlichen Garnison arbeitete, die Mütze vom Kopf schießen zu können. Der Soldat zielte aber nicht gut genug. Er schoss nicht nur die Mütze vom Kopf seines Opfers. Die Kugel zerstörte auch noch die Schädeldecke und einiges an Gehirngewebe.

Der Schwerverletzte wurde zu einem jungen japanischen Arzt gebracht. Juhn Wada wusste, dass eine sofortige Operation notwendig war, aber sein Patient wand sich in epileptischen Krämpfen. So konnte die Operation nicht stattfinden.

Wada überzeugte die Eltern des Jungen, in eine neuartige Behandlung einzuwilligen. Er injizierte Natrium-Amytal in die Halsschlagader des Verwundeten – und zwar an der linken Seite seines Patienten, denn dessen Verletzungen waren an der linken Schädelhälfte. Die linke Halsschlagader versorgt die linke Gehirnhälfte mit sauerstoffreichem Blut.

Die Zuckungen des Jungen hörten sofort auf und seine rechte Seite war gelähmt. Gleichzeitig war er auch nicht mehr in der Lage zu sprechen. Wada konnte die notwendige Operation erfolgreich durchführen – und hatte außerdem erkannt, dass das Sprachzentrum dieses Jungen in der linken Gehirnhälfte liegen musste.

In der darauf folgenden Zeit führte Wada noch an 15 weiteren Patienten denselben Versuch durch. Sie waren alle

Rechtshänder und verloren ihre Sprache, wenn man ihre linke Gehirnhälfte lahm legte.

Für die Neurochirurgie war das ein Durchbruch, denn nachdem sich der sogenannte Wada-Test durchgesetzt hatte, waren die Mediziner nun imstande, vor Operationen am Gehirn die Lage des Sprachzentrums ihrer Patienten festzustellen und bei der notwendigen Behandlung eventuell zu schonen.

Die Experimente des Japaners Wada verdeutlichen ein Wesensmerkmal des Menschen, das gleichzeitig das Organisationsprinzip vieler Wirbeltiere ist: Ein gesunder Mensch besitzt zwei Arme, Hände, Beine, Ohren, Augen. Und diese an einer Längsachse orientierte äußere Symmetrie findet ihre Entsprechung in weiten Teilen der inneren anatomischen Organisation des Körpers, so eben auch im Gehirn.

Das Großhirn besteht aus zwei Hälften, die über eine Brücke, das sogenannte Corpus callosum, miteinander verbunden sind. Diese Verbindung dient der Kommunikation zwischen den beiden Hälften und ihrer Koordination, denn der tiefere Sinn in der Zweiteilung des Gehirns besteht in einer Spezialisierung. Arbeitsteilung, so erkannte bereits der britische Ökonom und Sozialphilosoph Adam Smith, steigert die Effizienz enorm. Er berechnete, dass ein einzelner Arbeiter an einem Tag etwa 20 Nadeln produzieren könne, wenn er alle 18 Arbeitsschritte, die dafür notwendig sind, selbst ausführt. Zehn Arbeiter, die sich auf weniger Arbeitsschritte spezialisieren, sollten nach Smiths Kalkulation dagegen bis zu 48 000 Nadeln herstellen können.

Die Verteilung unterschiedlicher Aufgaben auf verschiedene Seiten des Körpers bedeutet im Kern nichts anderes. Wenn es schon ein geteiltes Gehirn gibt, weshalb sollten also beispielsweise beide Hälften gleichberechtigt Sprache verarbeiten, wenn dies eine einzelne doch ebenso gut kann?

Was im 19. Jahrhundert der französische Arzt Paul Broca durch Untersuchungen von Menschen mit Sprachstörungen und Lähmungen vermutet hatte, konnte Wada klar belegen: Das Sprachzentrum sitzt in der linken Hälfte des Großhirns, die außerdem für die Steuerung der rechten Körperseite zuständig ist.

Durch zahlreiche Versuche und Beobachtungen mit modernen Geräten, die Ultraschall, Röntgenstrahlen, Positronen-Emission oder Kernspin nutzen, haben Neurologen viele Funktionen unseres Gehirns zumindest grob lokalisieren können. Folgendes Schema ergibt sich aus den bislang gewonnenen Erkenntnissen für die Aufgabenverteilung zwischen linker und rechter Gehirnhälfte:

Links	Rechts
analytisches, logisches Denken	ganzheitliches Denken
Sprachzentrum	räumliche Orientierung
Zeitempfinden	Raum und Perspektive
Grammatik	bildhafte Vorstellung
Wortsinn u. -schatz	Sprachmelodie
Intellekt	emotionales Verständnis, Intuition
Optimismus	Pessimismus

Zuordnung unterschiedlicher Funktionen zu den beiden Hälften des Großhirns.

Dabei muss man immer beachten, dass die Einteilung sehr schematisch ist und nicht zu 100 Prozent zutrifft. Sie bietet aber eine erste Orientierung.

Nicht immer sind beispielsweise linke und rechte Körperseite der jeweils anderen Gehirnhälfte zugeordnet. So macht die visuelle Wahrnehmung des Menschen eine bedeutende Ausnahme. Hier bezieht sich die Einteilung auf das Gesichtsfeld, also auf das, was gesehen wird.

Wenn Licht durch die Pupille ins Augeninnere und schließlich auf die Netzhaut fällt, dann treffen Strahlen, die von links her einfallen auf den rechten hinteren Augengrund, Licht das von rechts einfällt, trifft auf den linken hinteren Augengrund. Die Wahrnehmung dieser entweder links oder rechts einfallenden Reize übernimmt die jeweils zugeordnete Gehirnhälfte. Was sich vor unseren Augen links befindet, wirft sein Bild auf die rechte Hälfte der Netzhaut und wird von der rechten Gehirnhälfte wahrgenommen und umgekehrt (siehe Abbildung 8).

Wie die Zusammenarbeit von links und rechts über die Kommunikationsbrücke des Corpus callosum gesteuert wird, verdeutlichte der russische Forscher Vadim L'vovich Deglin mit seinen Experimenten, die er in Sankt Petersburg ab 1967 durchführte. Epileptikern verabreichte man damals zur Linderung ihrer Symptome einseitige Elektroschocks. Diese Schocks versetzten jeweils eine Gehirnhälfte in einen schlafähnlichen Zustand, während die andere Hälfte weiterarbeitete. Den so behandelten Patienten stellten die Wissenschaftler dann spezielle Aufgaben. Eine lautete: Alle Staaten besitzen eine Flagge. Sambia ist ein Staat. Hat Sambia eine Flagge?

Was einem Menschen mit zwei intakten Gehirnhälften

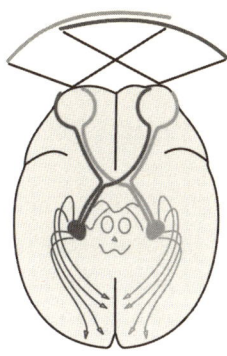

Abb. 8 Was sich in unserem Gesichtsfeld links befindet, nimmt die rechte Gehirnhälfte wahr, was rechts von uns liegt, registriert die linke Hälfte.

als simple Fragestellung erscheint, beantworteten die Probanden in Deglins Versuchen sehr unterschiedlich. War die rechte Hälfte ausgeschaltet, kam die Antwort nüchtern und trocken: »Da steht es doch. Jeder Staat hat eine Flagge, Sambia ist ein Staat, also besitzt Sambia auch eine Flagge.«

Wenn jedoch die linke Gehirnhälfte schlief und nur die rechte aktiv war, fiel die Antwort weniger geradlinig aus: »Ich war noch nie in Sambia und weiß nichts über seine Flagge.«

Offenbar hatte die rechte Gehirnhälfte große Schwierigkeiten, den präsentierten logischen Zusammenhang zu erfassen. Stattdessen versuchte diese Seite des Gehirns über Beziehung und Alltagswissen eine Lösung zu finden.

Wenn man die Aufgabenstellung noch ein wenig komplizierter gestaltet, fallen die Ergebnisse noch interessanter aus: Alle Affen klettern auf Bäume. Das Stachelschwein ist ein Affe. Klettern Stachelschweine auf Bäume?

Hier wird eine der Alltagserfahrung zuwiderlaufende Aussage eingeflochten, denn wie jeder weiß, sind Stachelschweine selbstverständlich keine Affen.

Wie antworten nun Menschen, bei denen je eine Gehirnhälfte ausgeschaltet wurde?

Einer der Probanden Deglins empörte sich mit aktiver rechter Gehirnhälfte: »Stachelschwein? Wie sollte es auf Bäume klettern? Es ist kein Affe. Es ist stachelig wie ein Igel!« Hier gab die mit Alltagswissen angefüllte Gehirnhemisphäre die richtige Antwort.

Bei aktiver linker Seite antwortete derselbe Patient wie folgt: Wenn das Stachelschwein ein Affe ist, dann klettert es auch auf Bäume.

Auf die Nachfrage des Experimentators, dass der Proband doch wisse, dass ein Stachelschwein kein Affe sei, antwortete dieser: »Aber da steht es doch auf der Karte geschrieben.«

Deglin stellte neben diesen konkreten Ergebnissen außerdem fest, dass wenn die rechte Gehirnhälfte schlief, die Patienten allgemein viel beredter wurden, einen größeren Wortschatz benutzten und sich gerne auf Diskussionen einließen. War die linke Hälfte paralysiert, dann verlor ihr Wortschatz dagegen an Umfang, und die Probanden sprachen in kurzen, einfachen Sätzen.

Weitere erstaunliche Erkenntnisse über die Funktionsweise des Gehirns und der Zusammenarbeit seiner beiden Hälften gewannen Neurologen durch die Untersuchung von Epilepsie-Patienten, denen man als letzte mögliche Form der Therapie das Corpus callosum operativ durchtrennt hatte. Durch die Trennung der Verbindung verhindert man, dass sich die Konvulsionen von einer Hemisphäre auf die andere ausbreiten, und dies führt zu einer deutlichen Verbesserung bei den Behandelten.

Bereits Anfang der 1960er-Jahre untersuchten die Neurologen Roger Sperry, Michael Gazzaniga und Joseph Bogen solche Patienten auf ihre Wahrnehmung und ihr Reaktionsvermögen. Präsentierte man ihnen eine Information so, dass sie nur auf jeweils eine Hälfte der Netzhaut fiel, dann konnten sie diese nur korrekt wiedergeben, wenn sie von der linken Hälfte abgebildet und demzufolge von der linken Gehirnhälfte verarbeitet wurde (siehe Abbildung 8).

Die Versuchspersonen waren auch nicht in der Lage, einen Befehl, der nur einer Hälfte der Netzhaut mitgeteilt wurde, mit der entgegengesetzten Hand auszuführen. Die Operation hatte die Gehirnhälften getrennt und jede arbeitete nun autark für sich, ohne mit der anderen zu kommunizieren.

Wenn die Patienten den Befehl mit der Hand ausführen sollten, die auch von der wahrnehmenden Gehirnhälfte gesteuert wurde, dann waren sie in ihren Reaktionen aber viel schneller als gesunde, nicht operierte Probanden. Wenn beispielsweise die Instruktion auf die linke Hälfte der Netzhaut fiel und eine Aktion mit der linken Hand ausgeführt werden musste, waren sie den Gesunden überlegen. Die Erklärung für dieses Phänomen: Was im linken Gesichtsfeld liegt, nimmt die rechte Gehirnhälfte wahr, die ja auch die linke Hand steuert.

Dasselbe war auch der Fall, wenn das ganze Auge die Information wahrnahm, die Anweisungen also an beide Hirnhemisphären gleichzeitig gingen und eine Aktion folgen sollte. Auch hier hatten Nicht-Operierte hinsichtlich der Reaktionszeit keine Chance.

Offensichtlich kommunizieren unsere Gehirnhälften sehr stark miteinander, und in manchen Fällen lenken sie sich gegenseitig ab beziehungsweise benötigen mehr Zeit, um sich abzustimmen.

Sperry, der 1981 den Nobelpreis für seine Erkenntnisse über die Funktionsweise des Gehirns erhielt, erforschte die Menschen mit dem operativ geteilten Gehirn weiter. Einen seiner Patienten, einen Rechtshänder, ließ er vor und nach der Durchtrennung des Corpus callosum jeweils mit der linken und der rechten Hand einen Würfel zeichnen (siehe Abbildung 9).

Die vor dem Schnitt angefertigte Zeichnung mit der linken Hand wirkt unbeholfener als diejenige, die der Patient mit seiner starken, rechten Hand malte. Bei beiden Zeichnungen ist jedoch gut zu erkennen, dass der Poband sowohl

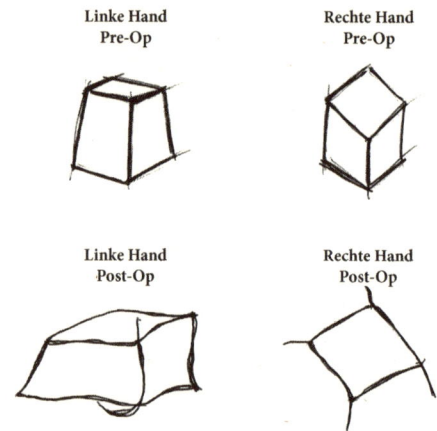

Abb. 9 Von einem Epilepsie-Patienten vor und nach Durchtrennung der Brücke zwischen linkem und rechtem Gehirn gezeichneter Würfel.

eine gute räumliche Vorstellung des Gegenstandes hatte als auch die Umrisse des Würfels, sprich die Kanten mit ihren Treffpunkten an den Ecken, ziemlich genau wiedergab.

Nach der Operation zeigten sich gravierende Veränderungen. Mit der Linken, die von der rechten Gehirnhälfte gesteuert wird, konnte der Patient zwar eine gute räumliche Darstellung des Würfels abliefern, aber die Linien der Kanten verlaufen nicht sehr gerade und sie treffen sich auch nicht genau. Es fehlt die Präzision. Dennoch erhält man noch eine gute Vorstellung von dem, was die Zeichnung darstellen soll.

Die Zeichnung mit der Rechten lässt jegliches räumliche Konzept eines Würfels vermissen. Die Linien sind zwar zielstrebiger gezeichnet als mit der Linken, und sie treffen sich auch vergleichsweise genau, den Eindruck eines Würfels gewinnt man aber überhaupt nicht.

Einen Würfel so präzise zu zeichnen, dass man ihn auf Anhieb auch noch als solchen erkennt, gelingt eben nur mit der Steuerung durch die beiden, miteinander verbundenen Gehirnhälften.

Diese Beispiele verdeutlichen zweierlei: Erstens haben sich bestimmte Teile des Gehirns auf besondere Funktionen spezialisiert. Diese Arbeitsteilung steigert die Effektivität unseres Denkorgans. Die eine oder andere Seite als generell übergeordnet zu betrachten, macht aber keinen Sinn, denn nur wenn beide Hälften zusammenarbeiten, entfaltet sich die volle Leistungsfähigkeit des Gehirns.

Hand, Fuß, Auge,
Ohr, Nase, Mund

Linkshänder sind allen wissenschaftlichen Studien zufolge weltweit immer in der Minderheit. Ihr ermittelter Anteil schwankt zwischen 3,3 und etwa 30 Prozent. Auch bei Urvölkern ist die Zahl der Linkshändigen nicht größer. Für Deutschland schwanken die Angaben meist zwischen zehn und 15 Prozent. Genauere Angaben existieren nicht. Das hängt unter anderem mit der Erhebungsmethode zusammen. Häufig werden die Daten zur Linkshändigkeit nur durch Befragung erhoben, was einige Unsicherheiten mit sich bringt.

Für eine erste Einschätzung, wie stark man eine der beiden Hände bevorzugt, genügen allerdings schon wenige Fragen, die Sie auf den Seiten 5 und 6 finden.

Extreme Rechtshänder beantworten alle Fragen mit »rechts«, extreme Linkshänder mit »links«. Bei weitem nicht alle lassen sich aber in die beiden Extremkategorien einordnen. Das fand jedenfalls Nigel Sadler heraus, als er beinahe 3000 Schulkinder zu ihrer Händigkeit befragte. Etwa zwei Drittel von ihnen waren extreme Rechtshänder, knapp drei Prozent extreme Linkshander. Der Anteil derjenigen, die unentschieden waren, also vier, fünf oder sechs der Tätigkeiten mit links oder rechts ausführten, war jeweils am niedrigsten und lag jeweils deutlich unter zwei Prozent.

Interessanterweise hängt die Händigkeit nicht mit zwei Haltungen von Händen oder Armen zusammen, die Menschen gerne und oft einnehmen. Wenn wir unsere Hände falten, dann verschränken wir unsere Finger – abwechselnd immer einer der linken und einer der rechten Hand. Die Daumen kommen zuoberst. Welcher Daumen liegt bei Ihnen oben?

Wenn der linke über dem rechten liegt, dann gehören Sie zur Mehrheit – zumindest in Europa. Bis zu drei Viertel der europäischen Menschen falten die Hände bevorzugt so. Das ist aber nicht überall gleich. Das Falten der Hände verändert sich von West nach Ost. Den höchsten Anteil derjenigen, die den linken Daumen zuoberst haben, gibt es in Europa. Je weiter man auf dem Globus nach Osten geht, desto weniger Menschen tun das. In Neu-Guinea falten nur noch 30 Prozent der Menschen ihre Hände mit dem linken Daumen oben.

Die zweite Haltung bezieht sich auf die ganzen Arme. Wenn man sie vor dem Brustkorb verschränkt, dann tut man das in gewohnter Weise, ohne lange zu überlegen und intuitiv. Dabei liegt entweder der linke oder der rechte Unterarm oben. Auch hier bevorzugt die Mehrheit jene Position, bei der links oben liegt. Wer einmal versucht, die Arme entgegen seiner Gewohnheit zu verschränken, stellt fest, dass es vergleichsweise schwer fällt, das zu tun.

Die Linke wird hier von einer Mehrheit bevorzugt, obwohl die meisten Rechtshänder sind. Da aber die Rechte in der Regel von der linken Gehirnhälfte und die Linke von der rechten Gehirnhälfte motorisch gesteuert wird, muss die Bevorzugung beim Händefalten oder Arme-Verschränken andere Gründe als die motorische Lateralisation im Gehirn haben. Welche das sind, hat die Wissenschaft allerdings noch nicht ergründet.

Lateralisation beziehungsweise Seitigkeit bezieht sich aber nicht nur auf Hände und Arme. Die Frage, mit welchem Fuß man am liebsten einen Ball auf ein Tor schießt, beantworten die meisten Menschen eindeutig mit links oder rechts und geben so schon einen deutlichen Hinweis darauf, welches ihr starker Fuß ist.

Die Füßigkeit kann man auch anders ermitteln. Man fixiert in ebenem Gelände einen fernen Punkt. Mit verbundenen Augen versucht man dann, gerade auf diesen Punkt zuzugehen. Nach einer Weile darf man die Augen wieder öffnen und wird feststellen, dass man sich in der Regel von der anfänglich gedachten Geraden zwischen sich und dem Punkt mehr oder minder entfernt hat.

Das liegt an der Füßigkeit. Rechtsfüßer neigen dazu, mit dem rechten Bein stärker auszuschreiten und sich auch fester abzudrücken. Deshalb zeigen sie einen leichten Linksdrall, gehen also, wenn sie nicht durch optische Hinweise geleitet korrigieren können, in einem Linkskreis. Bei Linksfüßern verhält es sich umgekehrt. Das ist jedenfalls die gängige Ansicht und gilt auch als Erklärung dafür, dass beispielsweise Laufwettbewerbe in Leichtathletik-Stadien immer linksherum ausgetragen werden.

Forscher des Max-Planck-Instituts für biologische Kybernetik in Tübingen untersuchten für eine Fernsehsendung diesen Alltagsmythos, dass die Füßigkeit darüber entscheidet, ob und in welche Richtung wir in Kreisen gehen, wenn wir ohne Orientierungsmarke durch eine Landschaft wandern. Dafür testeten sie drei Probanden einmal in einem flachen, ausgedehnten Wald in Deutschland und in der Sahara in Nordafrika. Außerdem ließen sie 15 Testpersonen auf einem Flugfeld mit verbundenen Augen in eine bestimmte Richtung gehen. Das Ergebnis: Menschen tendieren tatsächlich dazu, in Kreisen zu gehen, wenn ihnen eine optische Orientierung fehlt. Im Gelände genügt dazu schon die Sonne, um stetig gerade zu laufen. In welche Richtung sich die Kreise drehen, hängt dabei aber nicht vom stärkeren Bein ab. Menschen gehen demnach also einmal linksherum, ein andermal rechtsherum.

Auch wenn dieser Test strengen wissenschaftlichen Kriterien nicht genügt, da zu wenige Menschen getestet wurden, weckt er zumindest Zweifel an der gerne verbreiteten Theorie, dass Rechtsfüßer zwangsläufig in links drehenden Kreisen gehen, wenn sie ohne Orientierung durch die Wildnis stapfen.

Andererseits scheinen Menschen, deren rechtes Bein das bevorzugte ist, lieber linksherum zu laufen. Das bestätigt eine Schweizer Studie, für die 69 Rechtshänder und 24 Nicht-Rechtshänder drei Tage lang beobachtet wurden. Ziel des Versuchs war es, herauszufinden ob die Testpersonen eine bevorzugte Drehrichtung besitzen und ob diese mit der Händigkeit zusammenhängt. Tatsächlich, so das Ergebnis, wenden sich Rechtshänder lieber linksherum. Linkshänder wählen dagegen bevorzugt die gegensätzliche Drehrichtung.

Zumindest Marketing-Experten vertrauen auf den bevorzugten Linksdrall der Rechtshänder, denn in Supermärkten sind die Waren-Regale so aufgebaut, dass man beim Einkaufsgang eine Linkskurve beschreibt, um dem Konsumerlebnis möglichst wenig Widerstand entgegenzusetzen.

Das funktioniert aber nur so lange, wie die Rechtsfüßer eindeutig in der Mehrheit sind. Ansonsten würde man es sich ja mit dem großen Teil der Linksfüßer verscherzen.

Glaubt man einer Erhebung der TU Dortmund, dann sind tatsächlich nicht nur die Rechtshänder, sondern auch die Rechtsfüßer in der Mehrheit. Die Universität führt im Internet eine Befragung zur Seitigkeit durch. Demnach sind etwa zwei Drittel der Teilnehmer Rechtsfüßer, weniger als ein Prozent wies keine eindeutige Seitenbevorzugung hinsichtlich der Füße auf, der Rest sind Linksfüßer. Über die Richtung, in die wir im Supermarkt gelenkt werden, haben wir also mit den Füßen abgestimmt.

Die TU Dortmund erhebt aber nicht nur Daten zur Händig- und Füßigkeit. Sie fragt auch nach dem bevorzugten Auge und Ohr. Denn auch bei diesen Sinnesorganen zeigt sich eine deutliche Lateralisation. Das heißt, eines der beiden wird bevorzugt eingesetzt beziehungsweise übernimmt die Führung.

Wer wissen will, welches Ohr sein bevorzugtes ist, sollte folgende Fragen mit links, rechts oder egal beantworten:
- Welches Ohr würden Sie an eine Tür lehnen, wenn Sie dahinter ein Gespräch belauschen wollten?
- An welches Ohr würden Sie bei schlechter Hörverbindung den Telefonhörer legen?
- Welches Ohr würden Sie an die Brust einer ohnmächtigen Person legen, um deren Herzschlag zu überprüfen?
- Stellen Sie sich auf einem Tisch ein Kästchen vor, in dem eine mechanische Taschenuhr ist. Welches Ohr würden Sie auf dieses Kästchen legen, um das Ticken der Uhr festzustellen?

Wie bei den Fragen nach der Händigkeit sind verschiedene Resultate möglich, vom strikten Linksohrer bis zum absoluten Rechtsohrer. Unter den von der TU Dortmund Befragten ziehen knapp 20 Prozent ihr linkes dem rechten Ohr vor. Gut sieben Prozent bleiben hinsichtlich der Bevorzugung eines Ohres unentschlossen, der Rest hört am liebsten mit rechts.

Die Frage, ob es einen Unterschied macht, in welches Ohr man etwas spricht und welches Ohr ein Zuhörer bevorzugt, trieb auch zwei italienische Psychologen in eine Disco. Sie beobachteten, wie sich deren Besucher bei der lauten Musik unterhielten. 72 Prozent hielten ihrem Gesprächspartner, der ihnen etwas mitteilen wollte, das rechte Ohr hin.

Anschließend fragten die beiden die Anwesenden nach einer Zigarette. Wenn sie ihre Frage in das rechte Ohr des Angesprochenen riefen, erhielten sie beinahe doppelt so häufig eine Zigarette wie beim Anschnorren ins linke Ohr.

Mit ähnlichen Fragen wie denen zum starken Ohr kann man auch das Führungsauge ermitteln:

- Mit welchem Auge würden Sie durch ein einäugiges Fernrohr schauen?
- Mit welchem Auge würden Sie von oben den Füllungsgrad einer undurchsichtigen Feld- oder Thermosflasche prüfen?
- Mit welchem Auge würden Sie durch ein Schlüsselloch gucken?
- Mit welchem Auge würden Sie durch das Visier eines Sportgewehrs zielen?

Man kann allerdings auch einen einfachen Test durchführen, um das starke Auge zu ermitteln. Auf Seite 8 haben Sie ja bereits die Anleitung dafür gesehen.

Nach den Ergebnissen der Dortmunder Untersuchung

sind 20 Prozent Linksäuger, gut vier Prozent unentschieden und der Rest Rechtsäuger.

Wenn man also nicht nur die Seitenbevorzugung bei Händen, Füßen, sondern auch bei Augen und Ohren betrachtet, ergibt sich ein sehr buntes Bild. Eindeutig lässt sich nur sagen, dass es einen allgemeinen Trend zur rechten Seite gibt. Rechtshänder sind demnach auch häufig Rechtsfüßer, Rechtsohrer und Rechtsäuger – aber eben nicht immer. Genauso wenig wie Linkshänder immer Linksfüßer und so weiter sein müssen.

Noch komplexer wird das Bild, wenn man Mund und Nase in die Betrachtung mit einbezieht. Beim Kauen bevorzugen die meisten Menschen auch eine Seite. Ebenso wenn sie mit den Zähnen eine Plastikverpackung aufreißen wollen. Eine Studie in Israel, die unter anderem das Kauverhalten von 189 Personen ermittelte, fand heraus, dass 78 Prozent lieber rechts kauen. Eine andere Studie, die in Spanien 60 Studenten untersuchte, kam zu einem etwas anderen Ergebnis. Demnach bevorzugten nur etwas mehr als die Hälfte der Probanden die rechte Seite beim Kauen.

Zu einem ganz speziellen Einsatz des Mundes hat der Biopsychologe Onur Güntürkün von der Ruhr-Universität Bochum eine Untersuchung angestellt. Er beobachtete Paare in den USA, Deutschland und der Türkei beim Küssen. Dabei zählte er, wie oft die beiden Knutscher ihren Kopf entweder nach rechts oder nach links neigten – und zwar immer nur beim ersten Kuss. Ähnlich wie beim Händeschütteln funktioniert das ja auch nur gut, wenn beide Partner den Kopf in dieselbe Richtung abwinkeln. Güntürkün fand heraus, dass die bevorzugte Neigung nach rechts geht. Knapp zwei Drittel der Paare hatten diese Angewohnheit. Etwa ein Drittel küsst mit dem Kopf nach links.

Diejenigen, die ihren Kopf beim Küssen bevorzugt nach rechts neigen, zeigen außerdem eine stärkere allgemeine Tendenz zu einer rechtsseitigen Lateralisation. Das heißt sie sind häufiger und ausgeprägter Rechtshänder, -füßer, -äuger oder -ohrer.

Selbst bei der Nase ist links nicht gleich rechts. Unser Geruchssinn ist alleine schon deshalb besonders, weil hier keine Kreuzung stattfindet, also die rechte Gehirnhälfte nicht wie üblich für die Steuerung der linken Körperseite zuständig ist. Beim Geruch ist es genau umgekehrt: Was wir mit dem linken Nasenloch riechen, wird auch in der linken Gehirnhälfte verarbeitet. Was uns rechts in die Nase steigt, nimmt auch die rechte Gehirnhälfte wahr.

Dabei stehen unsere beiden Nüstern in einem permanenten Konkurrenzkampf, wie die Psychologin Denise Chen von der amerikanischen Rice University herausfand. Sie ließ Studenten in ein Nasenloch Phenylethanol wehen – mit dem Duft nach Rosenblüten und Honig. In das andere strömte dagegen n-Butanol, das scharf nach Lösungsmittel riecht.

Statt nun eine Art Mischgeruch aus den beiden Düften wahrzunehmen, registrierten die Versuchspersonen beide Gerüche abwechselnd und separat. Die Dufteindrücke wechselten dabei in Intervallen von etwa 20 Sekunden. Das ist wesentlich schneller als unser Geruchssinn für gewöhnlich braucht, um sich an bestimmte Odeurs zu adaptieren, das heißt sich an Düfte anzupassen und sie nicht mehr wahrzunehmen. Eine gnädige Eigenschaft unseres Riechorgans, wie jeder bestätigen wird, der einmal in einem überfüllten Schlafsaal einer Jugendherberge genächtigt hat.

Das Ringen des rechten mit dem linken Nasenloch endet dabei fast unentschieden – allerdings mit leichtem Vorteil rechts. Zwar finden die meisten Studien zur Riechfähigkeit keinen Vorsprung irgendeiner Nasenhälfte beim Detektieren von Gerüchen. Allerdings scheint es so zu sein, dass Düfte, die uns ins rechte Nasenloch wehen, deutlich vertrauter wirken. Ein wenig besser scheint die rechte Nasenöffnung auch zu sein, wenn es um Qualitätsunterschiede oder die Kategorisierung von Duftintensitäten geht. Wer also bei seinen Gästen mit seinem Lieblingsrotwein glänzen will, sollte sich schon beim Dekantieren rechts von ihnen aufbauen, damit das Bukett eher in das rechte Nasenloch der Anwesenden strömt.

Ein schönes Beispiel dafür, dass Lateralisation auch beim Geruchssinn eine Rolle spielt, liefert ein Lebewesen, von dem man es zunächst nicht vermutete. Die vielgerühmte Orientierungsfähigkeit von Tauben beruht zum Teil auf ihrer guten Nase. Das legen jedenfalls Experiment nahe, bei denen man den Navigationserfolg der Tiere einmal mit intaktem Geruchssinn und einmal ohne überprüfte. Nur wenn sie schnüffeln konnten, fanden sie auch den Weg nach Hause.

Dass die Vögel die richtige Flugroute nicht mit beiden Nasenlöchern gleichberechtigt suchen, bewies der Biologe Martin Wikelski vom Max-Planck-Institut für Ornithologie gemeinsam mit italienischen Kollegen. Die Forscher setzten Tauben in der Toskana etwa 40 Kilometer von ihrem Heimatschlag aus. Einigen hatten sie zuvor das linke Nasenloch, anderen das rechte verstopft. Vergleichstauben konnten frei durchatmen. Die Wachspfropfen, mit denen die Forscher das taten, wurden nach dem Versuch selbstverständlich wieder entfernt.

Mit einem Sender des Satelliten-gestützten Navigationssystems Global Positioning System (GPS) überwachten die Biologen die Flugrouten der Tiere. Sie stellten fest, dass Tauben ohne Geruchseinschränkung den direkten Weg nach Hause einschlugen. Tauben, denen das linke Nasenloch verstopft worden war, fanden auch noch recht gut ihren Weg, waren aber sehr unruhig, wenn sie rasteten. Sie flogen dort, wo sie eine Pause einlegten, vermehrt umher.

Die Tauben, die mit rechts nicht riechen konnten, waren am meisten verwirrt. Sie flogen verschlungene Routen, rasteten häufiger als ihre anderen Artgenossen und waren dabei auch immer sehr unruhig. Offensichtlich mussten sie sich häufiger über ihren momentanen Aufenthaltsort und die einzuschlagende Richtung klar werden, weil ihnen entscheidende Informationen fehlten. Die Biologen folgern daraus, dass Tauben zur Orientierung bevorzugt mit dem rechten Nasenloch schnüffeln.

Nicht wie ein Ei dem anderen

Der Mensch als biologisches Wesen wird entscheidend von seinen Genen geprägt. Deshalb liegt die Vermutung nahe, dass auch die Händigkeit eine genetische Grundlage besitzt. So schnell man diesen Schluss ziehen kann, so schwer ist es, seine Richtigkeit zu beweisen.

Alleine schon die Tatsache, dass genetisch identische, eineiige Zwillinge nicht immer dieselbe Händigkeit aufweisen, verdeutlicht, dass wir es mit einem komplexen Problem zu tun haben. Etwa ein Viertel dieser Zwillinge zeigt eine unterschiedliche Händigkeit, das heißt einer ist Links-, der andere Rechtshänder.

Wie sich Händigkeit entwickelt, beschäftigte bereits große Geister der griechischen Antike. So nahm der Philosoph Platon im vierten Jahrhundert vor Christus an, dass der Mensch mit zwei gleich geschickten Händen zur Welt käme und sich die Händigkeit nur durch die Erziehung auspräge. Platon favorisierte also die Umwelt als entscheidenden Faktor dafür, ob wir Links- oder Rechtshänder sind.

Ein halbes Jahrhundert später vertrat einer seiner Schüler das Gegenteil. Aristoteles glaubte, dass die Händigkeit eines Menschen naturgegeben und deshalb angeboren sei.

Auch einer der bedeutendsten Biologen aller Zeiten befasste sich mit der Händigkeit. Obwohl Charles Darwin als Entwickler der Evolutionstheorie allen Grund gehabt hätte, sich eingehender mit diesem Phänomen zu befassen, so wie er es akribisch mit vielen Erscheinungen der Biologie tat, existieren nur sehr wenige Aufzeichnungen von ihm zu diesem Thema. Er interessierte sich mehr für die Ausdrucksformen verschiedener Emotionen im menschlichen Gesicht. Deshalb beobachtete er seine Kinder genau – und registrierte beispielsweise bei seinem 1839 geborenen Sohn William eher beiläufig, welche Hand er bevorzugt nutzte: »Mit 77 Tagen nahm er die Nuckelflasche (mit der er teilweise gefüttert wurde) in seine rechte Hand, gleichgültig, ob er von der Amme im linken oder rechten Arm gehalten wurde, und er wollte sie niemals in die Linke nehmen, erst eine Woche später, obwohl ich versuchte ihn dazu zu bringen; die Rechte war der Linken also eine Woche voraus. Doch das Kind erwies sich später als Linkshänder, eine Tendenz, die ohne Zweifel vererbt wird – sein Großvater, Mutter und ein Bruder waren oder sind Linkshänder.«

Weitere Aufzeichnungen zur Händigkeit aus der Feder von Darwin sind rar, wie er selbst in einem 1868 geschriebenen Brief einräumt: »Der Gegenstand der Rechtshändigkeit ist ein sehr merkwürdiger, aber ich habe mich nie damit auseinandergesetzt und kann Ihnen deshalb keine zusätzlichen Fakten liefern.«

Dennoch war Darwin bereits auf der richtigen Fährte. Obwohl er nichts von Genen wissen konnte, ging er davon aus, dass die Händigkeit mit Vererbung zusammenhängt.

Heute kennen wir den Aufbau des Erbmoleküls DNA und wissen viel über die Struktur und Funktionsweise von Genen. Mit den Mitteln der modernen Genetik dringt der Mensch immer weiter in die molekularen Tiefen des Lebens vor. Und dennoch bleiben viele Rätsel vorerst ungelöst – so auch die Suche nach dem einen Gen, das uns zu Links- oder Rechtshändern macht. Trotz aller Jubelmeldungen ist dieses

Gen bislang nicht gefunden – und wird vielleicht auch nie gefunden werden, denn viele Eigenschaften eines Menschen hängen von zahlreichen verschiedenen Erbfaktoren ab.

Den Zusammenhang zwischen der Händigkeit und Vererbung erkennt man gut, wenn man sich die Verwandtschaftsverhältnisse von Links- und Rechtshändern betrachtet. Zwar fallen die Werte je nach Analyse ein wenig unterschiedlich aus. Eine Studie des britischen Psychologen Chris McManus, die sich auf die Untersuchung von insgesamt 72 600 Probanden beruft, dürfte aufgrund der hohen Zahl der untersuchten Personen verlässliche Zahlen liefern. McManus fand folgende Verteilung der Händigkeit bei Eltern und deren Kindern:

Vater	Mutter	linkshändige Söhne	linkshändige Töchter
		%	%
R	R	10,4	8,5
R	L	22,1	21,7
L	R	18,2	15,3
L	L	27,0	21,4

Verteilung der Händigkeit zwischen Eltern und Nachkommen; R = Rechtshänder, L = Linkshänder.

Diese Daten liefern interessante Fakten. Jungen haben demnach eine höhere Wahrscheinlichkeit, Linkshänder zu sein als Mädchen. Reine Linkshänder-Paare haben auch die meisten linkshändigen Kinder. Über beide Geschlechter hinweg gerechnet, sind etwa ein Viertel ihrer Nachkommen Linkshänder.

Allerdings lösen diese Daten das Rätsel um die Erblichkeit der jeweiligen Seitenbevorzugung auch nicht. McManus entwickelte unter anderem anhand dieser Zahlen ein Modell, wie sich die Händigkeit vererben könnte.

Die kleinste Erbeinheit ist das Gen, das bestimmte Eigenschaften an die nachfolgende Generation weiterträgt. Gene, die für eine Eigenschaft stehen, sind nicht alle gleich. Es existieren verschiedene Varianten, sogenannte Allele von einzelnen Genen. Für die Händigkeit entwirft McManus nun folgendes Bild: Die Händigkeit wird von einem Gen bestimmt, das in zwei Varianten vorliegt. Einmal Variante D, die ihren Träger zum Rechtshänder macht. Variante C ist dafür verantwortlich, dass sich die Händigkeit per Zufall entscheidet.

Menschen besitzen nun einen doppelten Satz an Chromosomen, den Gebilden in der Zelle, auf denen die Gene sitzen. Die eine Hälfte stammt vom Vater, die andere von der Mutter. Genauso wie die Chromosomen doppelt vorliegen, verhält es sich auch mit den Genen. Der Mensch besitzt also einen doppelten Satz an Genen.

Nicht immer sind die beiden Gen-Paare gleich aktiv. Häufig arbeitet nur eine Version, entweder die mütterliche oder die väterliche. Die andere ist stumm geschaltet.

Folgende grundlegenden Möglichkeiten existieren nun für ein Kind. Es erhält jeweils das D-Allel von Vater und Mutter, es ist also hinsichtlich des Händigkeits-Gens DD und wird ein Rechtshänder. Bei ihm ist es gleichgültig, welche Variante des Gens aktiv ist, da sowohl die Mutter als auch der Vater eine D-Allel vererbt haben.

Der Nachwuchs kann aber auch von einem Elterteil ein C-Allel erhalten. Dann ist seine genetische Verfassung bezüglich der Händigkeit DC. Wenn die D-Variante arbeitet, wird es ein Rechtshänder. Geht man davon aus, dass es reiner Zufall ist, welche Variante aktiv ist und welche stumm geschaltet wird, stehen die Chancen also 50 zu 50 dafür, dass die D-Variante aktiv ist und das Kind ein Rechtshänder ist.

In 50 Prozent der Fälle wird aber die C-Variante die Oberhand gewinnen und aktiv sein. Dann entscheidet der Zufall – und zwar ebenfalls mit einer 50-zu-50-Chance. Kinder, bei denen die C-Variante aktiv ist, werden also zu 50 Prozent Linkshänder. Das entspricht dann einem Anteil von 25 Prozent an allen Kindern – nämlich der Hälfte von der Hälfte.

Nachkommen, die hinsichtlich der Händigkeit zweimal das C-Allel tragen, werden wiederum zur Hälfte Linkshänder.

Für einige der gefundenen Daten, passt dieses Modell sehr gut. Unter anderem ließe sich damit erklären, dass selbst eineiige Zwillinge unterschiedliche Händigkeit aufweisen können. Bei einem Viertel der Zwillinge ist das ja so, das heißt sie wären dann hinsichtlich der Händigkeit DC-Typen.

Allerdings sollte man bei derartigen Rechenbeispielen nie vergessen, dass sehr viele Eigenschaften von mehr als einem Gen beeinflusst werden.

Dass die Vererbung der Lateralisation keineswegs simpel abläuft, belegt auch ein Beispiel aus der Mäusezucht. Wie schon in einem früheren Kapitel dargelegt, besitzen auch Tiere oft eine bevorzugte Pfote, um sich beispielsweise Futter zu angeln. Dieses Phänomen findet sich auch bei Mäusen. Die Nager zeigen dabei zwar die Tendenz, eine Seite zu favorisieren. Diese Vorliebe trifft aber immer nur auf einzelne Mäuse zu. Für eine gesamte Population kann man keine derartige Aussage treffen. Eine einzelne Maus ist zwar Links- oder Rechtshänder, ganze Mäusegesellschaften sind aber weder vornehmlich Links- oder Rechtshänder – anders als das beispielsweise beim Menschen der Fall ist.

Der amerikanische Genetiker Robert Collins versuchte nun Anfang der 1990er-Jahre Mäuse zu züchten, die entweder nur die rechte Vorderpfote bevorzugten oder die linke. Dazu kreuzte er immer wieder Linkspfoter ausschließlich mit Linkspfotern. Mit den Rechtspfotern verfuhr er ebenso. Doch selbst nach mehreren Generationen verfestigte sich die Händigkeit nicht. Die Mäusepopulation blieb über alle Mitglieder hinweg betrachtet unentschieden bei der Händigkeit.

Die Züchtungsversuche von Collins deuten darauf hin, dass die Lateralisation insgesamt ein Phänomen ist, das sowohl ein genetisches Fundament besitzt als auch in Teilen durch Umweltbedingungen beeinflusst wird – wie das häufig in der Biologie der Fall ist. So spielt in dem Beispiel des Führungsauges bei Küken die Kopfhaltung im Ei vor dem Schlüpfen eine entscheidende Rolle. Dabei trifft eine entsprechende Umwelt auf eine genetische Veranlagung und prägt eben ein besonderes Führungsauge aus.

Vergleichbare Zusammenhänge sind auch beim Menschen denkbar. Schon früh zeigen sich Phänomene der Lateralisation. So entwickeln sich die paarigen Organe wie Niere oder Lunge auf jeweils einer Seite des Körpers. Selbst manche Organe, die nur einfach im Körper vorkommen, zeigen eine Zweiteilung. So weist das Herz zwei linke und zwei rechte Kammern auf. In der Regel pumpt die rechte Seite das Blut in den Lungenkreislauf, bevor es dann mit Sauerstoff angereichert zur linken Herzhälfte strömt, um von dort in den Körperkreislauf gepresst zu werden. Hirn, Herz, Lunge, Niere – unser Körper zeigt zahlreiche Beispiele für Lateralisation.

Ein besonders kurioses fiel bereits dem deutschen Archäologen und Antiquar Johann Winckelmann auf, als er im 18. Jahrhundert Statuen der klassischen Antike studierte und beschrieb: »Auch die Theile der Scham haben ihre besondere Schönheit. Unter den Hoden ist allezeit der linke größer wie es sich in der Natur findet.« Mit seiner Beobachtung an den Skulpturen lag Winckelmann richtig, mit seinem Rückschluss auf die Anatomie allerdings nicht.

Zwei Jahrhunderte später inspizierte Psychologe McManus dann erneut das Gemächt von 107 Skulpturen und fand, dass bei den allermeisten der linke Hoden größer dargestellt ist.

Gleichzeitig entdeckte er auch, dass die Mehrzahl der rechten Hoden höher modelliert worden war als der linke.

	Seite mit erhöhtem Hoden			
Seite mit größerem Hoden		**links**	**gleich**	**rechts**	**gesamt**
	links	2	7	32	41
	gleich	8	19	17	44
	rechts	17	1	4	22
	gesamt	27	27	53	107

Asymmetrie der Hoden bei antiken Skulpturen.

Die Zahlen belegen, dass den antiken Bildhauern beim Schaffen ihrer Werke ein Fehler unterlaufen ist. Sie erlagen einer optischen Täuschung. Zwar sitzt bei den meisten Männern der rechte Hoden etwas höher als der linke. Der rechte ist aber auch meist etwas größer als der linke. Die Asymmetrie in der Stellung bedingt, dass uns der linke, tiefer sitzende und damit auch besser sichtbare Hoden größer erscheint.

Ein weiterer Irrtum der alten Griechen bezüglich der männlichen Fortpflanzungsdrüsen zeugte buchstäblich Kinder, denn im fünften Jahrhundert vor Christus gab der griechische Philosoph Anaxagoras seinen Geschlechtsgenossen den Rat, sich den linken Hoden vor dem Beischlaf mit einem Faden abzuschnüren. So könnten sie einen Stammhalter zeugen, da sich allein im rechten Hoden die männlichen Samen befänden. Die Schnürmethode erwies sich als unangenehm und wenig effektiv. Sie führte nur in durchschnittlich 50 Prozent der Fälle zum Erfolg – ebenso wie die schmerzfreie Vereinigung ohne Hodenquetschung.

Einige französische Adelige des 18. Jahrhunderts glaubten allerdings weiterhin fest an die Stichhaltigkeit dieser Hypothese. Sie machten keine halben Sachen, griffen zur Radikalmethode und ließen sich den linken Hoden chirurgisch entfernen.

Jedenfalls wurde McManus für seine Studie über die Asymmetrie der Hoden, die er 1976 immerhin im renommierten Wissenschaftsmagazin »Nature« veröffentlichte, die zweifelhafte Ehre zuteil, im Jahr 2002 den Ig-Nobelpreis verliehen zu bekommen. Diese gelegentlich auch als Anti-Nobelpreis titulierte Auszeichnung prämiert seit 1991 alljährlich unnütze, unwichtige oder skurrile wissenschaftliche Arbeiten. Verliehen wird er von der amerikanischen Harvard University in Cambridge.

Dass die meisten Männer aus Fleisch und Blut tatsächlich asymmetrische Hoden besitzen, belegen einige Studien. Unter anderem untersuchte der kanadische Psychologe Anthony Bogaert die Daten von mehr als 4000 Männern auf einen Zusammenhang zwischen der Asymmetrie der Geschlechtsteile und der Händigkeit.

	Rechtshänder	kein Rechtshänder
tieferer Hoden	%	%
rechts	21,1	21,2
links	61,9	57,6
gleich	17	21,2

Händigkeit und Asymmetrie der Hoden.

Andere Studien kommen zu ähnlichen Resultaten. Bei Rechtshändern hängt meist der linke Hoden tiefer und der rechte ist schwerer. Bei Linkshändern verhält es sich umgekehrt.

Der vergleichsweise unbekannten Asymmetrie hinsichtlich eines Geschlechtsmerkmals bei Männern steht eine andere, viel bekanntere, vermeintlich regelmäßige Ungleichheit eines Merkmals bei Frauen gegenüber: die ungleichen weiblichen Brüste.

Landläufig wird gerne kolportiert, dass die linke Brust bei Frauen häufig größer sei als die rechte. Eine Recherche in der einschlägigen wissenschaftlichen Literatur liefert dafür aber keine Belege. Zwar kommen manche Studien zu dem Ergebnis, dass die linke Brust statistisch betrachtet häufig größer als die rechte ist. Andere sehen das Mehrgewicht aber auf der rechten Seite, manche finden keinen signifikanten Unterschied. Sicher ist also nur, dass bei den allermeisten Frauen die beiden Brüste nicht gleich groß sind, sondern unterschiedlich hinsichtlich Gewicht und Volumen.

Dass sich Körperteile einer Seite besser entwickeln, trifft auf viele Stellen unseres Körpers zu. So sind die Hände und Füße der jeweils starken Seite meist auch kräftiger ausgeprägt.

Die Bevorzugung einer Seite beginnt schon früh in der Entwicklung eines Menschen. Noch bevor im Fötus das Gehirn als zentrale Schaltstelle mit dem Rückenmark verbunden ist, beginnt der Mensch mit Bewegungen seiner Körperteile. Bereits ab der zehnten Schwangerschaftswoche kann man mit Hilfe von Ultraschall sehen, wie sich asymmetrische Bewegungsmuster bei dem werdenden Menschen zeigen. Zwischen der 15. und 18. Woche nehmen die Armbewegungen zu, ab der 21. Woche werden die Arme dann wieder viel ruhiger. Bereits in diesem frühen Entwicklungsstadium zeigt sich eine Lateralisation. Etwa 60 Prozent der Babys bewegen ihren rechten Arm häufiger, bei zwölf Prozent ist der linke Arm aktiver, der Rest zeigt keine Vorlieben. Die Händigkeit ist dem Menschen also tief eingebrannt und resultiert nicht alleine aus einer Lateralisation im Gehirn. Sie ist unserem Körper wesentlich im eigentlichen Sinne. Das heißt: Sie ist vom Wesen unseres Körpers und damit letztlich auch von unserer Persönlichkeit nicht zu trennen.

Die frühe Ausprägung der Lateralisation setzt sich in der weiteren Entwicklung des Fötus im Uterus fort. So konnte der britische Psychologe Peter Hepper zeigen, dass von 75 Babys 60 bevorzugt an ihrem rechten Daumen nuckelten. Im Alter von zehn bis zwölf Jahren waren alle diese Kinder Rechtshänder. Zehn der restlichen 15 Kinder, die im Uterus lieber am linken Daumen lutschten, waren später Linkshänder. Fünf hatten sich zu Rechtshändern entwickelt.

Untersuchungen an Ungeborenen sind schwierig und immer mit einem gewissen Risiko für die Schwangere und das werdende Leben verbunden. Deshalb existieren vergleichsweise wenige Daten zur Ausbildung der Lateralisation im Mutterleib. Untersuchungen von Schwangeren an der Universität Jena konnten jedoch zeigen, dass sich auch das Hören asymmetrisch entwickelt. Das Hörzentrum in der rechten Gehirnhälfte entwickelt sich schneller und reift eher als sein Pendant in der linken Hälfte. Föten hören also mit dem linken Ohr besser. Dieser Vorsprung prägt sich etwa ab der 30. Schwangerschaftswoche aus. Erst ab etwa der 38. Woche drehen die Föten dann ihren Kopf bevorzugt nach rechts.

In den Wochen nach der Geburt liegen 65 Prozent der Neugeborenen bevorzugt mit dem Kopf nach rechts gewendet. Das hält etwa für zwei Monate an und ist gleichzeitig eine guter Anhaltspunkt dafür, mit welcher Hand die Kinder im Alter von 22 Wochen nach einem Gegenstand greifen werden. Wer gerne den Kopf nach rechts dreht, greift auch lieber mit rechts zu.

In der weiteren Entwicklung des Kindes lässt sich dann ein Zusammenhang herstellen zwischen der Händigkeit der

Eltern und der Richtung, in die Kinder ihren Kopf bevorzugt drehen. Babys von rechtshändigen Eltern verbringen mehr Zeit mit dem Kopf nach rechts gewandt. Nachwuchs, bei dem mindestens einer der beiden Eltern Linkshänder ist, weist dagegen keine klare Tendenz auf.

Einen Zusammenhang zwischen der Seitenbevorzugung und der Lagerung des Körpers bei Frühgeborenen konnte eine weitere Studie belegen. Während der Neonatalperiode wurden sie auf folgende Verhaltensweisen untersucht. 44 Kinder wurden in Rückenlage gepflegt und 37 in Bauchlage, jeweils solange sie in der Klinik waren. Bei den auf dem Bauch liegenden Kindern fand sich häufiger und länger anhaltend ein beständiges Drehen des Kopfes nach rechts. Mit neun Monaten war die Bevorzugung der rechten Hand bei Kindern, die auf dem Bauch lagen, stärker ausgeprägt, während Kinder, die auf dem Rücken lagen, beide Hände benutzten, was auch noch mit 18 Monaten nachweisbar war.

Bei all diesen Vergleichen muss man sich vor voreiligen Rückschlüssen hüten. Häufig lässt sich statistisch zwar ein Zusammenhang herstellen, das heißt aber nicht, dass dieser auch tatsächlich, sprich ursächlich, in Wirklichkeit besteht. Wissenschaftler benennen diese beiden Tatbestände Korrelation und Kausalität.

Eine Korrelation gibt an, ob statistisch ein Zusammenhang zwischen zwei Erscheinungen besteht. Die Kausalität zieht dann die Verbindung zwischen den zwei miteinander zu verknüpfenden Phänomenen. Sie identifiziert also Ursache und Wirkung.

Folgendes Beispiel macht deutlich, wie unsinnig Aussagen werden können, wenn man Korrelation und Kausalität verwechselt. In Deutschland werden immer weniger Kinder geboren. Der größte Einbruch bei der Geburtenrate geschah nach der Einführung der Antibabypille Ende der 1960er-Jahre. Gleichzeitig nahm aus vielen Gründen auch die Zahl der Weißstörche hierzulande stark ab.

Statistisch ließe sich zwischen den beiden Tatsachen ein Zusammenhang herstellen. Weniger Störche bedeuten weniger Kinder. Mittelbar mag es Ursachen geben, die letztendlich zu den beiden Rückgängen führen – zum Beispiel eine Verschlechterung der Umweltbedingungen. Aber niemand wird aus diesen Fakten den Schluss ziehen, dass es sich hier um eine unmittelbare Kausalität handelt. Dann könnte man ja auch behaupten, dass tatsächlich der Klapperstorch die Kinder bringt.

In diesem Zusammenhang sollte man auch Analysen hinsichtlich der Händigkeit und anderer Eigenschaften von Menschen zurückhaltend betrachten. So treten unter Homosexuellen mehr Linkshänder auf als unter dem Rest der Bevölkerung. Genauso verhält es sich unter den Pädosexuellen. Zwar ist es zunächst legitim, nach statistischen Zusammenhängen zu suchen und sie als Hinweis auf mögliche Kausalitäten zu werten. Allerdings ist dabei große Vorsicht geboten. Denn auch wissenschaftliche Forschung spielt sich nicht im luftleeren Raum ab.

Wie bereits im ersten Kapitel dargelegt, tendiert der Mensch dazu, Muster erkennen zu wollen und Menschen in Gruppen einzuteilen, bevorzugt in die In-Group und diejenigen, die nicht dazugehören. Leicht ließe sich mit dem Suffix Linkshändigkeit und Pädosexualität, besser bekannt als Pädophilie, eine solche Out-Group stigmatisieren und verteufeln, nach dem Motto: »Seht ihr, wir haben's doch gewusst, Linkshänder sind krank.« Dieser Disziplinlosigkeit sollte sich zwar niemand hingeben, der mediale Alltag belegt traurigerweise allerdings das Gegenteil.

Mangelnde Seriosität oder einfach nur Schlampigkeit im Umgang mit Statistik ist leider häufig anzutreffen und bürdet Linkshändern manches Vorurteil auf, das – einmal in der Welt – meist nur noch schwer auszurotten ist.

Ein wirklich kurzes Leben?

Im Jahr 1988 veröffentlichten die Psychologen Diane Halpern und Stan Coren eine kleine Studie im renommierten Wissenschaftsmagazin »Nature«. Das Ergebnis: Linkshänder sterben früher als Rechtshänder. Zu dieser Aussage kamen die beiden Forscher, indem sie eine Enzyklopädie über Baseball-Spieler analysierten, in der unter anderem die Händigkeit und das Sterbealter jedes Spielers vermerkt war. Und tatsächlich waren die linkshändigen Spieler im Schnitt jünger als ihre rechtshändigen Kollegen, wenn sie starben.

In einer weiteren Untersuchung, die dieselben Wissenschaftler 1991 im angesehenen Fachblatt »New England Journal of Medicine« veröffentlichten, kamen sie zu genau demselben Schluss. Diesmal hatten sie das Sterbealter von Linkshändern mit dem Todeszeitpunkt von Rechtshändern verglichen. Wieder folgerten die beiden, dass Linkshänder früher sterben.

Der Unterschied betrug sieben Jahre – eine gewaltige Differenz. Einen derartigen Gesundheits- beziehungsweise Krankheitseffekt würde man erzielen, wenn man täglich fünf bis sechs Packungen Zigaretten rauchen würde. Jedem Linkshänder müsste der Angstschweiß auf die Stirn treten, wenn das tatsächlich der Fall wäre, denn seine Händigkeit wäre ein enorm großes Risiko. Zur Beruhigung gleich vorweg, das Ergebnis ist Folge eines Denkfehlers und missachtet entscheidende Fakten, die aber unbedingt ins Kalkül gezogen werden müssen, wenn man einen treffenden Schluss ziehen will.

Betrachtet man zunächst einmal die Zahlen zur Häufigkeit von Linkshändern, dann fällt auf, dass in allen Erhebungen der Anteil der Linkshänder in verschiedenen Jahrgängen sehr unterschiedlich ist.

Besonders deutlich brachte das eine Umfrage des amerikanischen Magazins »National Geographic« im Jahr 1986 zutage. In einer Ausgabe des Heftes war ein Riechpapier angebracht. Wenn man daran rubbelte, verströmte es einen Duft. Die Redaktion bat nun die Leser, ihren Geruchseindruck mit Angabe unter anderem von Alter und Händigkeit einzusenden. Mehr als 1,1 Millionen Antworten gingen ein.

Es stellte sich heraus, dass diejenigen, die Anfang des 20. Jahrhunderts geboren waren, nur zu etwa drei Prozent Linkshänder waren. Je später im Jahrhundert jemand geboren war, desto größer war die Wahrscheinlichkeit, dass er auch Linkshänder war. Der maximale Anteil von etwa elf Prozent Linkshändern war nach dem Ende des Zweiten Weltkrieges erreicht und blieb dann bei allen nachfolgenden Jahrgängen ähnlich hoch.

Einen anderen, originellen Ansatz zur historischen Entwicklung der Linkshänderrate verfolgte dagegen der Psychologe McManus im Jahr 2007. Er analysierte Bilder von alten Filmen, die im Norden Englands zwischen 1897 und 1913 gedreht worden waren. McManus suchte darin nach Aufnahmen von winkenden Personen und zählte, wie viele davon mit links und wie viele mit rechts winkten. Von den 391 gedrehten Winkern nutzten 15 Prozent den linken Arm, der Rest den rechten.

Mit Hilfe des Internets schätzte McManus dann die aktuelle Rate der Linkswinker auf zeitgenössischen Bildern und kam auf eine Quote von 24 Prozent.

Außerdem ermittelte der Forscher, so weit möglich, das Alter der Personen in den historischen Filmen. Es stellte sich heraus, dass die Linkswinker im Schnitt älter waren als die Rechtswinker.

McManus fand so heraus, dass der Anteil der Linkshänder im viktorianischen England kontinuierlich abgenommen hatte, mit der geringsten Wahrscheinlichkeit Linkshänder zu sein für die Geburtenjahrgänge zwischen 1890 und 1900.

Als wahrscheinliche Erklärung muss wohl die damalige Ächtung der Linkshändigkeit dienen und das rücksichtslose und teilweise mit brachialen Methoden durchgeführte Umschulen der Linkshänder in dieser sittenstrengen Epoche.

Festzuhalten gilt also: Menschen, die um 1900 geboren wurden, sind zwar nicht von ihrer Veranlagung her seltener Linkshänder, sie leben ihre Linkshändigkeit aber seltener aus.

Wenn man nun zu einem bestimmten Zeitpunkt das durchschnittliche Alter von Links- und Rechtshändern vergleicht, wird man demnach zwangsläufig bei Linkshändern einen niedrigeren Wert finden. Der Anteil der Jungen steigt unter den Linkshändern ja kontinuierlich an, weil immer weniger umerzogen werden. Er nähert sich quasi seinem natürlichen Wert.

Das Problem mit der anfangs genannten Studie ergibt sich nun genau aus diesem Faktum. Schaut man sich zu einem beliebigen Zeitpunkt das Alter von Gestorbenen an, so wird man darunter dann ebenso mehr junge Linkshänder finden als junge Rechtshänder. Dieser Messfehler entsteht durch die Herangehensweise, weil man nur das Sterbealter berücksichtigt und nicht die gesamte Biographie. Korrekt wäre es, wenn man sich einen Geburtsjahrgang aussuchen würde und ihn dann verfolgt und schließlich alle Sterbedaten ermittelt.

Zur Verdeutlichung des zugrundeliegenden Denkfehlers kann folgendes Beispiel dienen: Wenn man analysiert, wer beispielsweise ein Jugendbuch wie »Tintenherz« liest, wird auch automatisch auf ein niedrigeres Durchschnittsalter als bei jenen stoßen, die das Buch nicht lesen, da unter den Nicht-Lesern erwartungsgemäß mehr Erwachsene sind. Wenn man nun ermittelt, wer unter den in einem bestimmten Zeitraum Gestorbenen auch dieses Buch gelesen hat, wird man natürlich auch mehr jüngere Tote unter den Buchlesern finden als unter jenen, die das Buch nicht angerührt haben. Aus dem Lesen der Lektüre alleine schon ein Sterberisiko ableiten zu wollen, ist aber ebenso unsinnig, wie es in der erwähnten Studie mit der Linkshändigkeit ist. Niemand würde deshalb einen Warnhinweis auf eben jenes Buch drucken lassen, wie das beispielsweise bei Zigarettenschachteln geschieht.

So weit die guten Nachrichten für Linkshänder. Wie zu erwarten, folgen weniger gute hinterher.

Es mehren sich die Hinweise, dass es zumindest einen statistischen Zusammenhang zwischen Linkshändigkeit und Erkrankungen wie Morbus Crohn oder Colitis ulcerosa, jeweils chronische Darmentzündungen, gibt. Linkshänder könnten ein doppelt so hohes Risiko für solche Krankheiten tragen als Rechtshänder. Allerdings muss man wissen, dass das Risiko überhaupt zu erkranken sehr gering ist. Die

Neuerkrankungsrate an Morbus Crohn liegt in Europa zwischen vier bis sieben Personen bezogen auf 100 000 Einwohner, an Colitis ulcerosa erkranken europaweit jährlich neun bis zwölf Patienten pro 100 000 Einwohner neu. Außerdem muss man berücksichtigen, dass sich die Neuerkrankungsrate in den vergangenen Jahren ständig erhöht hat, was unter anderem auf veränderten Lebensstil und Ernährungsgewohnheiten zurückgeführt wird. Linkshänder sollten sich also diesbezüglich nicht allzu große Sorgen machen und stattdessen – wie die Rechtshänder auch – auf einen gesunden Lebenswandel mit ausreichend Bewegung und ausgewogener Ernährung achten.

Für linkshändige Frauen gilt ein weiterer Ratschlag. Sie sollten besonders nach ihren Wechseljahren auf ihre Brüste achten. Denn einige Studien verweisen auf ein erhöhtes Brustkrebsrisiko für Linkshänderinnen nach der Menopause.

Wie zuvor schon erwähnt, muss man bei diesen Zahlenspielen beachten, dass es sich zunächst nur um einen statistischen Zusammenhang handelt, also eine Korrelation. Ob sich dahinter tatsächlich eine Kausalität verbirgt, muss erst noch geklärt werden.

Vorsicht ist deshalb auch bei der Interpretation von Auswertungen geboten, die unterschiedliche Häufigkeit von Krebs auf den beiden Körperseiten behandeln. Nach derzeitigem Kenntnisstand treten zum Beispiel bei paarigen Organen auf der einen oder anderen Seite häufiger Tumoren auf. So erkrankt bei der Lunge häufiger der rechte Flügel, bei den Hoden ebenfalls häufiger der rechte. Allgemein wird diese Diskrepanz mit dem Größenunterschied erklärt. So ist, wie bereits erwähnt, bei Männern der rechte Hoden eher größer als der linke – und erkrankt deshalb häufiger an Krebs. Für die Lunge gilt ebenso, dass in der Regel der rechte Flügel erheblich größer als der linke ist, weil der größte Teil des Herzens in der linken Hälfte des Brustkorbes sitzt und dort demzufolge weniger Platz für Lungengewebe ist. Wo mehr Gewebe ist, besteht einfach auch mehr Möglichkeit, dass die eine oder andere Zelle entartet und sich zu einem Tumor entwickelt.

Andere Krebsarten zeigen auch auffällige Häufungen auf einer Seite. Bei Frauen entstehen häufiger im rechten Eierstock Krebszellen. Brustkrebs entwickelt sich eher in der linken als in der rechten Brust. Dieser Zusammenhang ist bei Männern sogar stärker ausgeprägt als bei Frauen. Zwar ist Brustkrebs bei Männern sehr selten, aber immerhin erkranken in Deutschland jedes Jahr etwa 500 Männer daran. Melanome, eine Form des Hautkrebses, kommen ebenfalls links häufiger vor als rechts.

Für die letzten beiden Tumorarten schlägt der schwedische Elektroingenieur Örjan Hallberg gemeinsam mit dem Dermatologen Olle Johansson folgende Erklärung vor: Da sich vor allem die Melanome vermehrt in jenen Regionen entwickeln, in denen besonders viele Transmitter für Fernsehsignale stehen, spekulieren die beiden, dass diese elektromagnetische Strahlung der Grund für die Häufung der Melanome sei.

Menschen, so die Forscher, schliefen häufiger auf der rechten Seite liegend – unter anderem da sie sich nicht von ihrem Herzschlag stören lassen wollten, der gegen die Matratze wummert. Deshalb sei die oben liegende linke Seite bei den Personen, die auf einer Unterlage mit Metallfedern lägen, vermehrt Strahlung ausgesetzt, weil die Federkerne die Wellen bündelten und auf die linke Seite fokussierten. Besonders der linke Arm und die linke Brust seien diesem Strahlengewitter ausgesetzt. Sofort kursierten nach Veröffentlichung der Studie Schlagzeilen wie: Schlafe auf der rechten Seite und bekomme links Krebs.

Hier lauern wieder die Gefahren der Statistik. Die Autoren würfeln für ihre Ausführungen Daten aus verschiedensten Bereichen zusammen, stellen einen statistischen Zusammenhang her und stoßen, ob der Kuriosität ihrer Behauptungen, auf große Resonanz. Für eine wissenschaftlich treffende Aussage hätten sie aber ihre Vermutung überprüfen müssen, sprich sie hätten sich ansehen müssen, ob Menschen, die auf Latex- oder Kaltschaummatratzen schlafen, ebenso häufig an Brustkrebs oder Melanomen erkranken.

In der erwähnten Studie berufen sich die Autoren außerdem darauf, dass es in Japan weniger Melanome und Brustkrebs gäbe und auch keine Seitenbevorzugung auftrete. Das führen sie auf eine andere Wellenlänge der Fernseh- und Radiosignale zurück und auf die Tatsache, dass Japaner vorwiegend auf Futons ohne Metallteile schliefen. Dieser Rückschluss ist aber ebenso vage wie die Behauptung, dass der Linksverkehr Japans dafür verantwortlich sein könnte.

Die Zweifel an diesen Spekulationen wachsen zusätzlich mit der Erkenntnis, dass bis 2003 zwar eine Häufung von linksseitigen Melanomen im Kopfbereich auftrat, sich das Verhältnis seither aber genau umgedreht hat, mittlerweile erkranken mehr Patienten auf der rechte Seite ihres Kopfes als an der linken.

Für ein anderes Vorurteil im Bezug auf Linkshänder gibt es zwar erste statistische Belege, endgültig bewiesen ist es damit aber noch nicht. Allgemein wird angenommen, dass sich Linkshänder in der für gewöhnlich auf Rechtshänder eingestellten Welt schwer tun. Bedienelemente von elektronischen Geräten sind für Rechtshänder optimiert. Drehtüren drehen sich links herum, so wie es Rechtshändern angenehm ist. In den meisten Ländern der Erde herrscht Rechtsverkehr und die Autos sind links gesteuert. Viele Gegenstände des Alltags sind auf Rechtshänder ausgelegt. Scheren, Dosenöffner, Tassen und vieles mehr. Selbst die Anordnung des Bestecks auf einem gedeckten Tisch richtet sich nach den Rechtshändern.

Für sich genommen, so zumindest die allgemeine Annahme, sind diese kleinen Widerstände, auf die ein Linkshänder im Alltag stößt, nicht gravierend. In ihrer Summe jedoch stellen sie eine bedeutende Erschwernis dar und zermürben den Linkshänder. Unter anderem deshalb, so die Volksmeinung, haben Linkshänder auch mehr Unfälle.

Tatsächlich ergab eine Befragung von knapp 1900 amerikanischen Studenten, dass Linkshänder ein leicht erhöhtes Unfallrisiko haben. Für die Studie wurden die Probanden nach ihrer Händigkeit befragt und ob sie in den zurückliegenden zwei Jahren eine Verletzung durch einen Unfall erlitten hatten, die von einem Arzt behandelt werden musste.

Von den etwas mehr als 1700 befragten Rechtshändern hatten 619 eine solche Verletzung bei einem Unfall erlitten, also gut 36 Prozent. Unter den 180 Linkshändern kamen dagegen 93 zu Schaden, mehr als 57 Prozent.

Am deutlichsten war der Unterschied zwischen links- und rechtshändigen Männern beim Autofahren. Linkshänder hatten fast eine siebzehnprozentige Wahrscheinlichkeit für eine Verletzung durch einen Unfall, Rechtshänder dagegen nur von knapp acht Prozent.

Eine Studie an mehr als 1100 indischen und japanischen Autofahrern stellte fest, dass die Linkshänder in Indien tatsächlich mehr Unfälle hatten, in Japan dagegen nicht. Beidhänder trugen dabei in Japan ein größeres Risiko für einen Unfall als starke Rechts- oder Linkshänder. Für Indien galt das wiederum nicht. Da in beiden Ländern Linksverkehr herrscht, kann das nicht die Ursache für die unterschiedlichen Ergebnisse sein. Auch diese Daten machen klar, dass eine eindeutige Aussage zu Linkshändern, ihrer Gesundheit und ihrem Risiko, einen Schaden zu erleiden, nicht einfach ist.

Für ein anderes Phänomen ist die Datenlage allerdings besser. Lateralisation betrifft nämlich nicht nur die Bevorzugung einer unserer Hände, sie nimmt auch entscheidenden Einfluss auf unsere Wahrnehmung.

Wie bei dem im ersten Kapitel dargestellten Beispiel mit den gleich hellen, aber unterschiedlich erscheinenden Schachbrettfeldern, gaukelt uns das Gehirn etwas vor, das so gar nicht existiert. Dabei beeinflusst die Lateralisation auch, wie wir etwas moralisch bewerten und wie etwas auf uns wirkt.

Scheinriesen und Rechtsrempler

In »Jim Knopf und Lukas der Lokomotivführer« treffen die beiden Titelhelden während ihrer Abenteuer unter anderem auf Herrn Tur Tur, einen Scheinriesen. Er unterliegt einem seltsamen Phänomen. Je weiter man von ihm entfernt ist, desto größer wirkt er. Erst wenn man sich ihm nähert, schrumpft er auf Normalmaß herab. Deshalb ist er sehr einsam, weil sich alle Menschen vor ihm fürchten.

Jim und Lukas hilft er allerdings, einen Weg aus der Wüste »Ende der Welt« zu finden. Der Scheinriese gelangt schließlich mit den beiden auf deren Heimatinsel Lummerland, wo er dann als lebender Leuchtturm seine Bestimmung findet.

So bizarr der Einfall des Autors Michael Ende erscheinen mag, ein Funken Realität steckt dennoch in ihm. Nicht immer sehen wir Dinge so, wie sie wirklich sind. Unsere Wahrnehmung spielt uns oft einen Streich. Das ist unter anderem eine Folge der Lateralisation. Dieses ernüchternde Faktum erkennt man bereits bei folgender, vermeintlich einfachen Aufgabe: Auf einer waagerechten Linie soll man mit einem senkrechten Strich exakt die Mitte markieren (siehe Abbildung 10).

Simpel?

Die meisten Menschen werden einräumen, dass es dabei zu Ungenauigkeiten kommt. Schließlich haben wir keine exakte geometrische Wahrnehmung. Diese Ungenauigkeiten folgen aber einem bestimmten Muster, was wiederum darauf schließen lässt, dass ihnen allgemein gültige biologische Prozesse zugrunde liegen.

Abb. 10 Markieren Sie auf der Linie exakt die Mitte.

Die Mehrheit der Menschen setzt die Markierung etwas links von der Mitte – ein Phänomen das die Wissenschaft mit dem etwas sperrigen Wort Pseudoneglect bezeichnet.

Dass sich Sinneseindrücke in Abhängigkeit von der Körperseite unterscheiden können, haben wir ja bereits beim Riechen festgestellt. Dies hängt mit der Zweiteilung unseres Gehirns und der damit verbundenen Aufgabenteilung zusammen. Zur Erinnerung: Meist sitzen in der rechten Gehirnhälfte das ganzheitliche und das bildhafte Denken. Hier residiert auch das emotionale Verständnis.

Die linke Hälfte beschäftigt sich mehr mit dem analytischen, logischen Denken. Hier ist der Intellekt angesiedelt.

Auch wenn diese Einteilung sehr grob ausfällt und sie in ihrer Absolutheit so kaum die Realität exakt beschreibt, kann sie dabei helfen, manch verblüffendes Phänomen zu erklären.

Wie in Abbildung 8 auf Seite 49 dargestellt, nimmt unsere rechte Gehirnhälfte das wahr, was sich in unserem linken Gesichtsfeld befindet. Was eher rechts von uns ist, das registriert die linke Hirnhemisphäre. Das führt dazu, dass wir Dingen, die wir etwas links von uns sehen, mehr Aufmerksamkeit schenken und sie meist als größer oder intensiver wahrnehmen.

Betrachten Sie die beiden Balken in Abbildung 11.

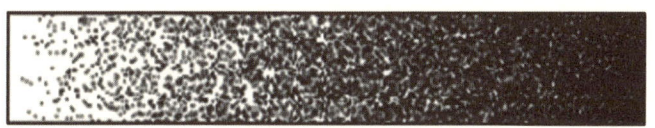

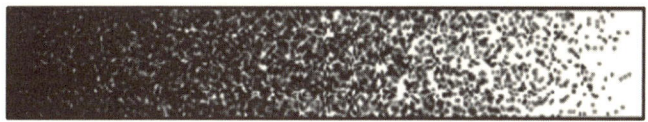

Abb. 11 Welcher Balken wirkt dunkler?

Wie wirken die beiden Streifen auf Sie? Ist der obere oder der untere dunkler?

Fast drei Viertel aller Menschen finden, dass der untere Balken dunkler als der obere ist. Sie auch?

Bei der nächsten Aufgabe sollten Sie zwischen den beiden Gesichtern in Abbildung 12 jeweils auf die Nase schauen und – nachdem Sie beide betrachtet haben – ihre emotionale Verfassung im Vergleich beurteilen.

Die beiden Gesichter sind von ihrem grundsätzlichen Aufbau her zwar gleich, sie unterscheiden sich aber hinsichtlich ihrer Seitigkeit. Ganz so wie die in einem früheren Kapitel angeführten Moleküle, zum Beispiel Aminosäuren, entsprechen sie sich zwar wie linke und rechte Hand, aber sie lassen sich nicht exakt zur Deckung bringen. Sie sind chimär.

Diesen feinen, aber nicht unbedeutenden Unterschied bewertet auch unser Gehirn. Die meisten Menschen beurteilen deshalb das rechte Gesicht als freundlicher.

Sowohl die unterschiedliche Wahrnehmung der Balken als auch der Gesichter sind Folgen des Pseudoneglect. Ver-

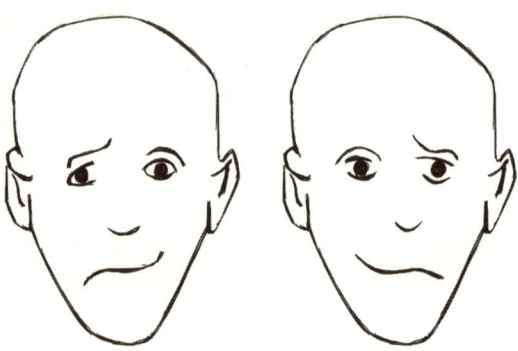

Abb. 12 Schauen Sie auf die Nase des jeweiligen Gesichts. Welches wirkt glücklicher?

einfacht könnte man sagen, dass alles, was wir mit der rechten Gehirnhälfte wahrnehmen, auch mehr und intensiveren Eindruck auf uns macht.

Mit der rechten Gehirnhälfte erfassen wir das ganze Bild und ermitteln emotionale Beziehungen. Mit der linken Hemisphäre analysieren wir, beobachten trennscharf alle Einzelheiten, wiegen und wägen alles, dessen Bild uns von rechts ins Auge fällt genau ab.

Wenn wir flüchtig über ein Gesicht schauen, vielleicht beurteilen, ob es uns sympathisch ist, dann registrieren wir auch nicht jede einzelne Falte und verschätzen uns wahrscheinlich bei der Taxierung seines Alters – besonders wenn wir das Konterfei als angenehm empfinden. Inspizieren wir dagegen die Haut, ihre Falten, Läsionen und Altersflecken ganz im Detail, dann werden wir uns eher eine genaue Vorstellung vom Alter eines Gesichtes machen.

Ebenso dürfte es mit anderen optischen Eindrücken sein. Aufgrund der unterschiedlichen Sinnes-Wahrnehmung in den beiden Hälften unseres Gehirns, wirken verschieden positionierte Dinge auch anders auf uns. Dieser Pseudoneglect ist unabhängig von der Händigkeit. Diesbezüglich ist bei den meisten Menschen die rechte Körperseite sogar im Nachteil. Sie stoßen sich zum Beispiel häufiger das rechte Knie oder die Schulter, ganz einfach weil rechts ein wenig mehr im Schatten unserer Aufmerksamkeit liegt. So gesehen sind die meisten also eher Rechtsrempler.

Der Schatten unserer Aufmerksamkeit lässt sich etwas lüften, indem man die entsprechende Gehirnhälfte aktiviert, zum Beispiel indem man mit der rechten Hand eine Tätigkeit ausführt. Zumindest legen das Versuche mit Personen nahe, bei denen sie durch eine enge Tür gehen mussten. Wenn sie einfach nur gingen, dann stießen sie sich vermehrt die rechte Seite. Wenn sie mit der rechten Hand etwas taten, dann war die linke Seite plötzlich im Nachteil. Die linke Gehirnhälfte war dann aktiver und zeigte deshalb auch mehr Aufmerksamkeit für das, was im rechten Wahrnehmungsbereich lag. Zumindest funktionierte das im Experiment, bei dem die Probanden mit einer Spielzeugpistole ein Ziel anvisierten. In einer späteren Versuchsreihe, in der die Teilnehmer eine Kurzmitteilung in ein Handy eintippen sollten, versagte diese Methode. Dann rempelten die Testpersonen wieder häufiger mit rechts.

Die geteilte Aufmerksamkeit unseres Sehsinnes findet zumindest eine sehr praktische Anwendung: Theater-Schauspieler machen sich die Erkenntnis über den Pseudoneglect geschickt zunutze. Wenn sie in einem Stück zunächst unbemerkt auf die Bühne gelangen wollen, treten sie in der Regel vom Publikum aus gesehen von rechts auf.

Pseudoneglect bewirkt auch, dass uns Dinge, die auf Bildern links dargestellt sind, meist weiter nach vorne gerückt erscheinen und uns oft auch bedeutender, wichtiger vorkommen. Gemälde sind deshalb eher nach dem benannt, das in ihrer linken Hälfte dargestellt ist.

Die Scheinriesen wie besagter Herr Tur Tur aus dem Kinderbuch sind also nicht besonders weit von uns entfernt, eventuell stehen sie aber links vor uns und erscheinen uns so groß, weil auch wir dem Pseudeneglect erliegen.

Diese Täuschung reicht sogar über unser Gesichtsfeld hinaus. Ein Versuch mit Menschen, bei dem in einem Projektionsraum eine virtuelle Kugel um die Probanden kreise, weist darauf hin, dass sich der Pseudoneglect auch auf den Raum hinter uns erstreckt. Die Testpersonen sollten jeweils festlegen, wann die kreisende Kugel genau in der Mitte hinter ihnen angekommen war. Dabei stellte sich heraus, dass sie den Raum rechts hinter sich als kleiner als den linken Rückraum einschätzten. Wenn sich die Kugel rechts um sie herumbewegte, dann glaubten sie früher, dass das Objekt den vereinbarten Punkt erreicht hatte. Selbst außerhalb unserer optischen Wahrnehmung gaukeln uns links und rechts also Verschiedenes vor.

Die Abhängigkeit der Sinneseindrücke von der Richtung des auslösenden Reizes beeinflusst nicht nur das Sehen, sondern auch das Hören. So macht es wie bereits erwähnt einen Unterschied, ob man einen Wunsch, wie die Frage nach einer Zigarette, ins linke oder rechte Ohr spricht. Der Erfolg ist beim rechten Ohr größer.

Dieses Ergebnis findet seine Entsprechung in der Aufgabenverteilung des Gehirns. Geräusche, die ins linke Ohr dringen, nimmt die rechte Gehirnhälfte wahr, solche, die rechts in die Ohrmuschel hallen, registriert die linke Hirnhemisphäre. Bei den meisten Menschen hat das rechte Ohr einen Vorteil, das heißt hier hören wir besser. Das hängt nicht mit dem Ohr, sondern mit dem Gehirn zusammen. In der linken Hirnhälfte sitzen wesentliche Sprachzentren. Das heißt, wir verstehen mit links einfach besser.

Mit rechts bewerten wir zwar moralische Zusammenhänge, das ist für das rein logische Verständnis aber meist nicht vonnöten. Wenn wir also ins rechte Ohr nach einer Zigarette gefragt werden, zieht unsere linke Gehirnhälfte den logischen Schluss, dass dieser Aufforderung Folge zu leisten ist. Wenn dann in der rechten Bedenken dagegen aufkommen, zum Beispiel dass uns der Fragende unsympathisch ist oder wir einfach zu geizig sind, um einen Glimmstängel herzugeben, dann ist es oft zu spät.

Dieses sogenannte dichotome Hören ist in zahlreichen Experimenten erforscht worden. So spielt man über Kopfhörer den Ohren von Versuchspersonen unterschiedliche Silben vor, beispielsweise ba, pa oder da, ta oder ga, ka. Anschließend fragt man nach, welche gehört wurde. Häufiger geben Menschen dann jene an, die dem rechten Ohr präsentiert wurde, also mit der linken Gehirnhälfte wahrgenommen wurde.

Interessanterweise scheinen Menschen aber nicht immer mit rechts aufmerksamer zuzuhören. So hat unser rechtes Ohr beim Erlauschen von Fehlern meist einen Vorsprung gegenüber dem linken – aber nicht immer. Ein Experiment mit Chinesen und Amerikanern zeigt, dass wir Fehler in unserer Muttersprache mit dem rechten Ohr und der steuernden linken Gehirnhälfte besser wahrnehmen. Man spielte den Probanden Laute in Mandarin vor. Anschließend wurde nach gefundenen Fehlern gefragt.

Die Chinesen entdeckten die Fehler in ihrer Muttersprache besonders gut mit dem rechten Ohr. Bei den Amerikanern gab es dabei keinen signifikanten Unterschied zwischen den Ohren. Eine Fremdsprache nehmen wir also eher gleichberechtigt mit links und rechts wahr. Vor allem ein besonders fremdartiges Idiom mit seinen ungewohnten Lauten setzen wir wohl eher mit Geräusch gleich als mit Sprache.

Die meisten Menschen empfinden es auch als angenehmer, wenn ihnen Musik ins rechte Ohr schallt. Das geschieht vor allem dann, wenn die Melodie mit Gesang gepaart ist – und auch hier wieder bevorzugt, wenn in der Muttersprache gesungen wird.

Links ist gut und
rechts ist schlecht

Ein weit verbreitetes Vorurteil über Linkshänder: Ihr Gehirn ist angeblich spiegelbildlich zu dem der Rechtshänder organisiert. Das stimmt nicht – jedenfalls nicht so absolut, wie man annehmen möchte. Seit Jahrzehnten suchen Forscher nach anatomischen Unterschieden in den beiden Gehirnhälften – und bis auf ganz wenige Ausnahmen bislang vergebens. Dennoch übernehmen die linke und die rechte Hirnhemisphäre unterschiedliche Aufgaben, zum Beispiel bei der Wahrnehmung oder der Sprachverarbeitung. Ebenso verhält es sich bei der Planung und Ausführung bestimmter Aktionen wie dem Greifen oder Werfen.

Dabei kommt unter anderem das Prämotorische Areal zum Einsatz, eine Region der Großhirnrinde auf beiden Hälften des Hirns. Die dortigen Nervenzellen übernehmen verschiedene Funktionen, zum Beispiel helfen sie bei der Planung von Bewegungen.

Der Neurologe Daniel Casasanto vom Max-Planck-Institut für Psycholinguistik untersuchte mit Hilfe der sogenannten funktionellen Magnetresonanztomographie, ob sich bei Links- und Rechtshändern ein Unterschied in der Aktivität dieser Gehirnregion feststellen lässt. Dazu ließ er Versuchspersonen in einem Tomographen 96 Wörter lesen und beobachtete deren Hirnaktivität. Die Wörter betrafen zur Hälfte Tätigkeiten, die man üblicherweise mit der Hand ausführt, also zum Beispiel Greifen oder Werfen. Die andere Hälfte bestand aus Wörtern, die zwar auch Aktivitäten beschrieben, aber nicht mit der Hand in enger Verbindung stehen, also zum Beispiel Knien oder Kichern.

In einer zweiten Testreihe mussten die Probanden nach dem Lesen des Wortes ihre Augen schließen und sich vorstellen, die entsprechende Aktion auch auszuführen.

In beiden Fällen fand Casasanto tatsächlich einen Unterschied zwischen Links- und Rechtshändern – und zwar nur bei Worten, die eine Aktion der Hand beschrieben. Bei Linkshändern war die rechte Hirnhälfte aktiver, bei Rechtshändern die linke. Das entspricht auch der üblichen Aufgabenverteilung, bei der die linke Gehirnhälfte die rechte und die rechte Hirnhemisphäre die linke Körperseite steuert.

Casasanto zieht aus diesen und anderen Versuchen weitreichende Schlussfolgerungen. Links und rechts sind demnach nicht nur einfach Kategorien, anhand derer wir uns im Raum orientieren und Positionen festlegen können, sie beeinflussen über unseren Körper auch unser Denken – eine wortwörtliche Manipulation unserer Psyche.

Geht man davon aus, dass Menschen je nach ihrer Händigkeit viele Tätigkeiten mit der jeweils starken Hand ausführen, werden in der Regel zwei Dinge geschehen: Erstens stellt sich die Wahrnehmung darauf ein. Zweitens wird der Betreffende die Erfahrung machen, dass ihm die Tätigkeiten, die er mit der bevorzugten Seite ausführt, leichter von der Hand gehen. Das bleibt nicht ohne Folgen für unsere Beurteilung von Dingen, wie Casasanto in verschiedenen Experimenten herausfand.

Casasanto zeigte Versuchspersonen beispielsweise eine Comicfigur und sagte, dass diese Zebras liebe, weil die gestreiften Pferde nun einmal einfach gute Wesen seien. Außerdem hasse die Figur Pandas, weil die böse seien. Anschließend fragte er die Probanden, in welche von zwei Boxen die Figur wohl ein Zebra und in welche sie einen Panda legen würde, wenn sie das denn tun sollte. In die linke oder die rechte? Die Versuchspersonen wurden dann aufgefordert, das Zebra und den Panda in die jeweilige Box zu zeichnen.

Zur Überprüfung, ob die Position der Box eine Rolle spielt, stellte er die gleiche Aufgabe mit jeweils einer Box oben und unten. Für gewöhnlich wird im westlichen Kulturkreis gut mit oben assoziiert und schlecht mit unten. Tatsächlich entschied sich die überwältigende Mehrheit der Probanden dafür, das gute Zebra in die obere Box zu legen und den bösen Panda in die untere. Dabei spielte es keine Rolle, ob die Testperson Links- oder Rechtshänder war.

Bei der Versuchsanordnung, in der die Tiere aber links und rechts einzusortieren waren, zeigte sich dagegen ein enormer Unterschied. Die Rechtshänder tendierten eindeutig dazu, den bösen Panda nach links zu schicken und das gute Zebra nach rechts. Die gute und die starke Seite waren ein und dieselbe.

Noch stärker fiel diese Tendenz bei den Linkshändern aus. Sie sortierten das gute Zebra nach links und den bösen Panda nach rechts. Diese Tendenz, gut mit der starken eigenen Seite zu assoziieren, blieb auch erhalten, als die Probanden nicht mehr zeichnen mussten, sondern nur sagen sollten, wo die Tiere landen sollten.

In einem weiteren Experiment präsentierte Casasanto Personen jeweils zwei Abbildungen von Außerirdischen. Die jeweiligen Paare waren sich sehr ähnlich, wiesen aber kleine Unterschiede auf. Die Probanden sollten dann einem der

beiden Aliens bestimmte Eigenschaften zuordnen, beispielsweise Intelligenz, Fröhlichkeit oder Vertrauenswürdigkeit.
Auch hier zeigte die Mehrheit der Versuchspersonen eine
Tendenz dazu, positive Eigenschaften dem Wesen zuzuord-
nen, das auf der Seite abgebildet war, die ihrer Händigkeit
entsprach. Dieses Verhalten zeigte sich auch bei Menschen in
einem Experiment, in dem sie entweder Bewerber für eine
Anstellung oder Produkte auswählen mussten. Immer bevorzugte die Mehrheit die Seite ihrer starken Hand.

Dass diese Privilegierung einer Seite tatsächlich mit der
Händigkeit zusammenhängt, sie aber nicht in Stein gemei-
ßelt, sondern stattdessen beeinflussbar ist, bewies Casasanto
in Versuchen mit Schlaganfallpatienten und Schülern. Von
13 Patienten, die einen Schlaganfall erlitten hatten, waren
alle ursprünglich Rechtshänder. Acht der Betroffenen para-
lysierte der Infarkt die linke Gehirnhälfte so, dass sie nicht
mehr in der Lage waren, die rechte Hand zu steuern. Sie
wurden de facto zu Linkshändern. Mit ihnen führte der
Neurologe ebenfalls das Experiment mit dem guten Zebra
und dem bösen Panda durch. Alle, die ihre Rechtshändigkeit weiter ausleben konnten, entschieden sich dafür, das
Zebra, also den Guten, in die rechte und den bösen Panda
in die linke Box zu legen.

Bei den zur Linkshändigkeit gezwungenen kam ein anderes Ergebnis zustande. Von den acht getesteten Patienten
entschieden sich sieben dafür, das Zebra in die linke und
den Panda in die rechte Box zu bugsieren. Ihr moralisches
Urteil im Bezug auf die Seitigkeit hatte sich also gedreht.

In einem anderen Versuch mit rechtshändigen Schülern
konnte Casasanto weitere Hinweise auf diesen Zusammenhang sammeln. Er ließ Schüler Dominosteine auf Punkten

senkrecht aufstellen. Dazu mussten die Versuchsteilnehmer je einen der Steine mit der rechten und der linken Hand greifen und in die gewünschte Position bringen. Erschwert wurde das allerdings dadurch, dass die Hälfte der Versuchsteilnehmer an einer Hand einen hinderlichen Skihandschuh tragen musste, der die Übung mit der betroffenen Hand wesentlich kniffliger machte. Zu allem Überfluss, war der zweite, nicht benötigte Handschuh, am Bund des ersten befestigt und baumelt hinderlich herab.

Die Versuchspersonen hatten zwölf Minuten Zeit um insgesamt 80 Steine aufzustellen. Anschließend wurde mit ihnen derselbe Test durchgeführt, den auch die Schlaganfallpatienten absolviert hatten. Auch sie wurden gefragt, wo wohl das gute Zebra und der böse Panda landen würden, links oder rechts. Erwartungsgemäß ordneten diejenigen Rechtshänder, deren rechte Hand ohne Handschuh agiert hatte, das Zebra überwiegend nach rechts ein. Diejenigen, deren Rechte aber durch den Handschuh behindert war, sortierten das Zebra dagegen mehrheitlich nach links. Insgesamt war es fünfmal wahrscheinlicher, dass die Probanden das Zebra auf die Seite schickten, deren Hand zuvor ohne den lästigen Handschuh hatte agieren können.

Die Bevorzugung der starken, geschickteren Hand und die damit verbundene Verknüpfung mit positiven Eigenschaften bildet sich schon früh im Leben eines Menschen aus. Bereits bevor sich bei Kindern ihre Links- oder Rechtshändigkeit manifestiert, zeigt sich dieser Zusammenhang. Schon im Alter von fünf Jahren sortieren Kinder beispielsweise ein Spielzeug, das ihnen gefällt, eher auf die Seite, die ihrer Händigkeit entspricht. Andere, eher negativ besetzte Dinge, wandern dagegen nach Gegenüber.

Wie sehr links und rechts unser Urteil beeinflussen, fanden auch Forscher von der Universität Rotterdam in einem originellen Versuch heraus. Sie stellten 33 rechtshändige Testpersonen auf ein computergesteuertes Balancierbrett und wiesen sie an, die flexibel gelagerte Standfläche immer waagerecht zu halten. Zur Kontrolle konnten sich die Probanden an einem Monitor orientieren, der eine Warnung zeigte, wenn sie ihre vorgeschriebene Position verließen. Während sie so balancierten, stellte man ihnen Schätzfragen, zum Beispiel wie hoch der Eiffelturm in Paris sei.

Gemeinerweise verstellten die Forscher heimlich immer wieder das Brett, auf dem die Versuchspersonen standen, so dass sich ihr Körper nicht immer genau in der Senkrechten befand, sondern manchmal mehr nach links oder nach rechts geneigt war. Das blieb nicht ohne Folgen. Wenn sie sich nach rechts neigten oder aufrecht standen, dann schätzten die Probanden immer ähnlich. Wenn sie sich dagegen nach links neigten, dann waren ihre Angaben deutlich geringer als in den beiden anderen Fällen. In linker Schräglage schrumpft der Eiffelturm also.

Links gleich schlecht oder klein und rechts gleich gut oder groß beeinflusst auch unsere räumliche Wahrnehmung – und kann sogar den bereits erwähnten Pseudoneglect aufheben. Dieser führt bekanntlich dazu, dass Menschen, wenn sie auf einer waagerechten Linie exakt die Mitte markieren sollen, den erforderlichen Strich leicht nach links versetzt ziehen.

An der Universität Amsterdam mussten in einem Experiment 38 Studenten ein Bild einer Comicmaus in einem Labyrinth betrachten, in dessen Mitte entweder ein leckeres Stückchen Käse lag oder eine bösartig aussehende Eule lauerte. Die Hälfte der Gruppe sollte dann eine möglichst detailreiche Geschichte über den schönsten Tag der Maus schreiben – den Tag, an dem sie das fette Stück Käse fand und genüsslich verzehrte.

Die andere Hälfte bekam den Auftrag, eine Geschichte über den letzten Tag im Leben der Maus zu erfinden, an dem diese von der lauernden Eule gefangen, getötet und gefressen wird.

Die Idee dahinter: Die erste Gruppe sollte durch die Geschichte auf ein positives Ziel eingestimmt werden und die zweite darauf, unbedingt etwas zu vermeiden. Anschließend nahmen beide Gruppen am eigentlichen Test teil, in dem sie möglichst genau die Mitte einer Linie, die auf einem Monitor auftauchte, markieren sollten. Manche Probanden sahen die Linie lediglich 1,5 Sekunden lang, während andere bequeme vier Sekunden Zeit für die Aufgabe bekamen.

Fazit des Ganzen: Diejenigen, die der Käsegruppe angehört hatten, also der Gruppe, die besonders positiv gestimmt war und deren Stimmung noch nicht einmal durch Zeitdruck getrübt wurde, tendierten messbar nach rechts – die anderen Gruppen nicht. Unsere Stimmung wirkt demnach ebenso auf unsere Wahrnehmung von rechts und links wie die beiden Seiten unser Urteil beeinflussen.

Selbst die Sprache bleibt von links und rechts nicht unberührt. So setzte sich Neurologe Casasanto auf die Spur der Wörter seit Einführung der Schreibmaschine. Als Startpunkt nahm er die Einführung der sogenannten QWERTY-Tastatur in Amerika. 1878 ordnete der Buchhalter Christopher Latham Sholes, die Buchstaben der Schreibmaschinentastatur nicht alphabetisch an, sondern nach ergonomischen Gesichtspunkten. Die oberste Reihe begann von links nach rechts mit der Buchstabenfolge QWERTY. Allgemein wird kolportiert, dass er das auch getan hätte, weil diese Kombination die Buchstaben für das englische Wort für Schreibmaschine »typewriter« enthält, und so zu Demonstrationszwecken schnell getippt werden kann.

Jedenfalls setzte sich im angelsächsischen Sprachraum und in Westeuropa diese Tasturanordnung durch. In Mittel- und Osteuropa wurde dagegen die sogenannte QWERTZ-Tastatur üblich – unter anderem weil im Deutschen das Z wesentlich häufiger vorkommt als das Y.

Eine Analyse von 1000 Wörtern aus dem Englischen, Niederländischen und Spanischen fand heraus, dass Wörter mit positiver Bedeutung mehr Buchstaben aus der rechten Hälfte dieser QWERTY-Tastatur enthielten als negative. Bei jüngeren Wörtern war dieser Zusammenhang stärker ausgeprägt als bei älteren.

Zwar muss man auch hier, wie bereits erwähnt, vorsichtig bei der Interpretation sein, denn es könnte sich lediglich um eine Korrelation und nicht um eine Kausalität handeln. Weitere Studien dazu versprechen jedenfalls spannende Ergebnisse. Denkbar wäre zumindest, dass der Siegeszug der Schreibmaschinen- und später der Computertastatur, über die heute ja vielfach und häufig kommuniziert wird, allein schon durch die Lage der Buchstaben einen Einfluss auf unsere Sprache nimmt.

Im Politischen hat links und rechts ebenfalls mehr Bedeutung als nur zur Einordnung des Parteienspektrums – eine Einteilung, die auf die Nationalversammlung während der Französischen Revolution seit 1789 zurückgeht. Im Sitzungssaal der Versammlung saßen damals vom Präsidenten aus gesehen links die Anhänger fortschrittlicher, revolutionärer Ansichten, rechts waren diejenigen platziert, die eher der Monarchie zugetan waren und die restaurative Ideen vertraten. Das linke Spektrum – »le côté gauche« – und die Vertreter von rechts – »le côté droite« – lieferten sich hitzige Debatten. Bald wurden die Adjektive »links« und »rechts« zu Substantiven und man sprach nur noch von der Linken »la gauche« und der Rechten »la droite«.

Diese Einteilung beeinflusste Demokratiebewegungen in anderen Ländern, unter anderem auch in Deutschland. Dort wurde beispielsweise in der ersten frei gewählten allgemeinen Volksvertretung, der Frankfurter Nationalversammlung von 1848 und 1849, eine entsprechende Sitzordnung beibehalten. Diese Regelung hat sich bis in die heutigen Parlamente fortgesetzt.

Doch über die bloße Einteilung in links oder rechts hinaus, wirken auch die Linke und die Rechte von einzelnen Politikern auf unser Urteil. So wertete Psychologe Casasanto die Handbewegungen der beiden Präsidentschaftskandidaten im Wahlkampf der USA von 2004 und 2008 aus.

In der ersten Auseinandersetzung trat der demokratische Rechtshänder John Kerry gegen den republikanischen Linkshänder George W. Bush an. Beim zweiten Wahlgang konkurrierten zwei Linkshänder miteinander. John McCain von den Republikanern gegen Barack Obama von den Demokraten.

Dass im ersten Fall der Linkshänder gegen den Rechtshänder gewann, mag Zufall sein. Nicht zufällig waren jedoch die Armbewegungen aller Kandidaten. Ob bewusst oder unbewusst, wenn sie etwas Positives sagten, dann unterstrichen sie das meist mit der starken Hand. Bei negativen Aussagen gestikulierten sie mit der entgegengesetzten Hand. Es könnte sich also lohnen, in künftigen Wahlkämpfen genauer auf die Gestik der Kandidaten zu achten. Je nach Händigkeit könnte in dem Gefuchtel eine versteckte Botschaft auf Entschlüsselung warten.

Verräterisch könnte auch sein, wie sich die Augäpfel eines Politikers bewegen. Das legt zumindest eine Untersuchung nahe, die ein internationales Forscherteam an zwölf Rechtshändern durchführte. Die Teilnehmer an der Studie sollten 40 Mal eine Zahl zwischen 1 und 30 in möglichst beliebiger Reihenfolge nennen. Dabei wurden die Bewegungen ihrer Augen genau beobachtet. Tatsächlich gelang es den Forschern vorherzusagen, ob die nächste Zahl größer oder kleiner als die vorhergehende war und ob sie wesentlich größer oder kleiner sein würde. Diese wahrsagerische Leistung ermöglichten alleine die Augenbewegungen der Probanden. Wenn sie nach links und nach unten schauten, war die nächste Zahl meist kleiner als die zuvor genannte. Schauten sie nach rechts und oben, war sie größer. Wie weit sie in die jeweilige Richtung blickten, ließ eine Vorhersage über den Abstand zur vorhergehenden Zahl zu. Wenn Politiker also über Haushalte und Schulden sprechen, dann sollte man ihnen genau in die Augen sehen. Vielleicht nennen sie zwar eine Zahl, denken aber an eine ganz andere. Würde man jemandem vertrauen, der verspricht einen bestimmten Schuldenstand nicht zu überschreiten und nach rechts oben blickt?

Der Zusammenhang zwischen Zahlen, an die man denkt, und der Blickrichtung entspricht jedenfalls dem Modell, das sich Neurologen von unserem Zahlengefühl machen.

Wenn wir uns Zahlen vorstellen, so das Konzept, dann tun wir das in Form einer Reihe. Diese ist entlang eines inneren Zahlenstrahls angeordnet, der in der Regel links mit den kleinen Zahlen beginnt und sich rechts mit immer größeren Zahlen fortsetzt. Das würde auch erklären, weshalb viele Menschen dazu tendieren, Dinge als kleiner einzuschätzen, wenn sie ein wenig nach links gelehnt sind. Sie befinden sich dann quasi räumlich im Bereich kleinerer Zahlen und entscheiden sich intuitiv für diese näher liegenden niedrigen Werte, wenn sie eine Aussage treffen sollen.

Das Ungleichgewicht zwischen links und rechts zeitigt aber nicht nur Folgen bei der Einschätzung von Größe, sondern beeinflusst den Menschen auch beim Sport, zum Beispiel beim Australian Football, einer Art Mischung aus Fußball und Rugby. In diesem Vollkontakt-Sport treten zwei Mannschaften auf einem elliptisch geformten Spielfeld mit einem eiförmigen Ball gegeneinander an.

An jedem Ende des Spielfeldes befinden sich vier vertikale Stangen. Die beiden mittleren sind die Tor-Pfosten und die kleineren zu jeder Seite die Neben-Pfosten oder Punkt-Pfosten. Ein Tor wird erzielt, wenn der Ball vom angreifenden Team in irgendeiner Höhe, das heißt auch höher als die Torpfosten, zwischen den Pfosten hindurchgeschossen wird. Überquert der Ball die Linie zwischen Tor und Neben-Pfosten, wird ein sogenanntes Behind erzielt. Ein Tor zählt sechs Punkte, ein Behind einen Punkt.

Australische Wissenschaftler zählten nun, wie oft in den Erstligaspielen zwischen 2005 und 2009 rechts oder links neben dem Tor ein Behind erzielt wurde. Insgesamt fielen davon knapp 15 000. Die Auswertung ergab ein klares Übergewicht für rechts. Mit der Spielweise kann dies nichts zu tun haben. Die Forscher schlossen aus, dass beispielsweise einfach mehr Angriffe über rechts ablaufen, denn am häufigsten waren die Behinds jeweils, wenn auch auf der gleichen Seite angegriffen wurde. Wären mehr Angriffe über rechts gestartet worden, dann wären auch mehr linke Behinds von der rechten Seite aus erzielt worden. Im Labor überprüften die Sportwissenschaftler außerdem das Schussverhalten von 245 Studenten. Auch hier zeigte sich, dass es eine klare Tendenz nach rechts gab.

Dieser Trend, eher nach rechts zu schießen, könnte sich in einer dem Australian Football verwandten Sportart bewähren. Bei Elfmetern im Fußball könnte sich dieser Trend für den Schützen auszahlen. Ein Schuss in die vom Torwart aus gesehen linke Ecke verspricht nämlich mehr Erfolg als die andere Seite, denn links vom Keeper ist eher frei – zumindest wenn man einer Untersuchung der FIFA-Statistiken aller Weltmeisterschaften zwischen 1982 und 2010 vertraut. Ausgewertet wurden alle Elfmeterschießen, die während der Weltmeisterschaften stattgefunden hatten. Im Fokus dabei: der Torwart.

Der Torhüter steht während eines Elfmeters unter einem enormen Zeitdruck – wenn der Ball den Fuß des Schützen verlassen hat, bleibt ihm lediglich maximal eine halbe Sekunde Zeit, sich zu entscheiden, in welche Richtung er springt. Folglich erwischen die Keeper auch nur etwa jeden fünften Ball – eine schlechte Quote, die ihnen dennoch kaum jemand übelnimmt. Der ehemalige deutsche Nationaltorhüter Oliver Kahn hat es einmal so ausgedrückt: »Der Einzige, der verlieren kann beim Elfmeter, ist der Schütze.« Der Torwart hingegen gilt als Held, wenn er einen Ball hält. Es ist also meist nicht die Angst vor dem Versagen, die den Keeper beim Elfmeterschießen antreibt, sondern der Wunsch, eine heldenhafte Leistung zu erbringen – eine eindeutig positive Motivation. Kommt dann noch ein Rückstand der eigenen Mannschaft hinzu, wird dieser Antrieb besonders stark. Wenn es also einen gewissen Rechtsdrall irgendwo beim Fußball gibt, dann müsste er in einer solchen Situation auftreten.

Und tatsächlich: Die Auswertung von insgesamt 204 Schüssen in 22 Spielen zeigt, dass 71 Prozent trafen, 20 Prozent hielt der Torwart und neun Prozent gingen daneben.

Gab es einen Rückstand einer Mannschaft, warf sich deren Keeper in 71 Prozent der Fälle nach rechts und nur in 29 Prozent nach links – lagen die Teams dagegen gleichauf oder führte das eigene Team, war die Häufigkeit von rechts und links praktisch gleich groß.

Besonders erfolgreich war diese Rechts-Tendenz übrigens nicht: Da die Schützen keinerlei messbaren Drall zeigten, hielten die Torhüter bei einem Rückstand der eigenen Mannschaft und dem damit einhergehenden Rechtsdrang lediglich acht Prozent der Schüsse, während sie sonst immerhin 22 Prozent schafften. Mit anderen Worten: Wenn das Team des Torhüters hinten lag, konnte der Gegner 90 Prozent der Schüsse verwandeln. Stand es unentschieden, lag die Quote bei 79 Prozent, und wenn die Mannschaft führte, waren es sogar nur 73 Prozent. Genau dann, wenn es wirklich drauf ankommt, reagiert der Torhüter demnach so, dass sich seine Chancen deutlich verschlechtern.

Eine Erklärung für dieses Paradoxon: Die Neigung zu einer bestimmten Seite hat sich vermutlich im Verlauf der

Evolution immer dann als positiv erwiesen, wenn eine Gruppe gemeinsam schnell handeln musste – etwa um einem Fressfeind zu entgehen oder auch bei einem Angriff durch Artgenossen. Entscheiden sich nämlich alle automatisch für eine Seite, braucht man weniger Abstimmung und die Horde agiert effizienter und schneller. Was jedoch bei der Koordination einer Gruppe von Vorteil sein kann, stellt sich in einer anderen Situation, in der ein Einzelner alleine zum Handeln gezwungen ist, als Nachteil heraus – und kann zudem von anderen ausgenutzt werden.

Andererseits kann auch der Torhüter rechts und links für sich nutzen – und zwar ganz beliebig. Wenn sich ein Keeper nämlich nur zehn Zentimeter abseits der Mitte seines Kastens aufstellt, dann wird der Schütze mit größerer Wahrscheinlichkeit in die vermeintlich freie Ecke schießen. Ein Faktum, dass sich unter Fußballern offenbar noch nicht herumgesprochen hat.

Eine Analyse von 200 Fußballvideos mit Spielen von Weltmeisterschaften, Kontinentalmeisterschaften und der Champions League ergab, dass in den allermeisten Fällen der Torwart bei Elfmetern im Durchschnitt ohnehin etwa zehn Zentimeter abseits der Mitte stand und die Schützen viel häufiger in die entgegengesetzte Ecke schossen. Die Torhüter warfen sich dagegen rein zufällig auf irgendeine Seite. Wüssten sie von dem kleinen Vorteil, den sie sich durch ihr Stellungsspiel verschaffen können, würden vielleicht mehr von ihnen als Elfmetertöter in die Annalen des Fußballs eingehen.

Schütze und Torwart müssen sich für eine Seite entscheiden. Dabei ist es egal, ob sie auf Anhieb sagen können, ob es sich um die linke oder rechte Ecke handelt – egal ob vom

Keeper aus gesehen oder vom Elfmeterschützen. Alleine an diesen, die jeweilige Perspektive einbeziehenden Formulierungen erkennt man, dass hinter links und rechts kein simples Konzept steckt. Die beiden scheinbar so einfachen Richtungsangaben sind weitaus komplexer als man annehmen möchte.

Wie links und rechts
in die Welt kamen

Im amerikanischen Bürgerkrieg von 1861 bis 1865 kämpften viele sehr einfache, kaum gebildete Männer, die oft nicht einmal schreiben konnten. Die Offiziere wollten schier verzweifeln, wenn ihre Truppe zum wiederholten Male Befehle nicht korrekt ausführte. Selbst einen Haufen Männer in Reih und Glied marschieren zu lassen, wurde zu einer kaum zu bewältigenden Aufgabe, da die Soldaten nicht einmal rechts von links unterscheiden konnten. Wenn das Kommando kam: »Links, zwo, drei, vier«, dann setzten die Männer nicht alle den gleichen Fuß nach vorne und begannen so einen Gleichschritt, sondern stolperten durcheinander. Es war demzufolge auch gar nicht daran zu denken, einen Zug Männer koordiniert nach links oder rechts marschieren zu lassen. Eine disziplinierte Truppe sieht anders aus.

Doch die entnervten Vorgesetzten ließen sich etwas einfallen, um das Problem zu lösen. Sie ordneten an, dass sich jeder Soldat Stroh an den linken Fuß binden sollte und Heu an den rechten. Damit kannten sich die meisten als Landburschen ja trefflich aus. Die Kommandos lauteten dann: Strohfuß! Heufuß!

Der Kniff zur Unterscheidung von rechts und links wurde legendär und ihm wurde später sogar ein Marschlied gewidmet: Hayfoot, strawfoot, belly full of bean soup! (Heufuß, Strohfuß, den Bauch voller Bohnensuppe!)

Fast jeder hat wohl schon einmal erlebt, dass er rechts und links verwechselt und sich erst besinnen musste, um die Orientierung wiederzugewinnen. Das ist nicht ungewöhnlich, denn links und rechts sind bei weitem kein so simples Konzept wie viele vielleicht annehmen.

Das wird deutlich, wenn man sich überlegt, wie links und rechts in unsere Welt kamen. Ein großer Teil des Tierreichs besteht aus den sogenannten Bilateria, zu denen auch der Mensch gehört. Ein wesentliches Merkmal dieser riesigen Gruppe von Lebewesen ist die zweiseitige Symmetrie. Die frühesten Fossilien mit Hinweisen auf diese Form der Körpersymmetrie stammen aus dem frühen Kambrium vor etwa 542 Millionen Jahren. In dieser fernen Zeit spielte sich die sogenannte kambrische Explosion ab, ein Zeitraum von etwa fünf bis zehn Millionen Jahren, in dem sich beinahe alle Formen beziehungsweise Vorformen heutigen tierischen Lebens ausbildeten.

Zuvor wimmelten vor allem Einzeller auf der Erde durchs Wasser. Manches Bakterium entwickelte für eine zielgerichtete Bewegung spezielle Fortsätze, sogenannte Geißeln, mit denen es sich wie mit einem Außenbordmotor angetrieben, schnell fortbewegen konnte. Bereits diese Lebewesen müssen sich also im Raum orientieren, zum Beispiel nach links oder rechts schwimmen. Dafür genügt allerdings eine Orientierung an der Umwelt, zum Beispiel daran, ob ein gelöster Nährstoff wie Zucker in seiner Konzentration zu- oder abnimmt. Eine Vorstellung von links oder rechts muss man dafür nicht haben, es genügt süßer oder weniger süß.

Bei mehrzelligen Tieren wird die Sache schon komplexer. Man stelle sich ein Tier vor, das am Boden festgewachsen ist. Sein Körper ist wie ein dicklicher Schlauch aufgebaut, die Unterseite klebt am Felsen, der Körper ist rund und an seinem Ende sitzt der Mund. Bei diesem Tier ist vor allem wichtig, wo oben und unten ist. Rechts und links spielen keine herausragende Rolle, weil sein runder Körper an allen Stellen gleichwertig ist. Für dieses Tier gibt es nur Richtungen, aus denen entweder etwas Gutes oder etwas Bedrohliches kommt, und es wäre wahrscheinlich, wenn es mit uns kommunizieren könnte, nicht in der Lage, rechts oder links zu unterscheiden.

Wenn nun dieses Tier seine sesshafte Lebensweise aufgeben würde und zur Seite umkippte, dann würde sich das schlagartig ändern. Sein ehemaliges Unten, also der Körperteil, mit dem es zuvor am Felsen festgewachsen war, würde zum Hinten. Der Teil mit dem Maul würde zum Vorne, auf dem Boden läge der Bauch, das neue Unten des Tieres, und zum Wasser hin wäre Oben. Da das Tier sich nun fortbewegen kann, spielt nicht nur oben und unten eine Rolle, sondern auch links und rechts. Theoretisch genügt zur Orientierung im Raum auch für dieses Lebewesen die Ausrichtung an der Umwelt. Im Laufe der Evolution entwickelte die Biologie der Tiere allerdings etwas revolutionär Neues. Orientierung fand irgendwann nicht mehr nur noch im Bezug auf die Umwelt statt, sondern im Bezug auf sich selbst.

Vervollkommnet hat dieses Konzept der moderne Mensch. Wer im westlichen Kulturkreis aufwächst, richtet seine Orientierung nicht rein nach der Umwelt aus. Wir betrachten die Welt immer von unserem eigenen Standort aus und beziehen uns beim realen oder gedanklichen Navigieren durch die Welt immer auf oben, unten, links und rechts – immer im Bezug auf uns selbst.

Im Laufe der menschlichen Evolution war das nicht immer so, wie Befunde belegen, die man bei Naturvölkern machen konnte. So unterscheiden die Guugu Yimithirr, Ureinwohner aus dem Norden Australiens, nicht zwischen links und rechts. Die Angehörigen dieses Stammes orientieren sich über ihre Umgebung. Die egoistische Perspektive, die sich an rechts und links hält, ist ihnen fremd. Wenn sie eine Position beschreiben wollen, dann teilen sie diese über die Himmelsrichtungen mit. Die Tasse steht also südlich vom Teller oder jemand soll einmal seinen Stuhl ein wenig weiter nach Osten rücken.

Wer nun annimmt, dass die Guugu Yimithirr durch diese für Europäer umständliche Weise Probleme bei der Orientierung haben, der irrt. Im Gegenteil, die Aborigines sind hervorragend, wenn es darum geht sich in ihrer Umwelt zurechtzufinden.

Die absoluten Systeme dieser Sprachen erfordern vom Menschen spezielle Verrechnungsfähigkeiten, die ständig im Hintergrund der von den Sprechern ausgeführten Tätigkeiten und Aktivitäten ablaufen müssen, damit die Orientierung im Raum gewahrt bleibt. Sprecher, deren Sprache ein absolutes System zur räumlichen Orientierung nutzt, müssen immer absolut orientiert sein – oder einfacher gesagt: Sie müssen immer wissen, wo Norden ist. Außerdem müssen sie über die Fähigkeit verfügen, die man inzwischen üblicherweise mit dem englischen Terminus »dead reckoning« bezeichnet. Dieser Begriff bezieht sich auf die Fähigkeit eines Lebewesens, seine gegenwärtige Position, seinen momentanen Standpunkt vor dem Hintergrund von Entfernungen einzuschätzen, die in bestimmte Richtungen zurückgelegt wurden.

Nehmen wir einmal an, jemand geht auf einem Weg, der südlich von C und D gelegen ist, in östlicher Richtung von A nach B. Dabei liegt B direkt südlich von D, der Punkt C liegt dagegen direkt oberhalb der Mitte zwischen A und B. Dann gilt Folgendes: Von A aus gesehen müssen die beiden Orte C und D als im Osten gelegen beschrieben werden; von B aus gesehen ist dagegen der Ort C als im Westen und der Ort D als im Norden gelegen zu beschreiben.

Stephen Levinson, Linguist am Max-Planck-Institut für Psycholinguistik untersuchte nun unter anderem das Orientierungsvermögen der Guugu Yimithirr, die mental in einem derartigen Koordinatensystem leben.

Die Testpersonen wurden an verschiedene, ihnen nicht näher vertraute Orte mit geographisch bedingt eingeschränktem Blickfeld gebracht. Dabei wurde darauf geachtet, dass zumindest ein Teil des Weges zu Fuß zurückgelegt wurde. Dann wurde jede Versuchsperson aufgefordert, jeweils in die Richtung zu zeigen, in der sich ihrer Meinung nach eine Reihe von bestimmten, im Umkreis von fünf bis über 300 Kilometern entfernte Orte befinden. Die Genauigkeit dieses Zeigens wurde mit einem Kompass, einer Karte und mit einem Navigationssystem überprüft.

Die australischen Eingeborenen, die sich absolut orientieren, waren jederzeit in der Lage, sehr genau die gestellten Fragen zu beantworten.

Ein gleiches Resultat erzielte Levinson bei den Hai//om. Das // steht übrigens für einen typischen Klicklaut in der Sprache dieses Volkes, das in Namibia im Südwesten Afrikas lebt. Beide Jäger- und Sammler-Kulturen hatten ihre Mitglieder also zu perfekten Navigatoren gemacht.

Die Tzeltal, ein Indiovolk aus Mexiko, erzielten beinahe

ebenso gute Resultate in der Orientierung. Auch sie besitzen quasi einen inneren Kompass, der ständig die Koordinaten des sie umgebenden Raumes berechnete.

Europäer haben dagegen keine Chance gegen Angehörige dieser naturverbundenen Kulturen, wie ähnliche Versuche mit Holländern und Engländern beweisen. Europäer orientieren sich in der Regel egoistisch, das heißt sie legen Positionen im Raum nicht absolut fest, sondern im Bezug auf sich selbst. Sie orientieren sich relativ. In denselben Tests, die auch die Naturvölker durchliefen, versagten sie völlig. Ihre Richtungsangaben waren kaum von rein zufälligen zu unterscheiden.

Ihren ausgesprochen guten Orientierungssinn erkaufen sich die Naturvölker aber mit schlechteren Ergebnissen in anderen Tests. Diese arbeiten allerdings mit Problemstellungen, deren Lösung für das Überleben in der Steppe nicht wirklich dienlich ist.

Daniel Haun, ebenfalls Forscher am Max-Planck-Institut für Psycholinguistik, konstruierte folgende Aufgabe: Vor seinen Probanden baute er eine Reihe mit auf den Kopf gestürzten Bechern auf. Unter einem versteckte er etwas. Anschließend mussten sich die Probanden um 180 Grad drehen und sahen eine identische Reihe mit Bechern. Die Frage lautete nun: Unter welchem Becher befindet sich das Versteck?

Jemand, der sich absolut in der Umwelt orientiert, müsste dabei auf einen anderen Becher zeigen als jemand, der die relative, egoistische Perspektive einnimmt.

Nehmen wir an, vor dem Probanden stehen drei Becher und das Versteck ist unter dem rechten. Dreht sich die Testperson nun um 180 Grad und wird auch die Becherreihe um diesen Betrag gedreht, dann müsste jemand mit absoluter Orientierung jetzt den links vor ihm stehenden Becher wählen. Im Versuchsaufbau läuft beispielsweise die erste Becherreihe von West nach Ost. Der rechte Becher ist also der östlichste. Jemand mit absoluter Orientierung müsste also auch nach dem Umdrehen, den östlichsten wählen – und der steht dann ganz links.

Haun führte die Versuche mit achtjährigen und erwachsenen Hai//om, achtjährigen und erwachsenen Holländern, vierjährigen Deutschen und Menschenaffen durch. Bis auf die achtjährigen und erwachsenen Holländer wählten alle den falschen Becher – weil sie sich absolut orientierten.

Das Experiment lässt drei spannende Folgerungen zu: Erstens scheint die absolute Orientierung evolutionsgeschichtlich betrachtet älter zu sein als die egozentrische. Zweitens behalten Hai//om diese Fähigkeit wohl lebenslang. Drittens verlieren Europäer diese Begabung mit dem Heranwachsen.

Das Navigations-System der Naturvölker und der Kinder widerspricht der intuitiven Annahme – und im Übrigen auch der Theorie vieler Philosophen und Psychologen –, dass der Mensch nur im Bezug auf sich selbst Orientierung finden könne. Schon Kant schrieb: »Da wir alles, was außer uns ist, durch die Sinne nur insofern kennen, als es in Beziehung auf uns selbst steht, ist es kein Wunder, dass wir Begriffe wie rechts, links, oben, unten, vorn und hinten von dem Verhältnis zu unserem Körper hernehmen.« Wie viele seiner Kollegen irrte er.

Die Schwierigkeit rechts von links zu unterscheiden und die vergleichsweise späte Entwicklung dieser Fähigkeit im

Laufe eines menschlichen Lebens erforschte bereits der Schweizer Psychologe Jean Piaget Anfang des 20. Jahrhunderts. Er forderte Kleinkinder auf, ihm ihren rechten beziehungsweise linken Arm zu zeigen. Kinder im Alter von fünf bis sechs Jahren meisterten diese Aufgabe leicht. An dem schwierigeren Problem, auf den rechten oder linken Arm des Forschers – also eines anderen Menschen – zu deuten, scheiterten sie aber regelmäßig. Erst im Alter von etwa sieben Jahren nahmen die Kinder diese Hürde.

Ein weiterer Test war noch komplizierter aufgebaut. Piaget positionierte vor den Kindern auf einem Tisch eine Münze und einen Stift. Die Münze lag links von den Probanden, der Stift rechts von ihnen. Nun sollten die Kinder beantworten, ob der Stift rechts oder links von der Münze lag und ob die Münze links oder rechts des Stiftes zu finden war. Erstaunlicherweise waren die Kinder erst im Alter von siebeneinhalb Jahren in der Lage, die Position der Gegenstände genau wiederzugeben.

Piaget steigerte den Schwierigkeitsgrad der Aufgabe weiter. Wenn man die Kinder nun zur gegenüberliegenden Seite des Tisches schickte und sie denselben, unveränderten Versuchsaufbau betrachten ließ, scheiterten sie erneut in der Zuweisung der Position, die sich ja nun verändert hatte. Ein Junge antwortete auf die Frage, weshalb er dabei blieb, dass der Stift rechts von der Münze und die Münze links des Stiftes liege, er habe es sich gut gemerkt. Erst mit etwa neun Jahren stellt diese Aufgabe für die Kinder kein Problem mehr dar.

Man kann die Herausforderung noch vergrößern, wenn man auf dem Tisch vor den Kindern drei Gegenstände positioniert: Von links nach rechts eine Münze, einen

Schlüssel und einen Stift. Diese Aufgabe lösen die Kinder erst mit etwa neuneinhalb bis zehn Jahren richtig.

Der Kognitionsforschung ist bislang kein Tier bekannt, das eine ähnliche Leistung vollbringen kann. Die scheinbar simple Unterscheidung zwischen rechts und links ist ein Beleg für das Abstraktionsvermögen und die geistige Kraft des Menschen.

Anders als unten oder oben, vorne oder hinten sind sich links und rechts bei Tieren, die eine gewisse Symmetrie entlang ihre Körperlängsachse aufweisen, sehr ähnlich – wie zum Beispiel bei Mensch oder Affe. Die beiden Seiten gleichen sich wie Spiegelbild und Original. Diese beiden sehr ähnlichen Seiten zu unterscheiden, zumal bei anderen Wesen oder Objekten, sie miteinander ins Verhältnis zu setzen und dieses abstrakt zu bewerten, ist also nicht so einfach wie es zunächst erscheint – und ist ein Beispiel dafür, dass der Mensch tatsächlich ein besonderes Wesen ist.

Dass die Unterscheidung zwischen rechts und links viel schwieriger ist als man annimmt, beweist ein einfacher Test mit den Abbildungen 13 und 14.
Den allermeisten wird es nicht schwer fallen, zu sagen, ob eine Hand nach oben oder unten zeigt. Für die Unterscheidung dieser beiden Kategorien muss man nicht lange überlegen. Schwieriger wird es bei der Übung in Abbildung 14.

Viele Menschen haben Schwierigkeiten damit, links von rechts zu unterscheiden. Ein Grund dafür dürfte die hohe Komplexität des Rechts-Links-Systems sein. Um es vollständig zu erfassen, muss man nicht nur sein Gegenüber wahrnehmen, sondern dieses auch immer in Bezug zu sich selbst setzen. Hinzu kommt die Sprache, wie zumindest ein Versuch aus den 1980er-Jahren nahelegt.

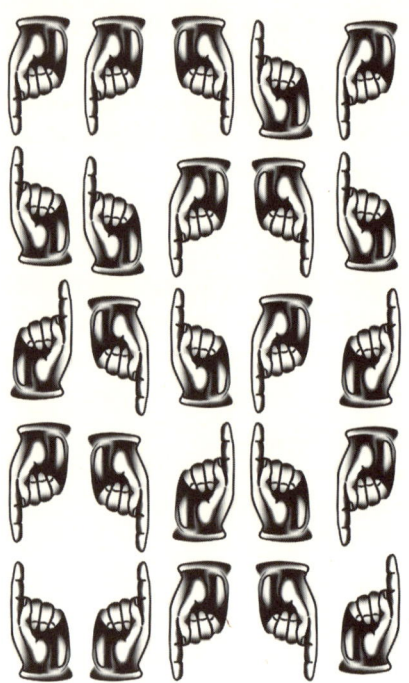

Abb. 13 Betrachten Sie die abgebildeten Hände von oben links nach unten rechts und geben Sie jeweils an, ob die Hand nach oben oder unten zeigt. Stoppen Sie die Zeit, die Sie benötigen, bis Sie die Aufgabe erfüllt haben.

Psychologen ließen Probanden die Richtung von Pfeilen angeben, aber nicht indem sie links, rechts, oben, unten sagten, sondern sie mussten aus einer Abfolge von eingeblendeten Pfeilen immer nur einen herausfinden, also beispielsweise den nach links zeigenden. Wenn sie ihn erkannten, dann mussten sie lediglich »Go« sagen. In diesem Versuch waren die Teilnehmer gleich schnell beim Erken-

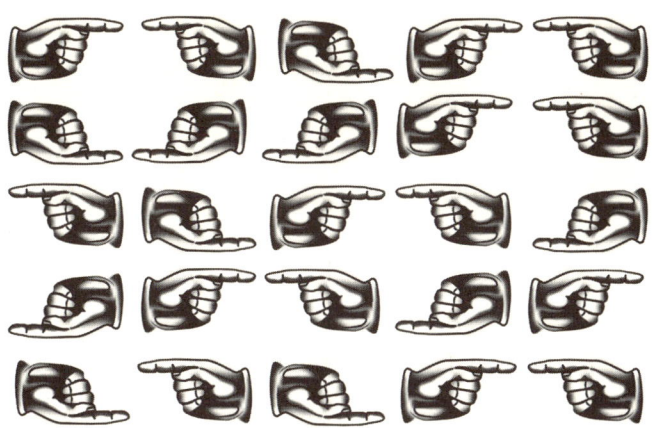

Abb. 14 Wie bei der Übung mit Abbildung 13 betrachten Sie eine Hand nach der anderen von oben links bis rechts unten und sprechen laut aus, ob sie nach links oder rechts zeigt. Stoppen Sie auch hier Ihre Zeit bis zum Ende der Aufgabe. Schneller oder langsamer als bei oben oder unten?

nen der Pfeile, die nach oben oder unten zeigten und nach links oder rechts.

Offensichtlich war es leichter, mit der Vorgabe zu arbeiten, nur einen Pfeil zu erkennen. Dabei war es nicht nötig zu überlegen, ob er nun nach rechts oder links zeigte. Die Probanden konnten sich einfach nur auf links oder rechts konzentrieren. Oben und unten erkannten sie ohnehin sehr schnell. Diese beiden Richtungen werden wohl als eindeutiger wahrgenommen als rechts und links.

Die Unterscheidung von rechts und links fällt vielen schwer, wie auch eine Umfrage des Neurologen Eric Chudler von der University of Washington in Seattle unter Professoren und Studenten zeigt. 19 Prozent der Hochschullehrer und 26 Prozent der Studenten gaben an, Probleme mit links und rechts zu haben. Die Angaben, wie viele Menschen sich mit diesem Problem herumschlagen, schwanken, deuten aber auf einen Anteil von etwa 20 bis 30 Prozent hin.

In manchen Fällen kann die Rechts-links-Schwäche ein wichtiger Hinweis auf andere Störungen sein. Kinder, die sich mit rechts und links schwer tun, können häufig auch Schwierigkeiten beim Rechnen haben. Für etwa 50 Prozent der Schüler mit besonderen Rechenproblemen ist auch eine Unterscheidung von links und rechts sowohl an sich selbst, als auch am Gegenüber vertrackt. Die Arbeitsmittel des Mathematikunterrichts, wie zum Beispiel der Zahlenstrahl, basieren aber oft auf Richtungen. Betroffenen Kindern kann es aus diesem Grund sehr schwer fallen, damit zu arbeiten.

Zwar kann eine Schwäche bei der Unterscheidung zwischen links und rechts in der Schule das Leben schwer machen, in manchen anderen Situationen kann sich diese Malaise aber auch direkt lebensbedrohlich auswirken. So kostete am 26. September 1997 eine Verwechslung von links und rechts 234 Passagiere und Besatzungsmitglieder an Bord eines Airbus A300 das Leben. Die Maschine der indonesischen Fluggesellschaft Garuda Indonesian Airways befand sich im Anflug auf den Flughafen der Stadt Medan auf der Insel Sumatra. Schon damals brannten, wie auch heute noch, die Urwälder des asiatischen Inselstaates, weil sie Platz für Felder und Plantagen, vor allem für Palmöl machen sollen. Auch an diesem Tag loderten die Flammen überall in die Höhe. Dichte Rauchschwaden erschwerten die Orientierung während das Flugzeug über eine Bergkette etwa 30 Kilometer von Medan entfernt flog.

Der Nachrichtenagentur Associated Press wurde der letzte Dialog des Piloten mit dem Fluglotsen zugespielt:

Lotse: GIA 152 (Anmerkung: das ist die Flugnummer) drehen Sie nach rechts, Kurs 046. Melden Sie Landekurs.
Pilot: Drehe nach rechts ab, Kurs 040, GIA 152, sind auf Landekurs.
Lotse: Drehen Sie nach rechts, Sir.
Pilot: Verstanden 152.
Lotse: 152 bestätigen Sie, dass Sie nach links drehen?
Pilot: Wir drehen jetzt nach rechts. GIA 152 – Roger 152.
Lotse: 152 bestätigen Sie, dass Sie nach links drehen?
Pilot: Wir drehen nach rechts.
Lotse: 152 okay, Sie drehen weiter nach links.
Pilot: Bestätigung, dass wir nach links drehen? Wir beginnen, nach rechts zu drehen.
Lotse: Okay. – Okay.
Lotse: GIA 152 drehen Sie weiter nach rechts, Kurs 015.
Pilot: Aaaaaaaah! Allahu akbar!

Dann zerschellte das Flugzeug an einem Berg. Niemand an Bord überlebte. Ohne eine äußere Orientierungsmarke war der Pilot nur auf sich und seine Instrumente zur Richtungsbestimmung angewiesen – und verwechselte in fataler Weise links und rechts.

Lebensbedrohlich kann die Verwirrung im Zusammenhang mit links und rechts auch im Operationssaal werden. Mehr als einmal ist es bereits vorgekommen, dass einem Patienten das falsche Bein abgenommen oder ein falscher Lungenflügel entfernt wurde. Ein Test mit 290 australischen Medizinstudenten im ersten Semester dürfte da auch keine

Beruhigung bringen, denn immerhin elf Prozent hatten ernsthafte Schwierigkeiten damit, links von rechts zu unterscheiden.

Nach Informationen des AOK-Bundesverbandes finden in Deutschland pro Jahr mehr als 12,6 Millionen Operationen statt. In 100 bis 200 Fällen kommt es dabei zu einer Rechts-Links-Verwechslung oder zu einer Vertauschung der notwendigen Eingriffe: Statt des linken Knies wird das rechte operiert, statt des Zeigefingers der Daumen. Ursache für diese Eingriffsverwechslungen sind oft mangelhafte Informationsstrukturen im Krankenhaus, in deren Folge es zu Missverständnissen zwischen Ärzten kommt.

Deshalb gelten in Krankenhäusern vor Operationen folgende Empfehlungen: Der Patient wird im Rahmen der ärztlichen Aufklärung vor der Operation zu seiner Identität und zum geplanten Eingriff befragt. Danach wird die Operationsstelle am Patienten mit nicht abwischbarer Farbe markiert. An der Schwelle zum OP-Saal findet eine erneute Kontrolle zur Patientenidentität statt. Zuletzt hält das gesamte OP-Team vor der Operation in einem sogenannten Team-Time-Out kurz inne und prüft vor dem ersten Schnitt, ob für die anstehende Operation alles seine Richtigkeit hat.

Während sich Ärzte an strenge Regeln halten, finden andere Rechts-Links-Schwächler alltagstaugliche Lösungen für ihr Problem. Manche binden einfach eine Armbanduhr fest um das linke oder rechte Handgelenk, damit sie immer daran erinnert werden, wo nun eine entsprechende Seite ist. Sie greifen also letztlich zu dem Trick, den auch schon die Offiziere im amerikanischen Bürgerkrieg anwendeten. Andere führen pantomimisch eine Schreibbewegung aus, um herauszufinden, welches nun die rechte oder linke Hand und damit auch Seite ist. Mancher tritt in Gedanken gegen einen Ball, wirft einen Stein, zieht sich an Rechte oder Linke einen Ring oder merkt sich folgenden Kniff: Wenn man beide Hände mit nach oben ausgestreckten Fingern so vor sich hält, dass die Handrücken zum Gesicht zeigen, dann bilden Daumen und Zeigefinger der linken Hand ein L – das steht für links. Also muss die andere Hand die Rechte sein.

Für Autofahrer mit dieser Schwäche ist das selbstverständlich kein guter Tipp, denn schließlich sollen die Hände ja am Lenkrad bleiben. Deshalb kleben sie sich besser ein R und ein L auf die entsprechende Seite des Armaturenbretts. Auf einen Blick weiß man dann, wo rechts und links ist, und biegt nicht falsch ab.

Jedenfalls muss sich niemand schämen, wenn er rechts und links verwechselt – und niemand sollte sich einreden lassen, dass er diese Schwäche hat. Besonders Frauen neigen dazu, sich selbst als schlechter bei der Links-Rechts-Unterscheidung zu beurteilen als Männer.

In einer Befragung von 1174 amerikanischen Studenten gaben die Frauen doppelt so häufig an, diese Schwierigkeit zu haben, auch mehr Linkshänder bezichtigten sich und noch viele mehr der Beidhänder. Das Problem bei solchen Studien besteht allerdings darin, dass ihre Ergebnisse auch nur durch ein unterschiedliches Bewusstsein zustande kommen können. Vielleicht achten Links- und Beidhänder sowie Frauen genauer auf rechts und links und registrieren deshalb häufiger Fehler.

Betrachtet man die Forschung zu einem möglichen Unterschied der Geschlechter bei der Beurteilung von Seitigkeit, zeigt sich kein einheitliches Bild. Manche Studien bescheinigen den Männern tatsächlich ein ausgeprägtes Talent bei der Unterscheidung zwischen rechts und links. Dabei mussten die Probanden aber meist auch ihr räumliches Vorstellungsvermögen bemühen, zum Beispiel indem sie Figuren im Geiste drehen mussten. Andere Studien, die einen einfacheren Versuchsaufbau wählten, fanden keine Unterschiede.

An diesen Beispielen erkennt man gut, dass man vermeintlich wissenschaftliche Ergebnisse immer hinterfragen sollte – selbst Forscher übersehen manchmal wichtige Details oder wählen unbeabsichtigt einen Versuchsaufbau, der das Ergebnis in eine bestimmte Richtung lenkt.

Vorsicht sollte man auch bei Zitaten walten lassen. So schrieb zwar der Dichter Friedrich Schiller 1787 in einem Brief: »Ich konnte den ganzen Abend nicht herausbringen, was rechts oder links war.« Allerdings wird dieser Satz meist aus dem Zusammenhang herausgenommen und zitiert. Mit jeweils einem Satz vor und nach dem Zitat, erhält Schillers Äußerung eine andere Färbung: »Das berühmte Whist ist vorigen Mittwoch vor sich gegangen, wo wir sehr lustig waren. Ich konnte den ganzen Abend nicht herausbringen, was rechts oder links war. Bode kam dazu und erzählte es im ganzen Saal.«

Whist ist ein Kartenspiel, das im 17. Jahrhundert in England aufkam. Es wird von vier Personen gespielt, die sich in einer bestimmten Anordnung an einen Tisch setzen. Zum Bestimmen der Plätze wird das vollständige Kartenspiel in einem Halbmond auf dem Tisch ausgebreitet. Jeder Spieler zieht eine Karte. Wer die niedrigste Karte zieht, ist erster Geber und wählt seinen Platz; der Folgende sitzt ihm gegenüber und ist sein Spielpartner. In gleicher Weise machen der Dritte und Vierte gemeinsame Sache und sitzen einander gegenüber. Jeder erhält 13 Blätter; es wird rechts abgehoben und links herumgegeben, jedes Mal nur ein Blatt. Die Vorhand bestimmt den Trumpf, indem sie aus einem anderen Kartenspiel ein Blatt aufschlägt. Es könnte also gut sein, dass Schiller einfach nur Schwierigkeiten hatte, das Spiel zu verstehen, und im übrigen Leben keine Probleme mit links und rechts hatte.

Das Universum ist Linkshänder

Im Jahr 1964 veröffentlichte der amerikanische Journalist und Autor Martin Gardner sein Buch »Das beidhändige Universum: Spiegel-Asymmetrie und zeitumgekehrte Welten« (Originaltitel: Mirror asymmetry and time-reversed worlds).

Darin beschreibt er ein Gedankenexperiment: Wie, so Gardner, könnte man einem Außerirdischen beschreiben, was wir unter rechts oder links verstehen?

Gardner nannte es das Ozma-Problem. Er bezog sich damit auf das Ozma-Projekt, das Wissenschaftler 1960 im Zusammenhang mit der Suche nach extraterrestrischer Intelligenz begonnen hatten. Der Name Ozma leitet sich wiederum von Prinzessin Ozma ab, einer Figur in den Fantasy-Romanen von Lyman Frank Baum, die im Zauberland von Oz spielen.

Für das Ozma-Projekt nahmen riesige Teleskope Radiosignale aus dem Weltall auf. Die damit angefertigten Tonbandaufnahmen durchsuchten die Forscher nach Anzeichen auf eine geregelte Kommunikation, die auf intelligentes Leben außerhalb unseres Sonnensystems deuten könnten. Sie fanden nichts.

Trotzdem stellte Gardner die Frage, was wohl geschehen würde, wenn man dereinst bei der Suche erfolgreich sein würde und auf außerirdische Intelligenz, beispielsweise wie die in dem Hollywood-Film »E.T. the Extra-Terrestrial« (E.T. – Der Außerirdische) dargestellten Wesen stoßen würde. Wie gesagt, es handelt sich dabei um ein Gedanken-spiel, und es mag abwegig erscheinen, Zeit damit zu ver-schwenden. Wenn man sich aber mit der Frage beschäftigt, einem Außerirdischen links und rechts zu erklären, wird deutlich, dass dieses Problem kaum zu lösen ist.

Hier greift wieder das Zitat des Philosophen Kant: »Da wir alles, was außer uns ist, durch die Sinne nur insofern kennen, als es in Beziehung auf uns selbst steht, ist es kein Wunder, dass wir Begriffe wie rechts, links, oben, unten, vorn und hinten von dem Verhältnis zu unserem Körper hernehmen.«

Wir können also links und rechts nicht unterscheiden, wenn wir uns nicht auf uns selbst beziehen. Das heißt letzt-endlich, dass links und rechts immer nur im Verhältnis zu etwas definiert werden kann, in diesem Fall von uns selbst aus gesehen. Links und rechts sind demzufolge nicht ab-solut.

Auch der englische Physiker und Mathematiker Isaac Newton beschäftigte sich Ende des 17. Jahrhunderts mit diesem Problem und kam zu folgender Lösung. Laut Newton existiert ein absoluter Raum, dessen Koordinaten festgelegt sind: »Der absolute Raum bleibt vermöge seiner Natur und ohne Beziehung auf einen äußeren Gegenstand stets gleich und unbeweglich.« Demzufolge wären also auch links und rechts doch unabhängig vom eigenen Standpunkt bestimmbar.

Sein Zeitgenosse, der deutsche Mathematiker und Philo-soph Gottfried Wilhelm Leibniz, widersprach ihm. Für ihn war der Raum relativ und links und rechts nur in Abhän-gigkeit von bestimmten Positionen zu bestimmen.

Wie kann man einem Außerirdischen aus einer anderen

Welt dann aber mitteilen, was und vor allem wo links und rechts ist? Um das tun zu können, müssten wir eine Gemeinsamkeit der beiden Welten kennen. Man müsste beispielsweise über die Anatomie des Aliens Bescheid wissen, zum Beispiel, ob er ein Herz besitzt und ob es wie bei uns nach links versetzt liegt.

Ebenso könnten wir uns auch auf die Erbsubstanz DNA beziehen. Sie liegt auf der Erde immer in einem Doppelstrang vor, der sich in einer sogenannten α-Helix windet, einer Spirale, die sich immer linksherum dreht. Per Definition würde ein Auto, das eine DNA-Helix entlangfährt, immer eine Linkskurve fahren müssen.

Man könnte den Weltraumbewohner auch unter Anleitung zwei Handschuhe fertigen lassen und ihm dann erklären, welcher der linke und welcher der rechte ist. Das ginge aber nur, wenn der Alien wüsste, was Hände sind, beziehungsweise selbst welche besäße.

Diese Methoden haben allerdings einen Haken. Sie beziehen sich immer auf etwas, sei es auf den menschlichen Körper oder eine andere weltliche Gegebenheit, von der man bereits weiß, wie wir links und rechts an ihr feststellen. Leider ist eine Voraussetzung für das Gedanken-Experiment, dass lediglich verbale Kommunikation möglich ist, um den Außerirdischen aufzuklären.

Dabei wird ein grundsätzlicher Wesenszug des Links-Rechts-Systems deutlich. Ausschließlich mit Worten lernt man seine Bedeutung nicht. Es bedarf in der Regel einer Demonstration. Für oben und unten entwickelt man schon alleine aufgrund der Schwerkraft eine Intuition. Aber nichts auf dieser Erde zeigt uns von vornherein, was rechts oder links ist. Jenseits unseres Sonnensystems dürfte es also noch schwerer fallen, eine Vorstellung von links und rechts zu vermitteln.

Selbst wenn man die Himmelsrichtungen zu Hilfe nähme, auf der Erde ein absolut gültiges Bezugssystem, würde man bei einem Außerirdischen damit scheitern. Wie wollte man jemandem erklären, was Norden ist, wenn er den irdischen Norden nicht kennt? So beziehen sich alle Nordpole von Magneten auf den magnetischen Norden des Globus. Wie sollte der Alien verstehen, wohin die beiden Spitzen einer Kompassnadel zeigen? Man könnte ihm zwar mitteilen, dass eine Richtung Norden und die andere Süden sein muss. Die beiden zu unterscheiden, könnten wir ihm aber nicht beibringen. Jedenfalls war das so bis 1957.

In jenem Jahr führte die aus China stammende Physikerin Chien-Shiung Wu, die an der Columbia University in New York forschte, ein wegweisendes Experiment durch. Dieses hatte so grundlegende Bedeutung, dass man es sogar nach ihr benannte. Das Wu-Experiment bewies: Das Universum ist eigentlich Linkshänder.

Wu führte ihren Versuch in der Elementarteilchenphysik aus. Sie packte radioaktive Cobalt-60-Atome in ein starkes Magnetfeld.

Atome setzen sich aus mehreren Teilen zusammen, unter anderem aus Elektronen, die den Atomkern umkreisen. Das radioaktive Cobalt hat die Tendenz zu zerfallen und dabei Strahlung abzugeben, die unter anderem aus Elektronen besteht.

Jedes Elektron besitzt einen sogenannten Spin. Physikalisch nicht absolut korrekt, aber zum besseren Verständnis stellt man sich das Elektron als winzige Kugel vor, die sich um sich selbst dreht. Die Drehrichtung ist der Spin.

Es gibt zwei Möglichkeiten: Das Elektron kann sich links- oder rechtsherum drehen. Je nach der Drehrichtung wird ein Elektron in einem entsprechend ausgerichteten Magnetfeld entweder nach Norden oder Süden abgelenkt.

Wu packte nun die Cobalt-Atome in eben so ein Magnetfeld und zählte, wie viele Elektronen jeweils emittiert wurden. Jedes Elektron sollte eigentlich den Spin seines Atoms besitzen und entsprechend vom Magnetfeld abgelenkt werden, also entweder nach Norden oder Süden. Die Zahl der Elektronen, die nach Norden abgelenkt werden, sollte konstant bleiben, die Menge der Elektronen, die nach Süden fliegen, auch.

Dreht man das Magnetfeld um, würde man erwarten, dass sich dasselbe spiegelbildlich abspielt. So viele Elektronen wie zuerst nach Norden sausten, sollten jetzt nach Süden gelenkt werden. Die Elektronen, die nach Süden flitzten, sollten Richtung Norden fliegen.

Wu fand in ihrem Experiment aber das Gegenteil. Es wurden immer gleich viele Elektronen nach Süden abgelenkt, egal wie herum das Magnetfeld ausgerichtet war. Und per Definition ist Süden gleich links (siehe Abbildung 15).

So wie bei den Aminosäuren, die die Proteine der Lebewesen aufbauen, sind auch hier die Linkshänder in der Überzahl. Da dieser Elementarteilchenprozess mittels einer der vier Grundkräfte abläuft, die unser Universum zusammenhalten, nämlich der sogenannten schwachen Wechselwirkung, kam man zu der Vermutung, dass auch das Universum Linkshänder sein müsste.

Jedenfalls war mit dem Wu-Experiment die bisherige Annahme erledigt, dass für Prozesse in der Natur eine grundlegende Symmetrie gilt. Die Vordenker des Wu-Ex-

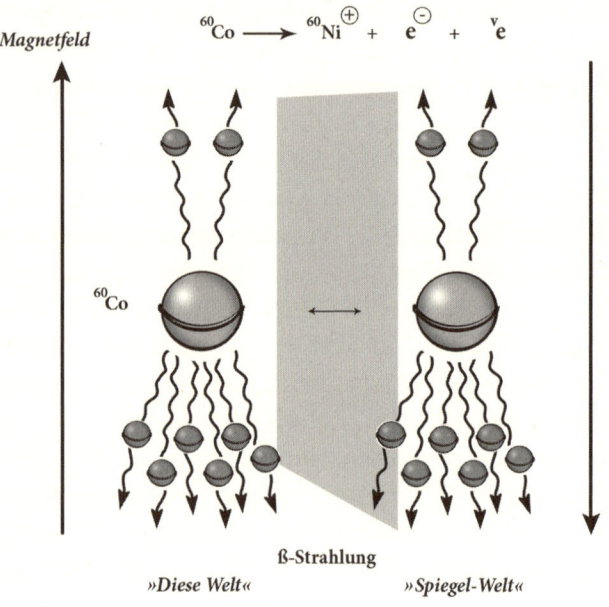

$^{60}\text{Co} \longrightarrow {}^{60}\text{Ni}^{\oplus} + e^{\ominus} + \overset{v}{e}$

Magnetfeld

^{60}Co

ß-Strahlung

»Diese Welt«   »Spiegel-Welt«

Abb. 15 Im legendären Wu-Experiment senden die Cobalt-Atome immer mehr Elektronen nach Süden obwohl man erwarten sollte, dass bei umgekehrtem Magnetfeld mehr nach Norden fliegen müssten.

periments, die beiden Chinesen Tsung-Dao Lee und Chen Ning Yang, erhielten noch im selben Jahr den Physik-Nobelpreis. Wu ging leer aus, wurde im Laufe ihres Lebens aber mit zahlreichen anderen Auszeichnungen geehrt.

Die Asymmetrie beim Zerfall von Cobalt-Atomen lieferte nebenbei auch eine Lösung des anfangs erwähnten Ozma-Problems. Angenommen, dass die Vorgänge des Cobalt-Zerfalls überall in unserem Universum gleich ablaufen – und es gibt keinen Hinweise darauf, dass sie das nicht täten –, dann existiert eine universelle Konstante zur Orientierung.

Man könnte dem Außerirdischen also sagen: Schaue dir den Zerfall von Cobalt-Atomen in einem Magnetfeld an. Stelle fest, auf welcher Seite mehr Elektronen fliegen. Das nennen wir Süden. Dann lass Strom durch einen Draht fließen und hänge eine magnetisierte Nadel an einem Faden darüber. Diese Nadel hat einen Nord- und einen Südpol. Die Nadel wird sich entlang der Magnetfeldlinien ausrichten, die den fließenden Strom umhüllen. Den Südpol kannst du bestimmen, indem du auf die Richtung achtest, in der die meisten Elektronen beim Cobalt-Zerfall geflogen sind.

Wenn nun diese Nadel über dem Draht hängt, in dem der Strom von dir wegfließt, dann zeigt der Nordpol der Nadel nach rechts.

Der Außerirdische könnte auch einfach die Richtung ermitteln, in die jene Elektronen rotieren, die der Cobalt-Zerfall Richtung Süden schickt.

Das Wu-Experiment verschaffte der Wissenschaft außerdem Erkenntnisse, die zu einer noch einfacheren Lösung des Ozma-Problems führen. Ein Jahr nach Wus bahnbrechendem Versuch entdeckten Physiker nämlich, dass Neutrinos – ebenfalls Bausteine eines Atoms – viel strenger linkshändig sind als Elektronen. Neutrinos sind nahezu immer Linkshänder. Ein Außerirdischer, von dem wir doch annehmen dürften, dass er die Geräte dafür entwickelt haben sollte, muss sich also nur anschauen, in welche Richtung ein Neutrino rotiert, und weiß dann, wo links ist.

Rechts ist morgen,
links ist gestern

Rechts und links sind mehr als nur simple Wörter, die einen räumlichen Sachverhalt wiedergeben. Ähnlich wie oben oder unten drücken sie auch immer ein Verhältnis aus. Wo nur ein einzelner Gegenstand vorhanden ist, kann er sich nicht links oder rechts von etwas anderem befinden.

Wortpaare, die etwas Gegensätzliches ausdrücken, bietet die Sprache in großer Vielzahl. Erstaunlicherweise verarbeitet unser Gehirn diese gegensätzlichen Wörter nicht gleich schnell. So fällt die Unterscheidung zwischen oben und unten zugunsten von oben aus. Ebenso verhält es sich bei der Unterscheidung zwischen Norden und Süden oder zwischen aufwärts und abwärts.

Das zeigt sich unter anderem in folgenden Tests: Probanden sehen in einem Quadrat entweder das Wort »oben« oder »unten« auf einem Bildschirm eingeblendet. Zusätzlich befindet sich ein Punkt ober- oder unterhalb des Quadrates. Die Versuchspersonen müssen nun entscheiden, ob die Angabe im Quadrat mit der dargestellten Situation übereinstimmt oder nicht (siehe Abbildung 16).

Alle diese Begriffe bezeichnen Richtungen in der Vertikalen. Menschen unterscheiden sie in der Regel besser als Gegensätze in der Horizontalen. Außerdem beeinflusst die Händigkeit die Testergebnisse nicht. Links-, Rechts- oder Beidhänder unterscheiden oben und unten jeweils gleich gut und immer oben besser als unten.

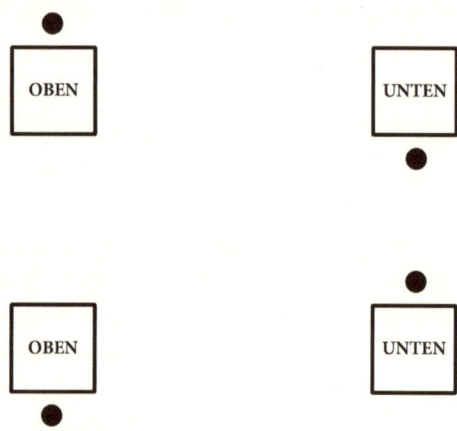

Abb. 16 Menschen sind schneller, wenn sie entscheiden müssen, ob »oben« richtig oder falsch ist. Bei »unten« benötigen sie dafür mehr Zeit.

Wenn es um die Unterscheidung zwischen links und rechts oder auch Westen und Osten geht – also um Zuordnungen in der Horizontalen –, dann brauchen Menschen meist etwas länger, um ein richtiges Urteil zu fällen. Auch hier zeigt sich wieder einmal, dass links und rechts komplexer sind als oben und unten.

Hinzu kommt noch eine weitere Eigenart beim Auseinanderhalten gegensätzlicher Wortpaare in der Horizontalen. Es wird von der Händigkeit beeinflusst. Rechtshänder erkennen rechts schneller als links. Bei Linkshändern ist das genau umgekehrt. Sie ordnen links schneller ein als rechts. Bei Beidhändern zeigt sich dieser Unterschied nicht. Sie sind bei links und rechts gleich schnell (siehe Abbildung 17).

Treten bei gegensätzlichen Wortpaaren solche Unterschiede bei der Verarbeitung im Gehirn auf, dann machen

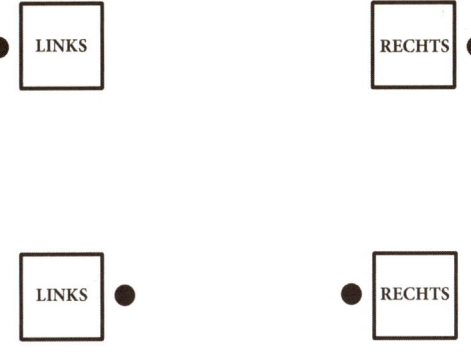

Abb. 17 Je nach ihrer Händigkeit unterscheiden Menschen schneller, ob nun rechts oder links falsch oder richtig angebracht ist.

Wissenschaftler das deutlich, indem sie von der Markiertheit eines Begriffes sprechen. Eines der Worte ist demnach markiert, das andere unmarkiert. Der markierte Begriff wird dabei langsamer zugeordnet, der unmarkierte schneller. Bei links und rechts entspricht links dem markierten Wort und rechts dem unmarkierten – bei Rechtshändern. Bei Linkshändern ist es zwar genau umgekehrt. Da die Mehrheit aber rechtshändig ist, gilt deren Bevorzugung als Konvention. Links ist in deutscher Sprache also der markierte Begriff.

Das Experiment wirft folgende Frage auf: Haben Menschen mehr Schwierigkeiten bei der Unterscheidung zwischen rechts und links, weil ihnen das per se schwer fällt, sie also tatsächlich die beiden Seiten schlecht unterscheiden können? Oder hängt es vielleicht mit der Verarbeitung der beiden Worte und ihrer Bedeutung zusammen, die uns langsamer bei ihrer Unterscheidung macht?

Überraschenderweise verschwindet der Unterschied bei

der Zuordnung, wenn man statt der Worte auf Zahlen ausweicht. Hierzu wird den Versuchspersonen zunächst ein imaginäres Zifferblatt einer Uhr gezeigt, bei dem sich die 12 oben, die 3 rechts, die 6 unten und die 9 links befinden. Die Probanden müssen sich diese Positionen merken. Ganz so wie bei herkömmlichen Uhren. Anschließend wird ihnen nur noch der Kreis als Umrandung des Zifferblatts gezeigt. In dessen Mitte wird eine der vier Zahlen eingeblendet, die jeweils von zwei Symbolen flankiert ist. Die drei Zeichen bilden jeweils eine Linie, die entweder vertikal oder horizontal verläuft. Die Testpersonen müssen nun wiedergeben, ob diese gedachte Linie zwischen den drei Symbolen, der Position der in der Mitte abgebildeten Zahl entspricht oder nicht. 12 und 6 wären demnach vertikal, 3 und 9 horizontal (siehe Abbildung 18).

Beide Richtungen werden in diesem Experiment gleich schnell oder langsam erkannt, egal ob die Entscheidung vertikal oder horizontal getroffen werden muss.

Dieser Effekt ist vor allem deshalb erstaunlich, weil Zahlen in unserer Vorstellung entlang eines von links nach rechts verlaufenden Zahlenstrahls angeordnet sind. Wie weiter oben schon erwähnt, rangieren kleine Zahlen in un-

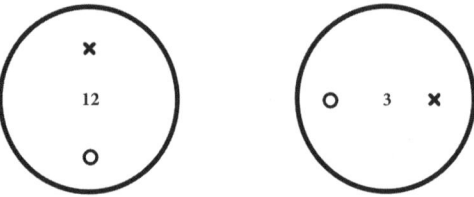

Abb. 18 Bei dieser Versuchsanordnung unterscheiden Menschen horizontal genauso schnell wie vertikal.

serer Gedankenwelt eher links, größere eher rechts. Deshalb sollte sich auch bei Zahlen eine Abweichung zwischen horizontaler und vertikaler Entscheidung zeigen, da es bei der Wahrnehmung von kleinen und großen Zahlen einen intuitiven Unterschied geben sollte.

Dieser Versuch legt eine Vermutung nahe: Die langsamere Unterscheidung zwischen rechts und links hängt weniger mit der Wahrnehmung der beiden Seiten an sich zusammen, sondern hat vielmehr mit der Sprache zu tun. Ähnlich wie für oben und unten scheinen wir ein unbewusstes Gespür für rechts und links zu besitzen. Die bewusste Anwendung bereitet uns allerdings Schwierigkeiten.

Das liegt einerseits an den Wörtern, die wir richtig zuordnen und deren Bedeutung wir erst erfassen müssen, bevor wir eine Antwort geben können. Die Ursachen für den Unterschied bei der Einordnung von oben oder unten beziehungsweise links oder rechts wurzeln allerdings noch tiefer in unserer Natur.

Wie bereits ausgeführt, existieren auf der Erde zahlreiche Kulturen, die links und rechts gar nicht kennen. Das drückt sich auch in ihrer Sprache aus. Derzeit existieren 6000 bis 7000 lebendige Sprachen, die also noch tatsächlich von Menschen gesprochen werden. Der Großteil der Menschheit benutzt allerdings nur wenige. 97 Prozent wenden nur vier Prozent der lebenden Sprachen an. Das bedeutet im Umkehrschluss, dass 96 Prozent aller Idiome nur noch von drei Prozent aller Menschen gesprochen werden.

Der übergroße Teil der lebendigen Sprachen wird insgesamt also gerade einmal von 200 Millionen Menschen benutzt – anders ausgedrückt: Im Schnitt halten noch etwa 30 000 Personen eine seltene Sprache am Leben.

Sprachen, die links und rechts in unserem Sinn nicht kennen, sind beispielsweise das erwähnte Guugu Yimithirr der australischen Aborigines oder das Hai//om der namibischen Buschleute. Sie verwenden ein absolutes Orientierungssystem und geben Richtungen oder Seiten immer mit den Himmelsrichtungen Norden, Süden, Osten oder Westen an. Bei ihnen sitzt eine Fliege beispielsweise auf dem südlichen Arm. Dreht sich eine angesprochene Person um 180 Grad, dann sitzt die Fliege auf dem nördlichen Arm.

Diese Art der geozentrischen, absoluten Orientierung kann so tief verankert sein, dass sie selbst dann funktioniert, wenn eine äußere Orientierungsmarke wie beispielsweise die Sonne zur Festlegung von Himmelsrichtungen fehlt. So ließ ein indisch-schweizerisches Forschungsteam elf- bis fünfzehnjährige indische Kinder, die in einer geozentrisch orientierten Kultur aufwuchsen, folgende Aufgabe lösen. Den Kindern wurden in einem fensterlosen Raum die Augen verbunden. Anschließend drehte man sie mehrfach im Kreis und führte sie dann in einen zweiten Raum, der ebenfalls keine Fenster besaß. Schließlich fragte man sie nach den wesentlichen Himmelsrichtungen, zum Beispiel Norden oder Osten. Die Mehrheit der getesteten Kinder war trotz der Verwirrungsversuche und trotz fehlender äußerer Orientierungsmarken in der Lage, die Himmelsrichtungen korrekt anzugeben. Die Kinder nahmen also ihren inneren Kompass immer mit – eine beneidenswerte Eigenschaft, besonders wenn man sich vor Augen hält, wie viele Menschen in westlich geprägten Kulturen ohne ein Navigationsgerät oder Smartphone scheinbar kaum noch den Weg zur nächsten Eckkneipe finden.

Im Gegensatz zur geozentrischen, absoluten Orientierung steht das westliche Navigationssystem mit seinem strikten Bezug auf die eigene Person. Wir ordnen alles nach rechts oder links, vorne oder hinten, oben oder unten, und zwar immer bezogen auf etwas – entweder uns selbst oder etwas anderes. Das System ist im Kern relativ, mit uns selbst als absolutem Orientierungspunkt – es ist egozentrisch.

Um die Unterschiede zwischen absoluter und egozentrischer Orientierung nochmals zu verdeutlichen, dient folgendes Experiment mit Holländern und Angehörigen der Tzeltal, einem Maya-Volk, das im heutigen Mexiko lebt. Holländer orientieren sich europäisch-egozentrisch, die Tzeltal nutzen absolute Navigation. Man legt nun vor Testpersonen beider Völker eine Spielkarte, auf der ein Punkt vor einem Kreis abgebildet ist. Anschließend dreht man die Probanden um 180 Grad und zeigt ihnen eine Auswahl von Karten, auf denen der Punkt jeweils in unterschiedlicher Position zu dem Kreis abgebildet ist. Die Aufgabe: Die Testperson soll auf die identische Karte zeigen.

Wer wird welche Karte wählen?

Holländer entscheiden sich für eine Karte, auf der ein Punkt auch jetzt, relativ zu ihnen selbst gesehen, vor dem Kreis ist. Die Karte der Holländer verhält sich zu der ursprünglichen also wie deren Spiegelbild.

Tzeltal wählen dagegen eine Karte, auf der ein Punkt über einem Kreis abgebildet ist, also in derselben Himmelsrichtung, in der auch auf dem Original ein Punkt zu sehen war. Diese Karte ist tatsächlich absolut identisch mit dem Original – und zwar, weil sich Tzeltal absolut im Raum orientieren.

Neben der absoluten und der egozentrischen Orientierung existiert noch eine dritte Form: die objektzentrierte

Orientierung. Sie wird unter anderem von den Mopan genutzt, einem weiteren Maya-Volk in Mittelamerika.

Die Angehörigen dieses Stammes machen in der Regel keine Angaben wie links oder rechts. Sie setzen Objekte zueinander in Beziehung. Für die Mopan steht beispielsweise die Tasse neben der Schneide des Messers. Außerdem nutzen sie für Richtungsangaben spezifisches Wissen über soziale Zusammenhänge und ihre Umwelt. So würden sie als Wegbeschreibung angeben, man solle doch am Haus des Dorfältesten in Richtung des großen alten Baumes gehen. An der zweiten Weggabelung nach links abzubiegen, diese Beschreibung käme einem Angehörigen der Mopan nicht in den Sinn.

Den grundlegenden Unterschied zwischen diesen drei Orientierungssystemen erklären Daniel Haun, Stephen Levinson und ihre Kollegen vom Max-Planck-Institut für Psycholinguistik mit einem einfachen Test, den sie mit holländischen Kindern und Kindern der namibischen Hai//om durchführten (siehe Abbildung 19).

Auf einer Seite eines Schulgebäudes steht ein Tisch parallel zur Wand des Gebäudes. Die Kinder stehen so an dem Tisch, dass ihre linke Seite zur Mauer weist. Sie sehen vor sich drei Spielzeugtiere, die hintereinander angeordnet sind. Die Köpfe aller Tiere weisen von den Kindern aus gesehen nach rechts. Vorne steht beispielsweise ein Schwein, dahinter ein Schaf, dann folgt eine Kuh. Die Karawane kehrt der Mauer des Schulgebäudes also den Rücken zu, eine gedachte Linie entlang des Tiertrupps weist einen rechten Winkel zu der Wand auf.

Die Kinder sollen sich die Anordnung der Tiere merken. Anschließend werden sie auf die gegenüberliegende Seite des Gebäudes geführt. Dort sollen sie an einem zweiten Tisch die Formation nachstellen. Allerdings stehen sie um 90 Grad verdreht an dem Tisch. Anders gesagt, wenn sie noch an demselben Tisch stünden, an dem sie sich den Zug der Tiere eingeprägt hatten, dann wären sie um eine Ecke des Tisches gegangen, und zwar so, dass sie nun direkt auf die Wand des Schulgebäudes sehen können.

Wie würden nun Kinder, die eines der Orientierungssysteme nutzen, den Marsch des Hausviehs rekonstruieren?

Je nach der inneren Karte, die sie sich von dem Eingeprägten gemacht haben, kommen vollkommen unterschiedliche Szenarien heraus: Kinder, die wie die Holländer das in westlichen Kulturen verbreitete egozentrische Orientierungssystem nutzen, stellen die Tiere so auf, dass sie nun wieder vor ihnen von links nach rechts ziehen, diesmal also parallel zur Schulwand. Vorne das Schwein, in der Mitte das Schaf, dann die Kuh.

Kinder, wie zum Beispiel die Hai//om, mit absoluter oder geozentrierter Orientierung lösen das Problem anders. Bei ihnen laufen die Tiere schnurstracks auf die Wand des Schulgebäudes zu, vorne Schwein, dann Schaf, dann die Kuh. Der Zug der Karawane behält die Himmelsrichtung bei. Liefen zuerst alle Tiere nach Westen, so tun sie das in der Rekonstruktion eben auch.

Menschen, die eine objektzentrierte Navigation nutzen, kommen wiederum zu einem anderen Ergebnis. Sie orientieren sich daran, wie die Objekte, und zwar auch die der Umgebung, zueinander stehen. Bei ihnen gewinnt die Mauer des Schulgebäudes an Bedeutung. Deshalb stellen sie die Tiere so auf, dass sie in gerader Linie auf sie selbst zulaufen. Hinten steht die Kuh und weist mit ihrem Hinterteil

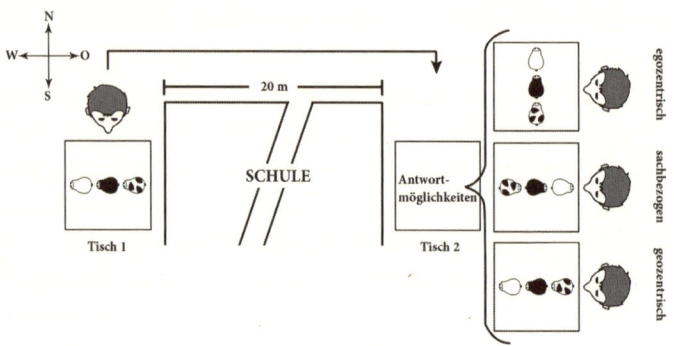

Abb. 19 Je nach Orientierungssystem kommen Menschen zu anderen Lösungen, wenn sie sich, wie hier links dargestellt, eine bestimmte Anordnung von Tieren merken sollen. Auf der anderen Seite des Gebäudes (hier rechts) sind die drei Möglichkeiten dargestellt, die aus der egozentrischen, objektorientierten oder geozentrischen Navigation resultieren.

auf die Schule, dann folgt das Schaf und vorne marschiert das Schwein mit der Schnauze in Richtung des Probanden.

Obwohl jede dieser Lösungen sich deutlich von den anderen unterscheidet, würde doch jeder einzelne Versuchsteilnehmer behaupten, dass seine Lösung die richtige, die mit dem Original identische sei – und jeder hätte für sich genommen natürlich recht.

Alle drei Orientierungssysteme existieren in Mittelamerika auf engem Raum nebeneinander. Die Tzeltal orientieren sich absolut, die Yucatec egozentrisch, die Mopan objektzentriert. Menschen, die sich vergleichbare Lebensräume teilen, entwickeln also ganz unterschiedliche Orientierungssysteme, deren mögliche Ausprägung wohl im Menschen von Natur aus angelegt ist, aber durch die jeweilige Kultur und Sprache geformt wird.

Grundsätzlich hat jeder Mensch die Fähigkeit, sich alle diese drei Orientierungssysteme anzueignen und damit vertraut zu machen. Die Kultur, in die wir hineingeboren werden, und unsere Muttersprache nehmen allerdings prägenden Einfluss darauf, wie wir uns später orientieren.

Sprach- und Kognitionswissenschaftler haben noch kein einheitliches Bild davon, wie wir den Raum um uns strukturieren – und letztlich also auch mit links und rechts umgehen. Sicher ist dagegen, dass – wie bereits mehrfach ausgeführt – wir von rechts und links mehr beeinflusst sind als wir das gemeinhin annehmen.

Das trifft auch auf Zahlen zu. Die meisten Menschen ordnen Zahlen innerlich entsprechend ihres Wertes von links nach rechts, was unter anderem der sogenannte SNARC-Effekt belegt. SNARC steht dabei für »spatial-numerical association of response codes«, was so viel heißen soll wie die Abhängigkeit einer Reaktion von Zahlwert und Raum.

Dieser Effekt tritt zutage, wenn Menschen entscheiden sollen, ob eine eingeblendete Ziffer gerade oder ungerade ist, und dies mittels Knopfdruck entweder nur mit der rechten oder nur mit der linken Hand mitteilen. Unabhängig von ihrer Händigkeit reagieren Menschen in der Regel bei kleinen Ziffern schneller mit der linken Hand als bei großen. Dieser Effekt ist deshalb so interessant, weil die gestellte Aufgabe mit dem Wert der Zahl nichts zu tun hat. Man soll ja lediglich über gerade oder ungerade entscheiden.

Bei höheren Ziffern verhält es sich genau umgekehrt. Sie können Menschen in der Regel schneller mit rechts einordnen. Bei den Ziffern von eins bis neun liegt die Grenze etwa zwischen drei und vier. Unterhalb davon ist links schneller, oberhalb rechts.

Dieser Effekt bleibt auch dann erhalten, wenn Probanden ihre Hände über Kreuz halten – ein deutlicher Hinweis darauf, dass es sich tatsächlich um ein Phänomen handelt, das mit der räumlichen Vorstellung und nicht mit der visuellen Wahrnehmung zusammenhängt.

Die Verbindung zwischen Zahlen, ihrem Wert und unserem Vorstellungsraum – also letztlich links und rechts – ist so eng, dass nicht nur wir die Zahlen räumlich anordnen, sondern diese Anordnung auch wiederum uns selbst beeinflusst. Je nach ihrem Wert lenkt eine Ziffer die Aufmerksamkeit entweder nach links oder rechts. 1 und 2 machen uns links alerter, 8 und 9 rechts. Bei den höheren Zahlen entdecken wir Objekte schneller, wenn sie in unserem rechten Gesichtsfeld auftauchen, bei kleineren reagieren wir zügiger auf das, was links von uns erscheint.

Ein weiterer Beleg für die Raumorientierung der Zahlen von links nach rechts ist ein Test, der zunächst dem auf Seite 90 angeführten Beispiel im Zusammenhang mit dem Pseudoneglect zu widersprechen scheint. Zur Erinnerung, Pseudoneglect führt dazu, dass alles, was sich in unserem rechten Gesichtsfeld befindet, ein wenig im Schatten unserer Aufmerksamkeit liegt. Deshalb zeichnen die meisten Menschen, wenn sie die Mitte eines waagerechten Striches markieren sollen, diese etwas links von der Mitte versetzt ein, weil sie den linken Abschnitt für größer halten als den rechten.

Wenn man dieses Experiment aber nicht mit einer einfachen Linie durchführt, sondern statt des Striches eine Reihe mit dem Buchstaben X präsentiert, dann treffen die meisten Menschen die Mitte ziemlich genau. Offenbar ermöglicht das Muster aus den vielen X, die beiden Hälften besser zu taxieren. Besteht die Linie aber nicht aus einer einförmigen Reihe von Buchstaben, sondern aus Zahlwörtern oder aus Ziffern, dann verändert sich das Ergebnis erneut.

Bei einer Linie aus dem Wort ZWEI oder der Ziffer 2 zeichnen die meisten die vermeintliche Mitte so ein, dass der linke Teil kleiner, der rechte größer ist. Sie unterliegen also – ähnlich wie beim Pseudoneglect – einem Linksdrall. Besteht die Linie dagegen aus dem Wort NEUN oder der Ziffer 9, dann setzen die Probanden die vermeintliche Mitte etwas zu weit nach rechts. Jetzt ist der rechte Teil kleiner als der linke. Allein der Wert einer Zahl kann in uns also einen leichten Links- oder Rechtsdrall auslösen.

Grundsätzlich besteht in der Forschung kaum Zweifel, dass es eine Verknüpfung zwischen Zahlen und Raum in unserer Vorstellung gibt. Inwieweit diese aber durch Kultur, zum Beispiel durch Schrift oder mathematische Konventionen geprägt ist, bleibt derzeit noch unklar.

Jedenfalls zeigt sich der SNARC-Effekt nicht nur bei Zahlen, sondern auch bei anderen Angaben, die wir für gewöhnlich in einer Reihe anordnen, zum Beispiel Monatsnamen oder Wochentage.

Erste Experimente deuten darauf hin, dass sich unser Zahlenraum manipulieren lässt. Werden nämlich Versuchspersonen, bevor sie entscheiden müssen, ob eine Ziffer gerade oder ungerade ist, entweder mit einem Lineal oder einem Zifferblatt über die bevorstehende Aufgabe instruiert, resultieren unterschiedliche Ergebnisse. Personen, die zuvor ein Lineal sehen, zeigen den SNARC-Effekt. Diejenigen, die dagegen das Zifferblatt betrachten, reagieren mit rechts schneller bei kleinen und mit links schneller bei großen Zahlen. Der Grund dafür: Auf einem Zifferblatt sind die Zahlen kreisförmig angeordnet, so dass die kleinsten rechts des Mittelpunktes stehen. Diese Ordnung läuft dem in uns angelegten Zahlenstrahl genau entgegengesetzt.

Die wenigen Versuche mit Menschen, die in einer Kultur leben, deren Schriftbild nicht wie in westlichen Gesellschaften von links nach rechts, sondern beispielsweise von oben nach unten oder von rechts nach links läuft, sind selten und ergeben kein einheitliches Bild.

Ob nun kulturell geprägt oder von Natur aus angelegt, haben wir unseren persönlichen Zahlenraum einmal in unserem Gehirn aufgespannt, bleibt er uns erhalten – meistens jedenfalls. Er kann aber auch verschwinden, zum Beispiel durch Verletzungen der entsprechenden Hirnareale.

Einige Patienten mit Schädigungen in der rechten Gehirnhälfte unterliegen dem sogenannten Neglect. Wie bereits in Abbildung 8 auf Seite 49 dargestellt, nimmt die rechte Gehirnhälfte wahr, was sich im linken Gesichtsfeld befindet, die linke sieht, was rechts von uns ist. Schädigungen in der rechten Hirnhemisphäre können nun dazu führen, dass Menschen Dinge, die sich links von ihnen befinden, nicht registrieren. Wenn sie die Mitte einer waagerechten Linie einzeichnen sollen, dann setzen sie die Markierung rechts davon, weil zumindest ein Teil der linken Hälfte für sie gar nicht existiert.

Fordert man diese Patienten nur verbal, ohne eine visuelle Darstellung von Ziffern auf, die Mitte einer Zahlenreihe, beispielsweise von drei bis zwölf, zu benennen, dann wählen sie einen Wert oberhalb der tatsächlichen Mitte – auf dem gedachten Zahlenstrahl, der links beginnt, also weiter rechts als es richtig wäre. Neurologen folgern, dass diese Menschen nicht nur unter einem Defizit in der Wahrnehmung von Dingen im Raum leiden, sondern auch unter Schwierigkeiten bei der Orientierung im Zahlenraum.

Besonders dieser Zusammenhang zwischen Räumlichkeit und Zahlenverständnis macht unmittelbar klar, wie wichtig es ist, dass Kinder eine gutes Raumgefühl entwickeln, mithin lernen, mit rechts und links umzugehen – und zwar unabhängig davon, ob sie Tätigkeiten bevorzugt mit der Linken oder Rechten ausführen.

Räumliche Orientierung wirkt nicht nur auf unsere Sprache und unser Zahlengefühl. So wie sich diese gedanklichen Bereiche gegenseitig beeinflussen, hängen auch Raum und Zeit nicht nur physikalisch miteinander zusammen, sondern auch in unserer Vorstellung.

In westlichen Kulturen werden beispielsweise hinten und vorne mit Vergangenheit und Zukunft gleichgesetzt. Was wir bereits erlebt haben, liegt hinter uns, was noch kommt, vor uns. Dies ist aber nicht die einzige räumliche Zuordnung der Zeit. Für uns fließt die Zeit entlang eines Strahls von links nach rechts. Ob in Geschichtsbüchern oder auf Schautafeln in Museen, immer liegt das weiter zurückliegende links, das jüngere oder künftige rechts.

Die Zeit unterliegt einem ähnlichen Effekt wie die Zahlen. Sehen Menschen Wörter, die etwas Vergangenes bezeichnen, dann lenkt das, so wie niedrige Zahlen, ihre Aufmerksamkeit nach links. Wird ihnen dagegen ein Wort präsentiert, das etwas Zukünftiges beschreibt, dann richtet sich ihr Augenmerk nach rechts, ganz so wie bei größeren Zahlen.

Inwieweit dieses Phänomen kulturell bedingt ist, also durch Darstellungen von Zeitreihen oder das Schriftsystem beeinflusst wird, weiß derzeit niemand. Versuche mit arabischen Kindern zeigen, dass sich dieser imaginäre Zeitstrahl auch umgekehrt vorstellen lässt, also mit einer Fließrichtung von rechts nach links. Vielleicht prägt die Art wie wir schreiben, im Arabischen bekanntlich ja von rechts nach links, die Wahrnehmung der Zeit doch stärker, als wir annehmen.

Links weiß mehr

Links und rechts beeinflussen unsere Wahrnehmung elementar. Sie gaukeln uns manchmal etwas vor, lassen Dinge größer oder kleiner erscheinen, strukturieren den Raum, den wir sehen, in dem wir uns orientieren, den wir fühlen. Sie bringen Ordnung in Reihen von Zahlen, Monaten oder Tagen und verführen uns bei der Bewertung von Objekten oder Wesen dazu, sie eher positiv oder negativ einzuschätzen. Angesicht dieses weitreichenden Einflusses erstaunt es kaum, dass links und rechts auch auf unsere Selbstwahrnehmung einwirken.

Ein sehr wichtiger Teil unseres Großhirns besteht aus dem sogenannten somatosensorischen Cortex. Das ist der Teil der Großhirnrinde, mit dem wir haptisch wahrnehmen. Er verläuft in einem Streifen über beide Gehirnhälften von Schläfe zu Schläfe. Die Areale in der linken Hirnhemisphäre sind für die rechte Körperhälfte zuständig, die in der rechten steuern die linke Seite.

Die Reize, die diese Gehirnregion aufnimmt, stammen entweder von Rezeptoren der Haut, die dort vielfältige Umwelteinflüsse registrieren, etwa wenn wir einen Gegenstand mit den Fingerspitzen berühren. Oder sie kommen von Sinneszellen im Inneren des Körpers und ermöglichen die Eigenwahrnehmung, zum Beispiel die Stellung von Gelenken und damit die Orientierung darüber, wo sich beispielsweise eine Hand befindet. Die im somatosensorischen Cortex verarbeiteten Sinneseindrücke sind Berührung, Druck,

Vibration und Temperatur, zum Teil gilt das auch für Schmerzempfindungen.

Mit modernen bildgebenden Verfahren können Wissenschaftler dem Gehirn beim Arbeiten zusehen. Eine wichtige Untersuchungsmethode ist die funktionelle Magnetresonanztomographie (fMRT). Dabei kommen starke Magnetfelder zum Einsatz, und man nutzt die unterschiedlichen magnetischen Eigenschaften von Blut, das viel Sauerstoff transportiert, und solchem, das wenig Sauerstoff enthält. In Gehirnteile, die besonders stark beansprucht sind, strömt auch besonders viel sauerstoffreiches Blut.

Beobachtet man nun das Gehirn mittels funktioneller Magnetresonanztomographie, während der dazugehörige Mensch eine Tätigkeit ausführt, erfährt man, welche Bereiche im Hirn dabei besonders aktiv sind. Daraus schließt man, dass diese Regionen wichtige Funktionen bei der entsprechenden Tätigkeit übernehmen.

In den als Hirnscans bezeichneten Bildern, die eine fMRT liefert, leuchtet beispielsweise stets die gleiche Region auf, wenn Testpersonen eine Bewegung ausführen oder berührt werden: der sensomotorische Cortex.

Dieser besteht genau genommen aus zwei flachen Streifen in der Hirnrinde, die direkt nebeneinander verlaufen: die motorische Rinde, die für Bewegungen zuständig ist, und daneben die sensorische Rinde, die Berührungen und andere Sinneseindrücke verarbeitet.

Innerhalb dieser beiden Streifen existiert eine Ordnung. Wenn man sich von der Mittellinie, die das Gehirn in zwei Hälften teilt, jeweils nach außen bewegt, dann sind die Zuständigkeiten der jeweiligen Hirnareale für Bewegungen wie folgt angeordnet: Zuerst stößt man auf die Bereiche, die unsere Zehen erregen, dann auf die für die Knie, Hüften, Schultern, Arme und dann die Hände mit den jeweiligen Fingern. Neben dem Bereich für unser Gesicht nehmen die Hände den größten Teil des sensomotorischen Cortex ein. Am Ende befinden sich die Areale, die Augen, Lippen, Zunge und Kiefer steuern. Die sensorische Rinde ist ganz ähnlich geordnet. Die Körperoberfläche ist im Gehirn also Punkt für Punkt abgebildet. Für die Größe der jeweiligen Bereiche im Gehirn ist aber nicht die Größe des Körperteils entscheidend, sondern wie feinfühlig und wie wichtig er für den Menschen im Alltag ist. Ist im Gehirn ein großes Rindenareal für einen Körperteil zuständig, können die Reize dieses Gliedes, etwa der feinfühligen Finger, besonders genau registriert werden. Oft werden Körperteile mit einer hohen Rezeptordichte auch in einem großen Rindenareal verarbeitet, während etwa der Bauch, der mit nur wenigen Rezeptoren ausgestattet ist, verhältnismäßig wenig Raum auf der als somatotope Karte bezeichneten Darstellung in Abbildung 20 einnimmt. So sind dort auch der beweglichen Zunge im motorischen Cortex mehr Nervenzellen zugeordnet als der Nase, deren Bewegungsmöglichkeiten begrenzt sind.

Die sensomotorischen Bereiche des Gehirns ermöglichen uns nicht nur die feinmotorische Steuerung der Gliedmaßen und das feinfühlige Erspüren von taktilen Reizen, sie vermitteln uns auch eine Vorstellung von Lage und Stellung beispielsweise der Arme und Hände.

Der kanadische Bewegungswissenschaftler Daniel Goble führte dazu sehr aufschlussreiche Experimente durch. Probanden, die vor einer Testapparatur saßen, wurden die Augen verbunden. Anschließend legten sie ihre Unterarme

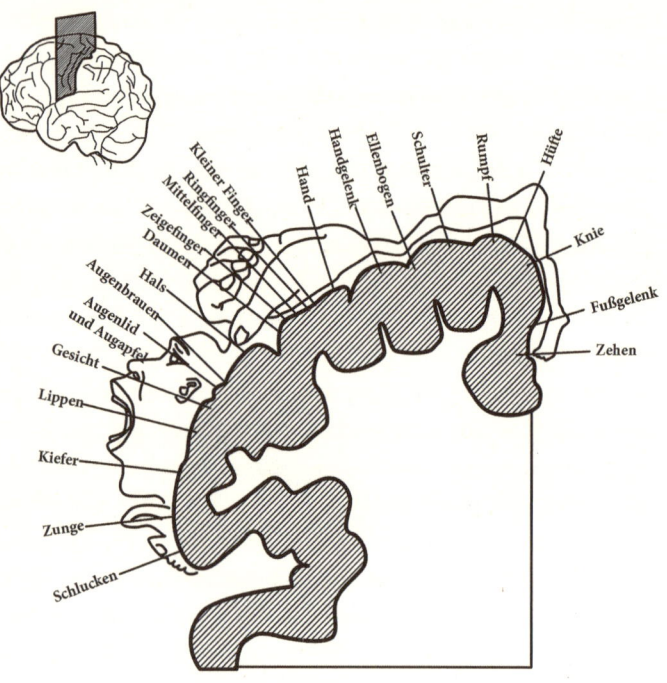

Abb. 20 Der somatosensorische Homunculus oder auch die somato-tope Karte zeigt, wie stark bestimmte Körperbereiche auf der Groß-hirnrinde repräsentiert sind.

jeweils auf eine Eisenstange mit Griff am Ende, so dass ihre Ellenbogen mit 90 Grad angewinkelt waren. Da die Stangen an dem Ende, das die Ellenbogen stützte, auf einem Kugel-lager aufsetzten, ließen sie sich leicht in der Horizontalen auf jeden beliebigen Winkel einstellen.

Zu Versuchsbeginn saßen die Probanden mit beiden Un-terarmen parallel, so dass diese gerade von ihrem Kör-per nach vorne weg zeigten. Anschließend wurde einer der

Arme von einem Experimentator in einen bestimmten, von der Ausgangsposition abweichenden Winkel eingestellt.

In verschiedenen Testreihen mussten die Versuchspersonen je eine von drei unterschiedlichen Aufgaben lösen. Entweder der »verstellte« Arm wurde wieder in seine Ausgangsposition zurückgeführt, und die Probanden mussten ihn möglichst genau wieder in den zuvor eingestellten Winkel zurückführen. Diese Aufgabe erfordert vor allem ein möglichst gutes Erinnerungsvermögen bezüglich der eingestellten Position.

In einer anderen Versuchsanordnung wurde wieder ein Arm in einen bestimmten Winkel gebracht, diesmal aber dort belassen. Die Testpersonen mussten nun den zweiten Arm in möglichst genau diesen Winkel bewegen. Der gegenüberliegende Arm dient als Referenz. Diese Aufgabe fordert also weniger das Erinnerungsvermögen als vielmehr die Kommunikationsfähigkeit zwischen den beiden Gehirnhälften. Mit anderen Worten: Wie gut ist die Fähigkeit der einen Hirnhemisphäre, der anderen die Größe des Winkels mitzuteilen, in dem sich ihr Arm gerade befindet?

Die dritte Variante des Experiments vereint Anforderungen der ersten beiden. Ein Unterarm wird zunächst auf einen Winkel eingestellt, nach einer Weile aber wieder in seine neutrale Ausgangslage zurückgeführt. Anschließend sollen die Probanden den gegenüberliegenden in den entsprechenden Winkel bringen. Nun müssen die Testpersonen sowohl ihr Erinnerungsvermögen bemühen als auch die Kommunikation der beiden Gehirnhälften.

Wie zu erwarten, nahm die Treffsicherheit von Experiment eins bis drei ab. Die Fehlerquote verdoppelte sich beinahe. Einer weiteren intuitiven Annahme widersprachen die

Ergebnisse allerdings. Der jeweils bevorzugte Arm war nicht besser bei der Lösung dieser Aufgaben, sondern schlechter als der vermeintlich schwache. Rechtshänder waren mit links viel besser in der Lage, den vorgegebenen Winkel einzustellen, Linkshänder trumpften mit der Rechten auf.

Goble und seine Kollegen hatten einen Beleg dafür aufgespürt, dass die vorgeblich starke Hand nicht alles besser kann als ihr Konterpart. Da Rechtshänder komplizierte Tätigkeiten meist mit der Rechten ausüben, dabei – zumindest wenn möglich – aber auch hinsehen, muss die Linke einfach selbstständiger sein. Tatsächlich fanden die Forscher heraus, dass die Überlegenheit des schwachen Arms verschwindet, sobald die Probanden in einem veränderten Versuchsaufbau auch die Augen einsetzen durften. Jetzt war der jeweils bevorzugte Arm wieder im Vorteil.

Die Linke von Rechtshändern muss also üblicherweise ohne die zusätzliche visuelle Rückkopplung agieren, sie steht buchstäblich viel weniger unter Aufsicht und muss sich deshalb besser im Raum zurechtfinden. Hinsichtlich der Raumorientierung weiß die Linke von Rechtshändern also mehr. Umgekehrt verhält es sich bei den Linkshändern.

Wer sich also beim nächsten Stromausfall durchs Dunkel seiner Wohnung zur Taschenlampe oder Streichholz und Kerze tastet, sollte das je nach seiner Händigkeit vielleicht besser mit links oder eben mit rechts tun.

Die gute Raumorientierung der Linken bei Rechtshändern mag auch die Ursache dafür sein, dass sie beim gezielten Werfen zwar im Nachteil sein mag. Wenn es aber darum geht, ein Projektil in seinem Flug zu stoppen, schneidet sie genauso gut ab wie die Rechte. Die Linke findet sich auch hier hervorragend zurecht.

Der Einfluss der Händigkeit reicht noch weiter. Nicht nur, dass wir jeweils besser wissen, wo und wie sich die vermeintlich schwache Hand im Raum befindet. Unsere Händigkeit manipuliert auch unser Körpergefühl, beispielsweise unsere Einschätzung, wie lang unser linker oder rechter Arm und wie groß unsere jeweilige Reichweite ist.

Die beiden Gehirnhälften übernehmen unterschiedliche Aufgaben und steuern die ihnen entgegengesetzte Körperseite. Der anfangs des Kapitels erwähnte sensomotorische Cortex der linken Hemisphäre ist für die rechte Körperseite zuständig und derjenige der rechten Hirnhälfte für die linke.

Die Repräsentation der einzelnen Körperpartien im sensomotorischen Homunculus aus Abbildung 20 in beiden Hirnhälften ähnelt sich zwar. Es existiert zwischen Rechts- und Linkshändern aber ein entscheidender Unterschied, der unter anderem mit Hilfe der fMRT, aber auch mit Hilfe der Analyse der Gehirnströme in einem Elektro-Enzephalogramm aufgedeckt wurde. Bei Rechtshändern erstrecken sich die entsprechenden Hirnregionen in der linken Hälfte über größere Gebiete als in der rechten Hirnhemisphäre. Bei Linkshändern ist das anders. In ihrem Hirn sind die sensomotorischen Zentren etwa gleich groß. Das hat Folgen für die Selbstwahrnehmung und einschätzung.

An der amerikanischen University of Virginia ließen Forscher links- und rechtshändige Probanden die Länge ihrer Arme schätzen. Dazu mussten die Versuchspersonen jeweils einen Arm gerade nach vorne ausstrecken. Vor ihren Augen wurde ein Maßband entrollt, allerdings so, dass sie die Maßangaben nicht lesen konnten. Wenn sie glaubten, die Länge des Bandes entspreche der des abzuschätzenden

Armes, gaben die Probanden Bescheid. Zwar taxierten die Rechtshänder die Länge ihres rechten Armes ordentlich, aber ihren linken hielten sie für deutlich kürzer. Linkshändern unterlief diese Fehleinschätzung dagegen nicht.

Der Irrtum der Rechtshänder bei der Beurteilung ihrer Armlänge bestätigte sich in einem weiteren Versuch, bei dem die Testpersonen angeben mussten, wie groß die Reichweite ihres Armes wohl jeweils wäre. Dazu wurden sie aufrecht sitzend mit den Schultern fixiert. Anschließend wurde ein Gegenstand auf einem Tisch zu ihnen hingeschoben. Die Probanden meldeten sich, wenn sie glaubten, der Punkt sei erreicht, an dem sie das Objekt gerade noch mit der linken oder rechten Hand ergreifen könnten. Auch hier schätzten die Rechtshänder die Reichweite ihrer Rechten größer ein als die ihrer Linken. Anders die Linkshänder: Sie schätzten ihren Greifradius mit beiden Armen gleich ein.

Dieses Ergebnis bestätigt sich bei einem weiteren dieser Reichweitentests: Vor den Testpersonen wird ein Hammer auf einem Tisch präsentiert. Einmal zeigt der Griff nach rechts. In dieser Stellung wird das Werkzeug auf drei Positionen abgelegt. Rechts von den Probanden, direkt vor und dann links von ihnen. Für jede dieser Positionen sollen sie schätzen, bis zu welcher Entfernung sie den Hammer gerade noch greifen können. Dabei müssen sie beachten, dass sie den Hammer mit der jeweiligen Hand so aufheben, dass er ohne Umgreifen sofort einsatzbereit ist. Wenn sie ihn in dieser Stellung mit der rechten Hand von oben greifen, ist das der Fall. Mit links müssen sie dagegen die Hand so drehen, dass ihre Handfläche nach oben zeigt und den Hammerstil quasi von unten packt. Ein im Vergleich zum Prozedere mit der rechten Hand recht umständliches Vorgehen.

Anschließend wird die Versuchsreihe wiederholt. Jetzt zeigt der Hammerstil nach links. Die Linke hat also leichteres Spiel. Diesmal muss die Rechte die umständlichere Prozedur ausführen.

Wie in der vorhergehenden Testreihe schätzten die Rechtshänder die Reichweite ihres rechten Armes viel größer ein als die ihres linken. Linkshänder waren dagegen realistischer bei beiden Armen.

Wie zu erwarten, gingen alle Testpersonen davon aus, dass sie mit der jeweils durch die Versuchsanordnung benachteiligten Hand weniger weit reichen konnten. Allerdings fiel die Differenz bei den Rechtshändern viel größer aus als bei den Linkshändern.

Diese Ergebnisse mögen einerseits durch die Unterschiede in der Organisation der Gehirne von Links- und Rechtshändern begründet sein. Vielleicht profitieren Linkshänder aber auch von ihren Erfahrungen in einer auf Rechtshänder eingestellten Welt. Sie sind es gewohnt, mit Schwierigkeiten umzugehen. Eventuell hilft ihnen das bei einer realistischeren Einschätzung ihrer selbst und eben auch von Widrigkeiten.

Ein originelles Experiment verdeutlicht die organisatorischen Unterschiede im Gehirn von Rechts- und Linkshändern. Spielt man ihnen nämlich Geräusche vor, die entweder von Tieren stammen oder die beim Einsatz von Werkzeugen entstehen, dann zeigen sich typische Aktivitätsmuster in ihren Gehirnen. Erklingt beispielsweise die Stimme eines Singvogels, so sind bei Links- und Rechtshändern nur die fürs Hören zuständigen Areale aktiv. Ertönt dagegen das Geräusch eines durchs Holz fahrenden Fuchsschwanzes, dann reagieren die akustischen Zentren zwar gleich, bei Rechtshändern zeigt sich aber zusätzlich eine Erregung einiger für die Motorik zuständigen Gehirnregionen in der linken Hälfte. Bei Linkshändern sind dagegen die Neuronen in der rechten Gehirnhälfte aktiv. Alleine schon die Töne von manuellen Tätigkeiten können also die jeweilige motorische Gehirnregion anregen.

Die unterschiedliche Strukturierung des Denkorgans verleiht Linkshändern in der Regel einen weiteren Vorteil. Sie verarbeiten die Eindrücke von Gesichtern schneller und merken sich Konterfeis besser als Rechtshänder. Diesen Unterschied findet man auch beim Vergleich der Geschlechter. Frauen erinnern sich besser an Gesichter als Männer – und das entspricht den Erkenntnissen, die man durch die Untersuchung mit bildgebenden Verfahren an Gehirnen gewonnen hat. Ähnlich wie das Hirn von Frauen tendiert auch das Denkorgan von Linkshändern dazu, stärker auf beide Hälften zuzugreifen. Die Lateralisation ist bei beiden Gehirntypen weniger stark ausgeprägt als bei rechtshändigen Männern. Das wiederum prägt das Denken, wie ein interessanter Versuch an der University of British Columbia belegt.

Männern und Frauen, Links- und Rechtshändern stellte man folgende Aufgaben: Sie mussten für bestimmte Gegenstände möglichst viele Verwendungsmöglichkeiten finden, beispielsweise einen Schuh nicht nur anziehen, sondern ihn auch als Trinkgefäß nutzen oder mit ihm einen Nagel einschlagen.

Dann sollten für zwei herkömmliche Gegenstände, die gewöhnlich nicht zusammen eingesetzt werden, neue Verwendungen gefunden werden; beispielsweise aus einem Pfosten und einer Blechdose ein Vogelhaus zu konstruieren.

Danach waren aus vorgegebenen Wörtern möglichst viele verschiedenartige Wort-Gruppen zu bilden, deren Ordnung einen Sinn ergibt. So kann man Hammer und Auto einander zuordnen, weil beide Metalle enthalten, aber auch Hammer und Pinsel, weil beides Werkzeuge sind.

In Experiment eins schneiden rechtshändige Männer am besten ab. Sie sind besonders gut im sogenannten konvergenten Denken, platt gesprochen, sie können sich gedanklich gut in vorgegebenen und gewohnten, eben konventionellen Bahnen bewegen.

Bei Experiment zwei und drei liegen allerdings Linkshänder und Frauen vorn. Ihnen fällt es leichter, gedanklich unkonventionelle Pfade einzuschlagen. Sie sind besser im sogenannten divergenten Denken.

Der Vorteil der Linkshänder zeigt sich vor allem bei den Männern. Bei Frauen wirkt sich die Händigkeit kaum auf ihre Art zu denken aus.

Das zeigt sich auch in folgendem Versuch: Aus einer Reihe von vier Buchstabenkombinationen soll die nicht passende herausgefunden werden:

BBLJ   TTRU   FWZP   XXBK   MMEG

Wie jeder schnell erkennt, ist selbstverständlich die Kombination FWZP die störende, weil sie als einzige keinen Doppelbuchstaben enthält. Bei der Lösung dieser Aufgabe zeigen sich keine großen Unterschiede, weder zwischen Männern und Frauen noch zwischen Links- und Rechtshändern.

Fasst man die Ergebnisse der letzten vier Versuche zusammen, kommt man zu dem Schluss, dass der Versuch, Rechts- gegen Linkshänder auszuspielen respektive ihnen ganz besondere Eigenschaften nachsagen zu wollen, nicht sehr sinnvoll ist. Was die einen besser können, gleichen die anderen durch besondere Leistungen auf anderen Gebieten aus – und manche Aufgaben lösen alle gleich gut.

Aus dem bisher Dargestellten ergibt sich, dass zwischen den beiden Händen – egal ob bei Links- oder Rechtshändern – in Wirklichkeit kein Konflikt herrscht, sondern sie sich vielmehr ergänzen.

Das verdeutlicht auch folgendes Experiment, das Psychologen an der neuseeländischen University of Otago durchführten. Sie ließen Frauen und Männer, Links- und Rechtshänder Kreise malen, und zwar mit beiden Händen gleichzeitig. Dabei sind vier Kombinationen möglich: Beide Hände zeichnen die Kreise mit oder entgegen dem Uhrzeigersinn. Diese beiden Szenarien zeigen ein spiegelbildlich-asymmetrisches Bild. Rechte und Linke verhalten sich nicht wie das Spiegelbild der anderen Hand.

Nebenbei bemerkt sollte sich niemand ernsthafte Sorgen machen, wenn er oder sie Schwierigkeiten hat, sich genau vorzustellen, was das heißt. Es ist nicht ungewöhnlich, Probleme bei der Unterscheidung von rechts und links zu haben, und das ist ebenso normal bei der Vorstellung von Spiegelwelten.

Die beiden anderen Kombinationen für den in Neuseeland ausgeführten Versuch sind jedenfalls: Die Linke führt den Stift im Uhrzeigersinn und die Rechte entgegen. Oder die Rechte zeichnet im Uhrzeigersinn und die Linke entgegen. Es ergibt sich also jeweils eine spiegelbildlich-symmetrische Konstellation. Rechte und Linke verhalten sich so, als ob sie das Spiegelbild der anderen Hand wären.

Welche Hand übernimmt dabei die Führung?

Intuitiv würde man annehmen, dass die jeweilige Führungshand auch die bevorzugte Hand des Zeichners sein sollte, also bei Rechtshändern immer die Rechte das Kommando hat und bei Linkshändern die Linke.

Dem ist aber nicht so. Wenn die Probanden die Kreise spiegelbildlich-asymmetrisch zeichnen, also entweder beide Hände im Uhrzeigersinn oder ihm entgegen kreisen, dann wechselt die Führungshand. Wenn die Kreise im Uhrzeigersinn gezeichnet werden, führt rechts, entgegen dem Uhrzeigersinn führt links – und zwar unabhängig davon, ob ein Rechts- oder ein Linkshänder malt.

Führen die Hände dagegen gegensätzliche Bewegungen aus, malt beispielsweise die Linke im Uhrzeigersinn und die Rechte entgegen, dann macht sich die Händigkeit wieder bemerkbar, und die jeweils starke Hand übernimmt die Führung. Dieser Effekt ist bei Rechtshändern stärker ausgeprägt als bei Linkshändern. Bei letzteren ist auch bei dieser Aufgabe die Führungshand nicht deutlich auszumachen – ein weiterer Beleg dafür, dass ihr Gehirn meist weniger lateralisiert ist als das von Rechtshändern. Linkshänder nutzen die bereits erwähnte Brücke zwischen ihren beiden Hirnhälften meist intensiver als Rechtshänder.

Ein Grund hierfür dürfte auch die weniger strikte Lateralisation hinsichtlich der Sprachzentren sein. Bei den meisten Menschen liegen wichtige Sprachzentren in der linken Hirnhälfte. Mit dem bereits erklärten Wada-Test, aber auch mit der funktionellen Magnetresonanztomographie haben Neurologen mittlerweile einen besseren Einblick in die tatsächliche Aufteilung der Sprachzentren bei Rechts- und Linkshändern bekommen. Bei Rechtshändern sitzen die Sprachzentren tatsächlich in 96 Prozent der Fälle in der linken Hirnhemisphäre. Bei Linkshändern zeigt sich ein differenzierteres Bild. Acht Prozent zeigen eine deutliche Lateralisation der Sprachzentren auf der rechten Seite, bei 14 Prozent sind sie gleichberechtigt auf beide Hälften verteilt und 78 Prozent sind links lateralisiert. Gehirne von Linkshändern tendieren dazu, beide Gehirnhälften gleichberechtigt für die Lösung komplexer Aufgaben heranzuziehen, und nutzen deshalb die Verbindung zwischen ihnen, das schon öfter erwähnte Corpus callosum, stärker.

Daraus lässt sich nicht unbedingt ein Vorteil ablesen, wie Untersuchungen an Menschen zeigen, die diese Brücke im Gehirn nicht oder nicht mehr besitzen. Das Corpus callosum wird, wie erwähnt, bei besonders schwer erkrankten Epileptikern operativ durchtrennt, um die Symptome der Erkrankung abzuschwächen. Die als Callosotomie bezeichnete Operation wird heute nur noch selten angewendet und ist lediglich die letzte Option für schwere Fälle.

Mit einer Häufigkeit zwischen einem bis drei Fällen pro 1000 Geburten tritt dieses Phänomen als Geburtsfehler auf. Ärzte sprechen dann von einer Corpus-callosum-Agenesie.

Das Fehlen der Verbindung zwischen den Gehirnhälften hat Folgen für die kognitiven Fähigkeiten. Diese zeigen sich beim gleichzeitigen Zeichnen von Kreisen mit beiden Händen. Patienten mit einer Callosotomie, also jene, denen erst im späteren Verlauf ihres Lebens die Brücke durchtrennt wurde, haben keine Probleme damit, die spiegelbildlich-symmetrische Variante auszuführen. Wenn ihre Linke im Uhrzeigersinn malt und die Rechte entgegen – oder umgekehrt –, können sie Kreise problemlos zeichnen. Im Falle der spiegelbildlich-asymmetrischen Variante scheitern sie aber: Wenn sie beide Hände im oder entgegen dem Uhrzeigersinn führen sollen, versagt ihr Gehirn bei der Koordination.

Genau umgekehrt verhält es sich bei den Patienten mit einem angeborenen Defekt der Brücke. Menschen mit einer Corpus-callosum-Agenesie zeichnen wunderbar, wenn sie ihre Hände spiegelbildlich-asymmetrisch führen sollen. Kreise mit jeweils einer Hand im und der anderen entgegen dem Uhrzeigersinn zu malen, ist für sie dagegen eine unlösbare Aufgabe.

Ein wirklicher Konflikt zwischen rechts und links existiert demnach nicht. Beide sind für die Lösung komplexer Aufgaben notwendig. Nur gemeinsam ermöglichen sie es dem Menschen, diffizile Probleme zu lösen.

Das belegt auch der Fall einer Patientin, die Neurowissenschaftler an der Tübinger Universität untersuchten. Die Frau hatte durch einen Schlaganfall eine Schädigung in ihrer rechten Gehirnhälfte erlitten. Ein kleiner Bereich ihres somatosensorischen Cortex war betroffen. Demzufolge konnte die Patientin die Lage ihrer linken Hand, die ja von der rechten Gehirnhälfte gesteuert wird, nicht mehr bestimmen, wenn sie diese nicht mit den Augen betrachten konnte. Überraschend für die Forscher war allerdings, dass die Frau auch bei ihrer rechten Hand eben dieses Problem hatte. Mit der Rechten konnte sie beispielsweise nur gezielt und sicher zugreifen, wenn sie die Tätigkeit mit den Augen überwachte. Weshalb das so war, blieb den Forschern allerdings verborgen.

Dieser ungewöhnliche Fall zeigt einmal mehr, dass Schwarzweiß-Denken in Biologie und Medizin oft nicht die gesamte Realität erfassen kann. Wer nach absoluten Kriterien urteilen will, wird deshalb meist irren – gerade wenn es um links und rechts geht.

Doch auch wenn die Lateralisation als eine evolutionäre

Spezialisierung tief in uns wurzelt und uns Vorteile verschafft, haben das viele Menschen immer noch nicht verinnerlicht. Die anfänglich erwähnte Tendenz des Menschen, nach Mustern, mithin nach Unterscheidungsmerkmalen, zu suchen, macht es ihm als Rechtshänder fast unmöglich, Linkshänder nicht als Sondergruppe oder gar als sonderliche Gruppe anzusehen.

Über Jahrhunderte hat sich dies in Forschung und Mythen manifestiert.

Mord und Totschlag

Anno 1888 überschlugen sich die Meldungen in britischen und internationalen Zeitungen. Im East End von London im und um den Stadtteil Whitechapel trieb ein Serienmörder sein Unwesen, der als »Jack the Ripper« gruseligen Weltruhm erlangen sollte. Seine Opfer, ausschließlich Frauen, verstümmelte er auf bestialische Art und Weise. Unzählige Mythen und Legenden ranken sich um die Morde – nur wenige entsprechen der Wahrheit oder haben zumindest einen realen Hintergrund.

Fünf Frauen gelten als gesicherte Opfer von Jack the Ripper. Sie werden auch als die »Kanonischen Fünf« bezeichnet. Es waren: Mary Ann Nichols, Geburtsname Mary Ann Walker, Spitzname »Polly«, geboren am 26. August 1845, getötet am Freitag, dem 31. August 1888. Annie Chapman, Geburtsname Eliza Ann Smith, Spitzname »Dark Annie«, geboren im September 1841, getötet am Samstag, dem 8. September 1888. Elizabeth Stride, Geburtsname Elisabeth Gustafsdotter, Spitzname »Long Liz«, geboren am 27. November 1843 in Schweden, getötet am Sonntag, dem 30. September 1888. Catharine Eddowes, benutzte die Pseudonyme »Kate Conway« und »Mary Ann Kelly«, in Anlehnung an die Nachnamen ihrer Lebensgefährten Thomas Conway und John Kelly, geboren am 14. April 1842, getötet am Sonntag, dem 30. September 1888. Und Mary Jane Kelly, die sich nach einer Reise nach Paris selbst »Marie Jeanette Kelly« nannte, Spitzname

»Ginger«, um 1863 geboren, getötet am Freitag, dem 9. November 1888.

Alle fünf waren Prostituierte, was damals in Whitechapel nichts Ungewöhnliches war. Zur damaligen Zeit war dies oft die einzige Möglichkeit, in den Armenvierteln das Überleben zu sichern. Bis auf die junge und attraktive Mary Kelly waren alle Frauen etwa im gleichen Alter und vom selben Stand. Mary Kelly war das einzige Opfer, das in einem geschlossenen Raum getötet wurde. Alle anderen Frauen überfiel der Ripper auf offener Straße.

Die Tatwaffe war in allen Fällen ein Messer. Der Täter musste, das legte die Art der Verletzungen nahe, zumindest rudimentäre anatomische Kenntnisse besessen haben oder mindestens geübt im Umgang mit dem Messer gewesen sein.

Bis zu 13 weitere Opfer könnte Jack the Ripper Spekulationen zufolge noch gefunden haben. Allerdings gelten viele davon als sehr fragwürdig.

Der Täter ging mit äußerster Brutalität vor, was alleine schon der Obduktionsbericht des Arztes Henry Llewellyn zur Leiche von Mary Ann Nichols darlegt: »Fünf Zähne fehlten, und es gab eine leichte Platzwunde an der Zunge. Ein blauer Fleck lief entlang der unteren Kante des Kiefers auf der rechten Seite des Gesichts. Er könnte durch einen Faustschlag oder den Druck eines Daumens verursacht worden sein. Es gab einen kreisförmigen blauen Fleck auf der linken Seite des Gesichts, der auch vom Druck der Finger stammen könnte. Auf der linken Seite des Halses, etwa zweieinhalb Zentimeter unterhalb des Kiefers, gab es einen Einschnitt von ungefähr zehn Zentimetern in der Länge, und er begann direkt unter dem Ohr. Auf derselben Seite, aber jeweils zweieinhalb Zentimeter unterhalb und weiter vorne, war ein kreisförmiger Einschnitt, der an einem Punkt etwa siebeneinhalb Zentimeter unterhalb des rechten Kiefers endete. Dieser Schnitt durchtrennte alles Gewebe bis zur Wirbelsäule. Die großen Gefäße des Halses waren auf beiden Seiten durchtrennt. Der Schnitt maß etwa 20 Zentimeter in der Länge. Die Schnitte müssen von einem Messer mit langer Klinge verursacht worden sein, mäßig scharf, und mit großer Gewalt eingesetzt. Kein Blut auf der Brust, weder auf dem Körper noch der Kleidung. Es gab keine Verletzungen am übrigen Körper bis kurz über dem unteren Teil des Bauches. Auf der linken Seite war eine gezackte Wunde. Sie war sehr tief und zerteilte das Gewebe. Es gab mehrere Schnitte quer über den Bauch. Es waren drei oder vier gleiche Schnitte, die nach unten verliefen, auf der rechten Seite, die alle durch ein Messer verursacht worden waren, das heftig und abwärts gerichtet eingesetzt wurde. Die Verletzungen liefen alle von links nach rechts und wurden eventuell von einer linkshändigen Person verursacht. Alle Verletzungen waren mit der gleichen Waffe verursacht worden.«

Da die Zeitung »The Times« diesen Bericht veröffentlichte, war abermals ein Gerücht geboren, das sich bis heute hält. Immer wieder stößt man auf die mutmaßlich bewiesene Behauptung, Jack the Ripper sei Linkshänder gewesen. Dabei hat selbst der obduzierende Arzt Llewellyn später Zweifel an seiner Einschätzung geäußert. Die Identität von Jack the Ripper wurde jedenfalls nie geklärt, so dass diese Legende wohl auch weiterhin Verbreitung finden wird.

Offensichtlich passt wieder einmal die selbsterfüllende Prophezeiung mit den vermeintlichen Tatsachen gut zusammen: Linkshänder sind eben merkwürdig, weshalb sollten sie nicht auch zu psychopathischen Handlungen neigen? Es überrascht kaum noch, dass selbst seriöse Forscher nach Zusammenhängen zwischen Aggressivität, Mordlust und Händigkeit suchen. So abstrus eine solche Vermutung zunächst erscheinen mag, sie hat in den vergangenen Jahrzehnten dazu beigetragen, einige interessante Aspekte zur Linkshändigkeit im Laufe der menschlichen Entwicklungsgeschichte aufzudecken.

Wie schwierig es sein kann, die Händigkeit selbst von Personen zu ermitteln, die lebten als die Fotografie bereits erfunden worden war, belegen zahllose Beispiele von berühmten oder auch berüchtigten Personen wie dem amerikanischen Revolverhelden William Bonney, genannt Billy the Kid (siehe Seite 263 ff.). Noch aufwändiger gestalten sich Ermittlungen zur Händigkeit unserer Urahnen, von denen wir keine Aufzeichnungen kennen. Nur wenige Überbleibsel künden von der Vorzeit vor Millionen von Jahren.

Die atemberaubende Entwicklung des Menschen markieren einige herausragende Meilensteine, die für seine zunehmende kognitive Kraft und manipulative Macht stehen. Unsere Vorfahren richteten sich vom vierbeinigen Gang auf und schritten immer sicherer und müheloser auf zwei Beinen. Die von den Pflichten der Fortbewegung befreiten Vorderextremitäten, vor allem die Hände, entfalteten eine immer größere Geschicklichkeit, erschlossen neue und bessere Nahrungsquellen. In einem ständigen Dialog zwischen Händen und Gehirn entstand schließlich der moderne Mensch.

Mit seinen Händen begreift der Mensch die Welt und formt sie in seinem Sinne. Die Geschicklichkeit und nützliche Macht seiner Finger beruht vor allem auf der Beweglichkeit und Größe des Daumens. Der Mensch kann mit

Daumen und jedem beliebigen Finger der Hand einen präzisen Griff ausführen und Dinge zwischen den Fingerkuppen festhalten. Den sogenannten Pinzettengriff, beispielsweise zum Einklemmen feiner Gegenstände zwischen den Innenseiten der Kuppen von Zeigefinger und Daumen, beherrscht niemand so gut wie der Mensch.

Innerhalb eines evolutionär betrachtet kurzen Zeitraumes verlief die menschliche Entstehungslinie zunächst entlang der ersten Schneide- und Schabwerkzeuge, den sogenannten Choppern, vor etwa zwei Millionen Jahren über verbesserte Faustkeile, mit denen die menschlichen Vorfahren dann vor gut 1,5 Millionen Jahren hantierten. Sie schnitten damit Fleisch aus Aas und knackten Knochen, um an das nahrhafte Mark zu gelangen. Vor vielleicht 500 000 Jahren flog dann der erste Speer auf ein Beutetier oder einen Löwen, der seinen Riss verteidigte. Irgendwann in diesem langen, im Dunkel liegenden Zeitraum gelang es einem Frühmenschen, das Feuer zu zähmen. Da konnte unser Urahn bereits sprechen.

Einen weiteren entscheidenden Schritt in seiner Entwicklung vollzog der Mensch vor etwa 40 000 Jahren. Das legen zumindest die Funde der ältesten bekannten Kunstwerke, sowohl geschnitzter Figuren als auch Höhlenmalereien, nahe.

Nur wenige Technologiesprünge der Moderne lassen sich mit diesen enormen Fortschritten vergleichen.

Vieles hat die Wissenschaft bereits über unsere Vorfahren herausbekommen. Wenn man betrachtet, mit wie wenigen Fundstücken ihr das gelungen ist, grenzt der heutige Wissensstand über die Evolution von Homo sapiens beinahe an ein Wunder.

Oft müssen Forscher aus wenigen Knochenfragmenten, Überresten von Feuerstellen oder Steinwerkzeugen ihre Schlüsse ziehen. Manchmal greifen sie auch auf die experimentelle Archäologie beziehungsweise die experimentelle Paläoanthropologie zurück, um durch praktische Anschauung Erkenntnisse zu gewinnen.

So versuchte sich der amerikanische Anthropologe Nicholas Toth in den 1980er-Jahren an der Herstellung von Steinwerkzeugen. Aus seinen Analysen von behauenen Steinen, die bei Koobi Fora in Kenia und bei Ambrona in Spanien gefunden worden waren, zog er den Schluss, dass diese überwiegend Rechtshänder angefertigt hatten. Toth kam zu seinem Ergebnis unter anderem durch Experimente, die er mit den gleichen Steinen anstellte, die aller Wahrscheinlichkeit nach auch die frühen Vormenschen benutzt hatten.

Dabei hält eine Hand – meist die schwächere – einen Geröllstein fest und die andere, stärkere Hand schlägt mit einem zweiten Stein zu. Der Schlag sollte dabei so auf die Kante des fixierten Steins geführt werden, dass die abplatzenden Abschlagstücke scharfkantig genug sind, um sie als Schneidwerkzeug einzusetzen.

Aus den Praxisversuchen folgerte Toth, dass Rechtshänder den zu bearbeitenden Stein bevorzugt mit dem Uhrzeigersinn, also nach rechts drehten, und demzufolge die zweite Klinge rechts neben der ersten Abschlagstelle lösten. Linkshänder bevorzugen nach Toth das Gegenteil. Die abgeschlagenen Stücke haben je nach der Drehrichtung eine spezifische Form, die erkennen lässt, in welche Richtung der Handwerker den Stein, aus dem er seine Klingen schlagen wollte, gedreht hat.

Die Studien von Toth gehören bis heute zu den meist-zitierten im Bezug auf Händigkeit und der frühen mensch-lichen Evolution. Alleine deshalb besitzen sie Bedeutung. Sie öffneten aber auch neue Perspektiven und Forschungs-ansätze, um mit paläoanthropologischen Funden neue Er-kenntnisse zu gewinnen.

Im Bezug auf die Händigkeit selbst und das Verhältnis von Links- und Rechtshändern vor etwa 1,5 Millionen Jah-ren konnten sie allerdings keine endgültigen Resultate lie-fern. Erstens nutzte Toth zwar eine Technik, mit der man Steinklingen herstellen kann – und mit der auch sicher sol-che Werkzeuge produziert wurden –, es ist aber nicht die einzige Methode, zum gewünschten Resultat zu kommen. Andere Techniken liefern ebenfalls Klingen, lassen aber keine Rückschlüsse auf die Haltung oder Drehung des Steins zu, von dem sie stammen.

Von Neandertalern, einer Frühmenschen-Art, die bis vor etwa 30 000 Jahren in Europa und dem Nahen Osten lebte, existieren weitaus bessere Funde. Sie lassen eine aussage-kräftigere Einschätzung zu, ob der Neandertaler eher Rechts-oder Linkshänder war. Als Indizien dienen Steinschaber und -klingen. Sowohl ihre Form als auch Knochen, die von Frühmenschen dazu genutzt wurden, die Schneiden ihrer Werkzeuge nachzuschleifen, deuten auf ein Übergewicht der Rechtshänder hin.

Ein weiterer Hinweis auf die Händigkeit der Neander-taler kommt von ihren Zähnen. So wie es heute noch Urein-wohner rund um den Globus vom Polarkreis bis in die süd-afrikanische Kalahari-Wüste tun, haben Urmenschen wohl auch vor Tausenden von Jahren Fleisch oder pflanzliche Nahrung zwischen ihren Schneidezähnen eingeklemmt, das Gewebe mit einer, meist der schwächeren Hand straff gezogen und mit einem Messer in der starken Hand durchtrennt. Je nachdem, welche Hand die Schneide führt, entstehen charakteristische Kratzspuren auf den Zähnen. Für denjenigen, der sich die Schrammen so ungewollt zugefügt hat, mag das unangenehm gewesen sein, für heutige Forscher sind die lädierten Beißer ein Schatz. Die Schrammen im Schmelz weisen nämlich darauf hin, dass die große Mehrheit der Neandertaler Rechtshänder war. Insgesamt dürfte sich demnach die Zahl der Rechtshänder auf 80 bis 90 Prozent belaufen haben.

Einen weiteren originellen Forschungsansatz verfolgen Paläontologen mit der Analyse von Höhlenmalereien. Dabei untersuchen sie entweder die Darstellung von Händen oder andere Abbildungen, zum Beispiel von Tieren oder Menschen.

Homo sapiens, der etwa erst vor 120 000 Jahren in der Erdgeschichte auftauchte, ist eine Art mit vielen Eigentümlichkeiten. Die ältesten Kunstwerke, die von ihm überliefert sind, datieren auf maximal 30 000 bis 40 000 Jahre. In ihnen manifestiert sich unter anderem jener Impetus, den wohl die meisten schon einmal empfunden haben, wenn sie vor einer unberührten Schneefläche stehen. Unwillkürlich reizt sie dazu, den eigenen Fuß darauf zu setzen und einen persönlichen Abdruck zu hinterlassen. Ein eher harmloses Verlangen, wenn es Sarkasten auch mit dem Ausspruch des französischen Mathematikers und Philosophen Blaise Pascal aus dem 17. Jahrhundert kommentieren würden: »Das ganze Unglück der Menschen rührt allein daher, dass sie nicht ruhig in einem Zimmer zu bleiben vermögen.«

Neben kleinen Kunstfiguren haben uns die Urmenschen

vor allem beeindruckende Höhlen- beziehungsweise Fels-
malereien und Steingravuren hinterlassen. Sie zeigen Tiere
und Menschen – und die Abdrücke oder Umrisse mensch-
licher Hände.

Besonders die Darstellung der eigenen Hände besitzt außergewöhnliche Bedeutung. Sie wird als eine der einfachs-
ten Möglichkeiten angesehen, nicht nur die äußere Welt
künstlerisch und wahrscheinlich auch religiös zu verarbeiten, sondern einen ganz persönlichen, individuellen Abdruck zu hinterlassen. Der zur Farbe gewordene, instink-
tive Schrei des Individuums: Ich war hier!

Abbildungen von Händen finden sich in Australien,
Amerika, Asien und Europa. Prinzipiell existieren zwei gängige Verfahren zu ihrer Herstellung: Entweder man färbt
eine Handfläche mit einer geeigneten Farbe und presst sie
dann gegen den Felsen. Oder man nimmt die Hand als
Schablone, drückt sie mit der Handfläche fest gegen den
Stein und sprüht dann einen Farbstoff darüber. Wenn man
anschließend die Hand wegnimmt, bleibt ihr Abdruck von
Farbe umrandet als Negativ auf dem Felsen.

Als Farbstoffe nutzten unsere Vorfahren vor allem Holz-
kohle oder pigmenthaltiges Gestein wie Rötel oder Ocker.
Dieses vermischten sie mit Wasser, reicherten es zum Teil
mit Speichel an. Zum Sprühen kamen wiederum zwei
Techniken zum Einsatz: Entweder der Künstler spuckte
die farbige Lösung direkt mit dem Mund über seine Hand
oder er nutzte dazu ein Blasrohr. Daneben fanden sich
Anzeichen dafür, dass Homo sapiens wohl auch mit Fell
oder pinselähnlichem Handwerkszeug arbeitete, wenn er
schwärzliches, manganhaltiges Gestein als Farbstoff verwendete.

Egal wie eine Darstellung der Hand erzielt wird, man müsste eigentlich davon ausgehen, dass sie einen Rückschluss auf die Händigkeit ihres Erzeugers zulässt. Bei der Technik mit dem direkten Handabdruck dürfte ein Mensch bevorzugt seine starke Hand einsetzen, um den Abdruck herzustellen. Bei der Spuck- beziehungsweise Blastechnik sollte es sich genau anders verhalten. Da der Künstler dabei einige Handgriffe zu leisten hat, beispielsweise kleine Gesteinsbröckchen zum Mund führen oder das Blasrohr halten und damit zielen, sollte er seine schwache Hand nutzen, um das Negativ zu erschaffen. Ebenso sollte es sich bei der Pinsel- beziehungsweise Tupftechnik verhalten.

Legt man diese Annahmen zugrunde, dann deuten alle Befunde auf ein schon immer existierendes Übergewicht von Rechtshändern unter den Menschen hin. Meist finden sich bei mehr als zwei Dritteln der Fälle Hinweise auf Rechtshänder – mit allerdings schwankenden Angaben.

So weisen Felsenmalereien mit direkten Handabdrücken in Montana aus einer Zeit zwischen 3000 vor Christus bis 1400 nach Christus ein Rechts-Linkshänder-Verhältnis von 75 zu 25 Prozent auf.

Auf der Insel Borneo im indonesischen Archipel finden sich außergewöhnliche Höhlenmalereien, da sie als einzige weltweit Darstellungen von Händen miteinander verbinden und in einer Art Baumkrone anordnen. Von denjenigen, deren Händigkeit festzustellen ist, sind zwei Drittel linke Hände, ein Drittel rechte.

Verschiedene Erhebungen in europäischen Höhlen, vor allem in Frankreich und auf der Iberischen Halbinsel, fanden meist Raten deutlich oberhalb von zwei Dritteln für Rechtshänder. Die meisten erreichen Werte um die 20 Prozent für Abbildungen von rechten Händen und schließen demnach auf einen entsprechenden Anteil der Linkshänder unter den frühen Menschen.

So katalogisierte der belgische Archäologe Marc Groenen 507 Handdarstellungen, die in Frankreich und Spanien gefunden wurden und die bis in die Zeit vor etwa 30 000 Jahren zurückdatiert wurden. Bei 343 war die Händigkeit zu identifizieren. 79 davon sind demnach die Negative von rechten Händen, was einem Anteil von 23 Prozent Linkshändern unter der Urbevölkerung Europas entsprechen würde. Die Schlagzeilen, dass während der Eiszeit etwa ein Viertel der Menschen Linkshänder gewesen sei, ließen nicht lange auf sich warten.

Im Jahr 2004 unterzogen die französischen Evolutionsbiologen Charlotte Faurie und Michel Raymond diese aus dem Jahr 1997 stammenden Daten dann einem Realitäts-Test. Sie rekrutierten 179 Studenten und ließen sie mit der vermuteten Technik der Eiszeit-Menschen Handnegative anfertigen – und zwar mittels eines Blasrohrs. Zuvor ermittelten sie die Händigkeit der Probanden, indem sie diese einen Ball werfen ließen. Anschließend erhielten die Studenten einen speziellen Stift, der Farbe versprühte, wenn man in ihn blies. Zuletzt wurden die Testpersonen nach ihrer Schreibhand befragt.

Wie zu erwarten, hatte die Mehrzahl der Studenten die schwache Hand als Schablone benutzt, um mit der bevorzugten Hand den Stift zu greifen und das Negativ per Blastechnik anzufertigen. Allerdings ließ sich die Händigkeit nicht zu 100 Prozent daraus ablesen, denn manche Rechtshänder nutzten als Schablone tatsächlich die Rechte. Insgesamt fertigten die 179 Probanden 138 linke Negative und

41 rechte. Demzufolge hätten also knapp 23 Prozent der Teilnehmer Linkshänder sein müssen – was ja ziemlich genau Groenens Analyse der Höhlenmalereien entsprochen hätte. Tatsächlich hatten aber nur 8,9 Prozent ihre Linke als Schreibhand angegeben und sogar nur 7,8 Prozent den Ball mit links geworfen – ein Linkshänderanteil, der etwa dem zwischen zehn und 15 Prozent Linkshändern in modernen westlichen Gesellschaften entspricht. Hier zeigen sich wieder Probleme bei Rückschlüssen aus indirekten Anhaltspunkten beziehungsweise mittels Annahmen, deren Stichhaltigkeit man nur schwer belegen kann. Wahrscheinlich stellt sich deshalb die Frage, ob Linkshänder einmal so häufig werden können wie in der Eiszeit ebenso wenig wie die Frage, ob sie dereinst aussterben werden.

Man sollte deshalb auch folgende Auswertung mit der gebotenen Zurückhaltung zur Kenntnis nehmen: Die amerikanischen Psychologen Clare Porac und Stanley Coren analysierten Studien, die sich mit prähistorischen und neueren Darstellungen von Menschen in Asien, Amerika, Afrika und Europa befassten. Der Zeitraum, den diese Studien abdecken, erstreckt sich von 15 000 Jahren vor Christus bis ins Jahr 1950. Die Forscher erfassten 1189 Darstellungen von Menschen in Bildern oder als Skulpturen, die ein Werkzeug oder eine Waffe einhändig gebrauchten. Fazit: Knapp 93 Prozent der Darstellungen bildeten Rechtshänder ab, und zwar unabhängig vom Entstehungsort.

Der Archäologe Dirk Spennemann untersuchte auf der Insel Java eine Pyramide, die unter anderem mit fast 15 000 Darstellungen von Menschen verziert ist. 1085 davon zeigen Personen, die eine einhändige Tätigkeit ausführen. Die meisten halten einfach einen Gegenstand oder stützen sich auf einen Stock. Nur 153 davon, also 16,5 Prozent aller einhändigen Abbildungen zeigen Aktionen, die eine größere Geschicklichkeit beziehungsweise Spezialisierung der Hand erfordern. Sie stellen beispielsweise Menschen dar, die ein Musikinstrument spielen, einen Elefanten reiten oder eine Waffe gebrauchen. Das Rechts-Links-Verhältnis betrug 137 zu 16. Nur etwa zehn Prozent der Darstellungen zeigten demnach einen Linkshänder.

Der amerikanische Archäologe Wayne Dennis kam zu ähnlichen Resultaten, als er alt-ägyptische Wandmalereien aus der Periode um 2500 vor Christus studierte. Von 120 Darstellungen aus der Zeit der Pharaonen zeigten lediglich 7,5 Prozent einen Linkshänder oder zumindest einen Menschen, der eine einhändige Tätigkeit mit links ausübte, zum Beispiel schrieb oder mit einem Bogen schoss.

Dagegen fand der südafrikanische Archäologe Alex Willcox heraus, dass prähistorische Tierdarstellungen in Afrika und Europa in mehr als 50 Prozent der Fälle mit dem Kopf im Profil nach rechts gezeichnet wurden. Rechtshänder tendieren allerdings eher dazu, Gesichter oder Tiere mit dem Gesicht nach links gewandt zu malen.

Alleine aus Willcox' Ergebnissen zu schließen, dass Linkshänder in der Urzeit viel häufiger gewesen wären als heute, wäre voreilig, da die Ausrichtung der Tierzeichnungen bislang der einzige derart ausgeprägte Hinweis auf ein verändertes Links-Rechtshänder-Verhältnis unter unseren Vorfahren ist.

Schließlich öffnet sich noch ein weiteres Fenster in die Vergangenheit unserer Spezies. Knochenfunde sind zwar nicht sehr häufig, könnten aber auch Hinweise auf die Händigkeit vor Tausenden von Jahren liefern. Geht man davon aus, dass Linkshänder bevorzugt die Linke einsetzen, dann sollte sich das auch im Skelett niederschlagen. Wenn die Muskeln fortwährend an den Sehnen und den als Verankerung dienenden Knochen zerren, reagiert der Körper schon während des Wachstums damit, dass er die besonders beanspruchten Partien im Vergleich zum weniger belasteten Konterpart verstärkt.

Die Suche nach unserer Geschichte in den Knochen unserer Vorfahren steht allerdings vor zwei Problemen. Erstens sind Funde von Überresten der frühen Menschen sehr rar und nie vollständig. Außerdem gestaltet sich eine zeitliche Zuordnung häufig schwierig. Zweitens muss man im Vorfeld erst einmal feststellen, ob und welchen Fingerabdruck die Händigkeit im menschlichen Skelett hinterlässt.

Der Knochenbau kann auf steigende Belastungen vielfältig reagieren. Die Dichte sowie der Querschnitt der Knochen können sich erhöhen. Die Form kann sich verändern, um die mechanischen Kräfte zu verringern, die durch den Zug der Muskeln auftreten. Die Ansatzfläche der Sehnen kann sich beispielsweise verbreitern. Dieselbe Kraft verteilt sich dann auf mehr Fläche.

In der Regel spielen sich diese Veränderungen nicht gleichmäßig über den Knochen verteilt ab, sondern konzentrieren sich einseitig an bestimmten Stellen, nämlich jenen, an denen die Muskulatur am Skelett ansetzt – und zwar umso ausgeprägter, je mehr sie belastet werden. Der häufigere Einsatz entweder der linken oder der rechten Extremität sollte sich also in einer Links-Rechts-Asymmetrie des Knochenbaus wiederfinden.

In jahrelanger detektivischer Kleinarbeit haben Forscher

tatsächlich die Stellen identifiziert, welche den formenden Einfluss der Händigkeit in den Knochen widerspiegeln. Hilfreich waren dabei unter anderem Untersuchungen an Sportlern, die einen Schläger benutzen, wie Tennis- oder Squash-Spieler. Bei ihnen zeigte sich, dass die langen Armknochen der bevorzugten Seite länger waren als die des gegenüberliegenden Armes. Besonders der Oberarmknochen, der Humerus, zeichnete sich durch diese Asymmetrie aus. Weniger deutlich zeigte sich dieser Einfluss bei den Unterarmknochen Elle, der sogenannten Ulna, und Speiche, dem sogenannten Radius. Diese Knochen weisen vor allem eine höhere Dichte auf der starken Seite auf.

Im Schulterbereich schlägt sich eine stärkere Beanspruchung ebenfalls nieder, zum Beispiel am Schlüsselbein. Auf der jeweils bevorzugten Seite tendiert dieser Knochen dazu, kürzer und dicker zu sein.

Die Handknochen sind dagegen keine so guten Helfer bei der Spurensuche nach der Geschichte der Händigkeit. Erstens sind sie viel kleiner als die großen Armknochen und deshalb werden sie auch wesentlich seltener in den Erdschichten der Urzeit gefunden. Tritt dennoch einmal der Glücksfall ein, dass gleich mehrere an einem Ort ausgegraben werden, lassen sich die Fragmente so gut wie nie einem einzelnen Individuum zuordnen. Außerdem zeigen sie keine eindeutig ausgeprägte Asymmetrie wie bei den Armknochen.

Alle prähistorischen Knochenfunde von Frühmenschen der Gattung Homo – auch des Neandertalers – deuten jedoch darauf hin, dass der Anteil der Linkshänder bereits sehr lange in der Geschichte der Menschheit meist wohl bei etwa zehn bis 20 Prozent lag und liegt. Das bestätigen auch die meisten Untersuchungen von menschlichen Gebeinen aus dem Mittelalter.

Untersuchungen an den Skeletten großer Menschenaffen ergaben dagegen, dass sie in den Vorderextremitäten keine Asymmetrie aufweisen. Dieses anatomische Resultat stimmt ja auch mit den Verhaltensbeobachtungen in West- und Zentralafrika überein. Dort weisen zwar einzelne Schimpansenhorden eine bevorzugte Händigkeit auf. In der Gesamtheit aller Tiere lässt sich hingegen kein eindeutiger Trend ausmachen.

Dieser Unterschied veranlasst manchen Anthropologen, die Händigkeit als eine typisch menschliche Eigenschaft zu proklamieren. Dabei verweisen die Forscher auf die Koppelung zwischen größerer manipulativer Geschicklichkeit der Rechten und der Lateralisation der Sprachzentren im Gehirn. Die Hypothese: Sie trugen im Laufe der menschlichen Entwicklung dazu bei, dass komplexe Tätigkeiten, die mit der Rechten ausgeführt wurden, gleichzeitig besser sprachlich verarbeitet worden wären. Dieser permanente Dialog zwischen der Hand, der Welt und dem Gehirn, habe entscheidend zur Entstehung unserer Art beigetragen – so zumindest die Vermutung.

Ob es sich letztlich so zugetragen hat oder nicht, muss zumindest vorerst noch Spekulation bleiben. Dennoch taucht die Frage auf, weshalb sich über so lange Zeit ein bestimmter Anteil an Linkshändern gehalten hat. Haben Linkshänder doch einen Vorteil gegenüber Rechtshändern, der sie besser durchs Leben bringt?

Damit sind wir wieder beim eigentlichen Thema dieses Kapitels angelangt: Mord und Totschlag. Die Konstanz, mit der sich die Linkshändigkeit bis heute erhalten hat, ließ die

Evolutionsbiologen Faurie und Raymond über die Ursache dafür spekulieren. Zunächst betrachteten die beiden die Verteilung der Händigkeit in verschiedenen noch vergleichsweise ursprünglich lebenden Gesellschaften. Sie gelangten zu ihrem Überblick entweder durch eigene Forschung oder das Studium einschlägiger wissenschaftlicher Publikationen. Schließlich präsentierten sie Daten zur Rate der Linkshänder in acht Völkern rund um den Globus. Die Kulturen, die sie untersuchten waren: Dioula, die im westafrikanischen Burkina Faso leben. Baka, ein Pygmäenvolk aus dem Gabun. Ntumu aus Südkamerun. Karibische Kreolen der Insel Dominica. Inuit aus Grönland. Eipo aus dem Westen Neuguineas. Bewohner des Jimi Valley in Papua-Neuguinea. Yanomami, die in Südamerika im Regenwald zwischen Brasilien und Venezuela leben.

Anschließend suchten sie nach einem Hinweis darauf, welchen Vorteil die Linkshändigkeit für das Überleben haben könnte und stießen schließlich auf die Tötungsrate in den einzelnen Gesellschaften. Diese setzten sie in Beziehung zur Linkshänder-Rate.

Volk	Linkshänder %	Tötungsrate pro 1000 Einwohner und Jahr
Dioula	3,4	0,013
Inuit	6,3	0,17
Kreolen	6,6	0,03
Ntumu	8,1	0,017
Baka	10,7	0,5

Volk	Linkshänder %	Tötungsrate pro 1000 Einwohner und Jahr
Jimi Valley	13	5,4
Eipo	26,9 / 20,4*	3
Yanomami	22,6	4

* *Die unterschiedlichen Angaben kommen durch verschiedene Methoden bei der Ermittlung der Linkshändigkeit zustande.*

Anteil der Linkshänder und Mordrate in verschiedenen Kulturen.

Wie man sofort sieht, weichen sowohl die Raten für Linkshänder als auch die Tötungsquote stark voneinander ab. Aus diesen Zahlen lässt sich allerdings ein allgemeiner Trend ableiten: Tendenziell weisen Gesellschaften mit mehr Linkshändern auch eine höhere Tötungsrate auf. Umgekehrt könnte man auch folgern, dass in Kulturen, die besonders zur Gewalttätigkeit neigen, Linkshänder eine besonders hohe Überlebenswahrscheinlichkeit haben.

Genau zu diesem Schluss kamen auch Faurie und Raymond, denn – wie wir in einem späteren Kapitel erfahren werden – Linkshänder besitzen bei konfrontativen Auseinandersetzungen mit Gegnern tatsächlich einen Vorteil. Diesen, so die Analyse der Forscher, würden die Linkshänder in jenen Gesellschaften besonders gut ausspielen können, in denen Mord und Totschlag herrschen. Deshalb sei ihre Häufigkeit in den betreffenden Völkern wesentlich größer als unter den friedlicheren Zeitgenossen. Diese These wurde und wird sehr häufig zitiert, weshalb sich eine etwas eingehendere Beschäftigung mit ihr lohnt.

Zur Untermauerung ihrer Idee untersuchten die beiden Forscher mit Kollegen das Kampfverhalten und die Händigkeit von fast 1200 französischen Männern mit einem Durchschnittsalter von 60 Jahren. Linkshänder wiesen keine höhere Wahrscheinlichkeit auf, im Laufe ihres Lebens überhaupt einmal in einen Kampf verwickelt zu werden. Bei der separaten Betrachtung von jenen Männern, die mindestens einmal im Leben gekämpft hatten, fiel jedoch ein gesteigerter Anteil von Linkshändern auf. Besonders unter denjenigen, die mehrfach in Händel verwickelt waren, stachen die Linkshänder hervor. Während beinahe jeder zweite der streitbaren Linkshänder mehr als einmal handgreiflich wurde oder werden musste, war es unter den rauflustigen Rechtshändern nur knapp jeder Dritte.

Deshalb untersuchten Faurie und Raymond zusätzlich noch die Konzentration des Männlichkeitshormons Testosteron im Speichel von 69 Studenten, ein gängiges Verfahren, um verlässlich auf den Testosteronspiegel im Blut schließen zu können.

Das Ergebnis: Linkshänder hatten im Schnitt etwa ein Viertel mehr Hormon im Blut als Rechtshänder. Da dem zu den androgenen Botenstoffen gehörenden Testosteron neben seiner Förderung des Geschlechtstriebs auch die Steigerung der Aggressionsbereitschaft zugeschrieben wird, lag selbstverständlich nichts näher, als wiederum den Schluss zu ziehen: Linkshänder sind aggressiver und kämpfen besser – zumindest erfolgreicher.

Rechtshändern, die sich angesichts solcher Studien bereits zu besseren Menschen deklarieren wollen, bleibt auch hier die Ernüchterung nicht erspart. Für Linkshänder folgt dagegen eine Ehrenrettung.

So interessant der Forschungsansatz von Faurie und Raymond auch sein mag, so verführerisch eindeutig ihre Ergebnisse klingen, ihre Studien weisen doch mehrere Schwachstellen auf, von denen hier nur die zwei gravierendsten aufgedeckt werden sollen.

Unter anderem ermittelten die beiden die Linkshänder-Rate auf eine Weise, die nicht besonders verlässlich ist. So kamen die Daten zu den auf Neuguinea lebenden Eipo dadurch zustande, dass sie Fotografien auswerteten. Die Männer dieses 50 000 Jahre alten Volkes schmücken sich traditionell mit einem Pflock, den sie durch ihr Ohrläppchen stoßen. Dafür nutzen sie in der Regel das Ohr auf der Seite ihrer schwächeren Hand. Da auch bei den Eipo die Mehrheit Rechtshänder ist, trägt die Mehrzahl der Männer den Pflock am linken Ohr. Die Eipo-Männer tun das unter anderem deshalb, weil sie der Pflock beim Schießen mit Pfeil und Bogen behindern würde. Ein Rechtshänder hält üblicherweise den Bogen mit links und spannt die Sehne mit der Rechten. Dabei streicht sie an der rechten Gesichtshälfte entlang, wo der Ohrschmuck dann also im Weg wäre. Im Laufe der Zeit leiert das Gewebe des Ohrläppchens jedoch immer weiter aus, bis es eines Tages nicht mehr in der Lage ist, den Schmuck zu halten. Dann wandert der Pflock auch schon mal ins andere Ohr.

Auch Faurie und Raymond wissen, dass man zu verschiedenen Linkshänder-Raten kommt, wenn man verschiedene Tätigkeiten als Maßstab nimmt. Andere Linkshänder-Raten in ihrer Studie waren zum Beispiel ermittelt worden, indem man die Hand berücksichtigte, mit der ein Messer benutzt wurde. Also verglichen die Forscher die Rate der Linkshänder unter Franzosen, wenn man sich einmal am Bogenschießen orientiert und ein andermal am Einsatz eines Messers. Die Daten für die Eipo korrigierten sie dann entsprechend. So erklären sich die unterschiedlichen Angaben in der Tabelle auf Seite 188, wobei der höhere Wert die Händigkeit nach Bogenschießen beziffert.

Die Studie von Faurie und Raymond stammt aus dem Jahr 2005. Fünf Jahre später unterzog ein niederländisch-deutsches Forscherteam die Linkshänderquote der Eipo einem strengen Test – und zwar indem zehn alltägliche Verrichtungen wie ein Steinwurf, ein Fausthieb oder der Einsatz von Macheten überprüft wurden. Mit dieser Methode ergab sich ein auch im Vergleich zu westlichen Gesellschaften sehr geringer Anteil an Linkshändern von gerade einmal 3,6 Prozent unter den Eipo. Ein felsenfestes Fundament einer wissenschaftlichen Theorie sieht anders aus.

Ein zweiter Schwachpunkt in Fauries und Raymonds Studien offenbart sich hinsichtlich der hormonellen Untersuchung von Studenten und dem Kampfverhalten von Männern. Erstens wird hier vom Testosteronspiegel vergleichsweise junger Männer auf das Verhalten einer vollkommen anderen und außerdem viel älteren Gruppe geschlossen. Zweitens müsste man bemängeln, dass die Forscher lediglich die Konzentration des Botenstoffs gemessen haben. Damit Hormone im Körper ihre Wirkung entfalten können, benötigen sie spezifische Rezeptoren, an die sie andocken können. Ohne Rezeptor kein Effekt. Ob sich die Zahl der Testosteron-Rezeptoren in den jeweiligen Probanden unterscheidet, wurde aber überhaupt nicht geprüft.

So fragwürdig die Rückschlüsse sein mögen, die die beiden Evolutionsforscher aus ihren Studien gewinnen, sie öffnen auf jeden Fall interessante Perspektiven auf die Entwicklung des Menschen und seine Händigkeit, denn nach wie vor ist das Rätsel nicht gelöst, wie Linkshändigkeit überhaupt entsteht. Der evolutionäre Blickwinkel macht es zumindest möglich, eine Erklärung für das Fortdauern der Linkshändigkeit zu finden, wie das beispielsweise die beiden Forscher Stefano Ghirlanda und Giorgio Vallortigara mit ihrer Theorie zum Überleben der Linkshänder 2004 taten.

Als Beispiel-Population führen sie im Schwarm lebende Fische an. Diese werden von einem Beutegreifer gejagt. Wollen die potentiellen Opfer fliehen, können sie bevorzugt entweder nach rechts oder links zu entkommen versuchen. Oder aber jeder entscheidet sich rein zufällig für eine Fluchtrichtung. Letzteres dürfte für die Beute keinen Vorteil bringen, weil sich die Flüchtenden wahrscheinlich gegenseitig behinderten, da sie unkoordiniert durcheinander schwimmen und ständig aneinander stoßen würden.

Wenn sich alle nur in eine Fluchtrichtung wenden, bringt das dem Schwarm zwar einen großen Vorteil im Hinblick auf die Koordination. Ein solch uniformes Verhalten würde aber auch das Leben des Jägers erleichtern, weil er aus Erfahrung lernt und bald heraus hat, in welche Richtung seine Beute verduftet.

Deshalb schlagen Ghirlanda und Vallortigara folgende evolutionär stabile Strategie vor: Ein gewisser Teil des Schwarms wird sich nonkonform verhalten, also in die entgegengesetzte Richtung der meisten Fische flüchten. Den Nachteil, dass sie damit nicht bei der Masse bleiben und sich im Schutz des Schwarms verstecken können, gleichen diese Nonkonformisten durch den Überraschungseffekt gegenüber ihrem Feind aus. Der Anteil der Abweichler darf aber nie über 50 Prozent steigen, da sie ansonsten den Nimbus des Besonderen verlieren. In der Regel wird die Quote der Sonderlinge deshalb weit unter 50 Prozent liegen. Je nach ihrer Häufigkeit steigt oder sinkt die Überlebenswahrscheinlichkeit dieser Abweichler. In einer Formel ausgedrückt lautet das:

$$p(x) = p_0 + c \cdot g(x) - l(x)$$

Dabei steht $p(x)$ für die Überlebenswahrscheinlichkeit eines Fisches, wenn eine Menge x von diesen Fischen gleichartig lateralisiertes Verhalten zeigt – also in dieselbe Richtung flüchtet. p_0 ist die grundsätzliche Wahrscheinlichkeit für das Entkommen. $g(x)$ steht für den Vorteil, den das Folgen mit der Masse x an Fischen bringt, also zum Beispiel den Schutz alleine durch die große Zahl der Individuen im Schwarm. $l(x)$ symbolisiert den Nachteil, den das massenkompatible Verhalten birgt, also beispielsweise die leichtere Berechenbarkeit durch den Jäger. c ist schließlich der Faktor, der es möglich macht, zwischen $g(x)$ und $l(x)$ zu gewichten. Schließlich kann in der einen Situation der Vorteil durch den Schutz der Masse den Nachteil der Berechenbarkeit bei weitem überwiegen – oder umgekehrt. Je nachdem nimmt c also große oder kleine Werte an.

Wenn c sehr groß wird, dann überwiegt eindeutig der Vorteil, sich so zu verhalten wie alle anderen. Die Schwärme tendieren dazu, nur noch aus Individuen zu bestehen, die ein und dasselbe Fluchtverhalten zeigen. Wird c sehr klein oder nähert sich sogar null, dann verschwindet der Vorteil, den die Masse bietet, und jeder Fisch wird sich nur noch nach Zufall für seine Fluchtrichtung entscheiden. (Alle anderen Werte von c liefern Szenarien zwischen diesen beiden Extremen.) Dann bietet Nonkonformität einen gewissen

Vorteil und gleicht damit die Einbußen bei den Vorteilen durch die Masse aus. Ein gewisser, von der Mehrheit abweichender Teil bleibt der Population also erhalten. So könnte es sich auch mit Links- und Rechtshändern verhalten.

Derlei Rechenexempel mögen erklären, weshalb schon so lange und so konstant ein gewisser Anteil von Linkshändern existiert. Außerdem zeigen sie auch, dass es wohl immer – zumindest auf absehbare Zeit – Links- und Rechtshänder geben wird.

Manche Evolutionsbiologen spekulieren sogar darüber, ob sich die Linkshänder nicht auf Dauer als die Fortschrittlicheren erweisen könnten.

Da die Neigung zur strikten Lateralisation bei ihnen weniger ausgeprägt ist, sie beispielsweise viel mehr beide Gehirnhälften nutzen, könnten sie im Laufe der intellektuellen und kulturellen Weiterentwicklung des Menschen triumphieren. Die bei der Menschwerdung einmal als Vorteil geltende Lateralisation könnte sich demnach in der modernen Welt als Nachteil erweisen und sich so das Verhältnis von Links- zu Rechtshändern in der Bevölkerung langsam, aber stetig verändern. Auch wenn es sich dabei um pure Spekulation handelt, verdeutlicht dies die Dynamik der Welt, in der Homo sapiens lebt.

So anregend es sein kann, über derlei Hypothesen zu sinnieren, geben sie doch keine Antwort auf zwei noch viel grundlegendere Fragen: Wie entsteht Links- beziehungsweise Rechtshändigkeit? Und außerdem die noch entscheidendere Frage: Gibt es überhaupt Links- und Rechtshänder?

Gene, Hormone, Stress, Zwang

Im Jahr 1973 fasste der russisch-amerikanische Biologe Theodosius Dobzhansky seine Ansicht über die Evolution in einem viel zitierten Satz zusammen: »Nichts in der Biologie ergibt einen Sinn außer im Licht der Evolution.« Das Ende des vorhergehenden Kapitels hat gezeigt, wie man die Dauerhaftigkeit des Phänomens der Linkshändigkeit evolutionär erklären kann. In einem früheren Kapitel haben wir gesehen, dass eine Lateralisation zwecks besserer Arbeitsteilung sinnvoll sein kann und deshalb in der Biologie weit verbreitet ist. Das Beispiel des Adlerauges bei Hühnerküken hat gezeigt, welche Faktoren eine Lateralisation beeinflussen können. Was aber einen Menschen zum Links- oder Rechtshänder macht, ist damit noch lange nicht geklärt. Einseitiger Lichteinfall während der Embryonalentwicklung fällt als mögliche Größe wohl aus.

Gehen wir davon aus, dass alle Phänomene in der Biologie letztlich eine genetische Komponente besitzen. An der Genetik und ihrer physischen Manifestation in den Organismen setzt ja auch die Evolution mit ihrer prägenden Macht an. Wenn sich die Händigkeit aus der Evolution erklären lässt, dann sollte sie zumindest zum Teil, durch die Genetik bestimmt sein.

Wir haben bereits die Theorie des britischen Psychologen McManus kennengelernt, wonach sich die Händigkeit über zwei unterschiedliche Varianten ein und desselben Gens vererbt. Dass die Genetik aber alleine, so wie McManus das vermutet, für die Bestimmung der Händigkeit verantwortlich ist, bleibt zweifelhaft. Alleine das Beispiel eineiiger Zwillinge, die ja genetisch identische Individuen darstellen, weckt Skepsis.

Es mag zunächst entmutigend klingen: Die Wissenschaft hat bislang keine letztgültige und schlüssige Antwort auf die Frage nach der Entstehung der Händigkeit beim Menschen. Sie hat allerdings viele verschiedene Theorien dazu entwickelt, die im Folgenden erörtert werden.

Neben dem genetischen Modell von McManus existieren noch einige weitere Überlegungen, die Händigkeit rein durch Vererbung erklären zu wollen. Letztendlich scheitern sie aber daran, alle Phänomene der Linkshändigkeit lückenlos zu erklären.

Durch molekulargenetische Analysen ist es immerhin gelungen, einige Gene beziehungsweise Orte auf den Chromosomen, den Trägern der Erbinformation, zu lokalisieren, die mit der Linkshändigkeit verknüpft sein könnten. Einer der heißesten Kandidaten ist XQ21 auf dem weiblichen Geschlechtschromosom.

Frauen tragen zwei dieser X-Chromosomen, Männer nur eines. Bei ihnen steht dem einen X-Chromosom, das sie von ihrer Mutter geerbt haben, das Y-Chromosom des Vaters gegenüber. Besonders zwischen den beiden Geschlechtschromosomen der Frauen spielen sich Vorgänge ab, die von der Wissenschaft erst in den vergangenen zehn Jahren aufgedeckt wurden, und die das Bild der Genetik von Grund auf verändern.

Die wesentliche Erbinformation jedes Menschen ist in seinem Erbmolekül, der Desoxyribonukleinsäure, kurz DNA, festgeschrieben. Die DNA ballt sich zu kompakten

Klumpen zusammen. Beim Menschen sind das insgesamt 46. Diese sogenannten Chromosomen bilden Paare, denn jeweils ein Chromosom stammt vom Vater und eines von der Mutter. Die jeweiligen Partner-Chromosomen ähneln sich sehr und tragen üblicherweise die Erbinformation für dieselben Eigenschaften.

Besonders unterschiedlich sind die beiden Chromosomen, die das Geschlecht des Nachwuchses bestimmen, das X- und das Y-Chromosom.

Erhält der Embryo zwei X, kommt ein Mädchen zur Welt, die Kombination aus XY zeugt einen Jungen.

Bei weiblichen Nachkommen stehen sich also zwei sehr ähnliche Chromosomen gegenüber. Wenn beide aktiv bleiben, treten Komplikationen auf, weil dann zu viele Gene arbeiten und der Stoffwechsel des Körpers aus der Balance gerät. Würde man den menschlichen Körper mit einem Schiff vergleichen, könnte man sagen, dass es auch dort nur einen Kapitän geben kann. Mit zwei uneinigen Befehlshabern wäre jedenfalls dauerhaft nur schwer Kurs zu halten.

Die beiden X-Chromosomen müssen sich also einigen, wessen Gene abgeschaltet werden. Diese Einigung erzielen sie über Mechanismen, die die sogenannte Epigenetik beschreibt.

Bestimmte Enzyme verändern dabei die DNA so, dass Gene an- oder abgeschaltet werden. Das geschieht auch an der besagten Stelle des X-Chromosoms, dem Ort XQ21.

Dass man überhaupt vermutet, die Geschlechtschromosomen könnten einen großen Einfluss auf die Lateralisation haben, stammt aus Beobachtungen an Menschen, die eine ungewöhnliche Anzahl dieser Chromosomen aufweisen.

Frauen, die nur ein X-Chromosom besitzen, leiden unter dem sogenannten Turner-Syndrom. Dieses wirkt sich individuell sehr unterschiedlich aus. So kann die räumliche Vorstellungskraft geschwächt sein, was darauf hindeutet, dass das Syndrom die rechte Gehirnhemisphäre beeinträchtigt.

Männer mit dem sogenannten Klinefelter-Syndrom besitzen ein zusätzliches X-Chromosom, sind also XXY. Wie bei Frauen mit einem zusätzlichen X-Chromosom, die also XXX sind, können Sprachprobleme auftreten, was auf eine Beeinträchtigung der linken Gehirnhälfte deutet.

Diese Indizien lassen Forscher vermuten, dass die Geschlechtschromosomen wichtige Funktionen bei der Lateralisation übernehmen. Eine weitere Beobachtung stützt diese Annahme, denn Linkshänder sind den meisten Studien zufolge unter Männern häufiger als unter Frauen.

Deshalb suchen Forscher mit molekularbiologischem Handwerkszeug nach Orten auf den Geschlechtschromosomen, die für die Händigkeit verantwortlich sein könnten. Als Verdächtige kommen vor allem jene Stellen in Frage, die sowohl auf dem X- als auch dem Y-Chromosom vorhanden sind. Diese als homolog bezeichneten Stellen kommen durch ein biologisches Phänomen zustande.

Die Zellen des menschlichen Körpers tragen, wie gesagt, einen doppelten Chromosomensatz. Will sich der Mensch fortpflanzen, benötigt er dazu einen Geschlechtspartner. Zwei Zellen, die Eizelle der Mutter und die Spermazelle des Vaters, müssen sich zu einer einzigen Zelle vereinigen. Aus ihr entsteht das neue Leben.

Das Paar steht dabei allerdings vor einem Problem. Wenn zwei normale Körperzellen verschmelzen würden, dann hätte die neue Zelle nicht 46 Chromosomen, sondern 92. Deshalb erzeugt der Körper spezielle Zellen zur Fortpflanzung, die jeweils nur den halben Chromosomensatz tragen. Um bei der Produktion von Spermium oder Eizelle nicht durcheinander zu geraten, werden die Chromosomen fein säuberlich vor der entscheidenden Zellteilung in Zweierreihen angeordnet. Die jeweils zusammengehörigen Chromosomen rücken eng zusammen. Das kann dazu führen, dass die Chromosomen-Paare bestimmte Teile miteinander austauschen beziehungsweise sich ein Stück eines Chromosoms vervielfältigt und auf seinen Partner überwechselt.

Häufig entsteht dadurch eine nicht lebens- beziehungsweise fortpflanzungsfähige Zelle. Manchmal geht aber auch alles gut, und die Tochterzelle kann ein neues Kind zeugen.

Dieser Vorgang ist einer der treibenden Prozesse der Evolution, weil er Lebewesen neue Eigenschaften verschaffen kann. Das hat sich auch vor etwa sechs Millionen Jahren abgespielt, als sich ein Stück eines X-Chromosoms verdoppelte und auf das ihm gegenüberliegende Y-Chromosom übersprang. Ein Vorgang, den Anthropologen für einen der wichtigen Schritte bei der Auseinanderentwicklung der Erblinien von Schimpanse und Mensch halten.

Die beiden Abschnitte bezeichnen Genetiker als XQ21.3 und YP11. Die ersten Buchstaben geben jeweils das Chromosom an, auf dem die Abschnitte liegen.

Diese Bauteile umfassen drei Gene, von denen allerdings zwei auf dem Y-Chromosom im Laufe der Zeit ihre Funktion einbüßten. Das letzte noch funktionierende Gen, das den herrlich konfusen Namen PCDH11 trägt, könnte dem britischen Psychologen Tim Crow zufolge eine wichtige

Funktion bei der Ausbildung der menschlichen Lateralisation und demzufolge auch der Händigkeit ausüben.

In Frauen existiert nur das PCDH11X-Gen, jeweils auf den beiden X-Chromosomen, in Männern ein PCDH11X- und ein PCDH11Y-Gen. Sie umfassen jeweils den Bauplan für ein bestimmtes Protein, das als Signalmolekül wichtige Aufgaben bei der Bildung des Nervensystems übernimmt.

Ausgehend von den Beobachtungen zu Beeinträchtigungen der Gehirnhälften bei Menschen mit einer ungewöhnlichen Zahl an Geschlechtschromosomen und dem häufigeren Auftreten der Linkshändigkeit bei Männern, folgert Crow nun, dass die beiden Formen des Gens PCDH11 auch die Händigkeit bestimmen. Als entscheidender Faktor neben der direkten Vererbung des Proteinbauplans kommt bei Crows Modell noch eine epigenetische Regulation hinzu: Wenn in den Hoden des Mannes Spermien produziert werden, und sich zuvor die Chromosomensätze vor der entscheidenden Teilung zu Zweierreihen zusammenfinden, dann nähern sich auch X- und Y-Chromosom an.

Via epigenetischer Regulation würde dann das Gen auf dem Y-Chromosom sein Pendant auf dem X-Chromosom beeinflussen. In weiblichen Nachkommen, die ein X-Chromosom vom Vater und eines von der Mutter erben, wäre die Regulation dieser beiden Gene dem Zufall überlassen. Männliche Nachkommen erben immer das Y-Chromosom des Vaters.

Das PCDH11-Gen dient in Crows Modell allerdings nicht als Linkshänder-Gen, sondern – im Gegenteil – als sogenannter »Right Shift Factor«, frei übersetzt als Rechtsverschiebungs-Faktor. Je nachdem wie aktiv er ist, verschafft er dem entstehenden Menschen eine mehr oder minder ausgeprägte Lateralisation. Hohe Aktivität würde bedeuten, es entwickelt sich ein besonders ausgeprägter Rechtshänder, bei sehr niedriger Aktivität entsteht das Gegenteil, ein stark lateralisierter Linkshänder.

Crows Modell stützt sich neben den Erkenntnissen bei Menschen auch darauf, dass sowohl bei Gorillas als auch bei Schimpansen ein vergleichbarer Genabschnitt auf den jeweiligen Y-Chromosomen fehlt und die Affen im Gegensatz zum Menschen keine so ausgeprägte Lateralisation sowohl des Gehirns als auch der Händigkeit zeigen.

Die Theorie hat den Vorteil, dass sie auch erklären würde, weshalb es in Wirklichkeit nicht einfach nur Rechtsbeziehungsweise Linkshänder gibt, sondern alle möglichen Zwischenformen.

Wie wichtig die PCDH11-Gene für den Menschen sind, zeigt auch eine Studie aus den USA von 2009, nach der bereits eine Veränderung an einer einzigen Stelle dieser Gene ausreicht, um das Risiko für eine Form der Alzheimerschen Krankheit deutlich zu erhöhen.

Die Schwäche von Crows Entwurf liegt allerdings darin, dass ein eindeutiger Beweis für seine Richtigkeit bislang fehlt. Noch weiß die Wissenschaft zu wenig über die epigenetische Regulation und Vererbung. Die Forschung der kommenden Jahre wird zeigen, ob der angenommene Dosis-Effekt unterschiedlicher Genexpression der PCDH11-Gene tatsächlich für die Ausbildung der Händigkeit verantwortlich ist.

Die Modelle von Crow und McManus, die in diesem Kapitel und früher vorgestellt wurden, sind nur zwei Entwürfe. Sie verdeutlichen die beiden grundlegenden Überlegungen zur genetischen Verankerung der Händigkeit. Andere Wissenschaftler haben noch weitere Ideen dazu entwickelt, weichen aber oft nur graduell von den geschilderten Vorstellungen ab. Diese nur im Detail abweichenden Vorstellungen sollen deshalb hier nicht weiter ausgeführt werden.

Es wäre jedenfalls überraschend, wenn die Genetik überhaupt keine Rolle bei der Lateralisation und somit auch der Händigkeit des Menschen spielen würde. Allerdings existieren noch weitere Theorien über mögliche Einflussfaktoren.

Eine nach drei Forschern benannte Überlegung macht das männliche Sexualhormon Testosteron für unterschiedliche Lateralisation verantwortlich. Die nach den amerikanischen Neurologen Norman Geschwind, Peter Behan und Albert Galaburda kurz GBG-Modell genannte Theorie wird vielfach diskutiert. Die Hypothese geht davon aus, dass im Uterus mancher Frauen erhöhte Testosteron-Spiegel herrschen. Ab der 20. Woche soll das Hormon die Gehirnentwicklung so beeinflussen, dass Wachstum in der linken Hemisphäre gebremst wird. Das löst wiederum verstärktes, quasi kompensatorisches Wachstum der rechten Gehirnhälfte aus. Dadurch, so die Theorie, entwickele sich die rechte Gehirnhälfte zur dominanten, und in der Folge bilde sich dann Linkshändigkeit aus. Geschwind und seine Kollegen stützen sich unter anderem auf Studien, die unter bestimmten Patienten eine Häufung von Linkshändigkeit feststellten. Darunter waren Menschen, die an Schizophrenie, Epilepsie oder auch Lernschwierigkeiten litten.

Außerdem traten bei Kindern von amerikanischen

Frauen, die bis in die 1960er-Jahre hinein mit dem hormonähnlichen Wirkstoff Diethylstilbestrol behandelt wurden, zahlreiche Gesundheitsschäden wie manche Krebsarten oder Schwangerschaftsprobleme auf. Gleichzeitig brachten diese Frauen deutlich mehr Linkshänder als üblich zur Welt – was ebenfalls die Vermutung stützt, dass Hormone eine wichtige Funktion bei der Lateralisation erfüllen.

Auch wenn es Hinweise dafür gibt, dass zumindest ein Teil des GBG-Modells zutreffen könnte, existiert noch kein endgültiger Beleg für seine Richtigkeit. Wie bereits in einem früheren Kapitel geschildert, sind Rückschlüsse aufgrund von statistischen Daten mit äußerster Vorsicht zu betrachten.

Andere Theorien stützen sich ebenfalls auf statistisches Material. So könnten Stressfaktoren in einer frühen Phase der Schwangerschaft für die Linkshändigkeit verantwortlich sein. Bereits eine kleine Unausgewogenheit, ähnlich wie beim Testosteron, könnte die veränderte Lateralisation verursachen. Manche hoffen in Geburtskomplikationen wie Sauerstoffarmut im Gehirn den Auslöser der Linkshändigkeit gefunden zu haben. Andere Forscher wollen entdeckt haben, dass ein zu niedriges Geburtsgewicht und Linkshändigkeit häufig einhergehen.

Dies sind alles letztendlich Spekulationen beziehungsweise Hypothesen – gestützt auf Studien und statistische Daten –, und man sollte sie mit der gebotenen Zurückhaltung zur Kenntnis nehmen.

Neben den rein molekularbiologischen Ursachen könnten auch kulturelle Aspekte eine Rolle spielen. Wie sehr Linkshänder geächtet werden und demzufolge ein sozialer Zwang entsteht, entgegen der eigenen Veranlagung die

Rechte zu schulen und die eigentlich bevorzugte Linke buchstäblich links liegen zu lassen, ist in verschiedenen Gesellschaften unterschiedlich. Einige Untersuchungen deuten jedoch darauf hin, dass die Quote der Linkshänder regional oder auch historisch sehr variabel sein kann – was wahrscheinlich kulturelle Gründe hat. An der Zahl der Linkshänder im viktorianischen und heutigen Großbritannien haben wir bereits gesehen, wie sich moralische und damit auch pädagogische Ansichten auf die Linkshänderquote auswirken. Ähnliche Effekte zeigen sich auch bei der Zahl der Linkshänder unter Chinesen oder Taiwanesen. Sie rangiert in den Heimatländern dieser Menschen bei ungewöhnlich niedrigen 3,5 beziehungsweise sogar nur 0,7 Prozent. Unter asiatischen Schulkindern, die in den USA leben, herrscht dagegen eine Quote von 6,5 Prozent, denn dort wird auf Linkshänder in der Schule kein Zwang zur Umschulung auf die Rechte ausgeübt.

Ähnliche Beobachtungen lassen sich rund um den Globus machen. In Asien, Afrika oder Südamerika, wo Kulturen existieren, die Linkshänder häufiger zwingen sich umzugewöhnen, herrschen für gewöhnlich geringe Linkshänderquoten. Diese sind allerdings nur äußerlich, denn ein Linkshänder bleibt letztendlich immer Linkshänder.

Zahlreiche Theorien beleuchten nicht nur den evolutionären Grund für Linkshändigkeit, sondern auch die tiefer gehenden Ursachen und Mechanismen der Lateralisation. Sie decken dabei viele, meist negative Verknüpfungen auf, die in Zusammenhang mit Linkshändigkeit gebracht werden.

Für Linkshänder sollte das kein Grund zum Ärgernis sein, denn würde Linkshändigkeit beispielsweise häufiger mit bestimmten Krankheiten einhergehen, dann wäre dieses Wissen kein Makel, sondern eine Chance, weil man unter Umständen präventiv einschreiten könnte. Jedenfalls hat kein gesunder Linkshänder Grund, sich ernsthafte Sorgen wegen seiner Linkshändigkeit und eventueller gesundheitlicher Schwächen zu machen.

Phantom oder Realität –
Gibt es überhaupt Linkshänder?

Die Studienausgabe des Brockhaus von 2001 beschreibt Linkshändigkeit als »den bevorzugten Gebrauch der linken Hand vor der rechten«. Das deutschsprachige Online-Lexikon Wikipedia definiert etwas genauer: »Linkshänder nutzen bevorzugt ihre linke Hand, insbesondere für Tätigkeiten, die hohe Ansprüche an Feinmotorik, Kraft oder Schnelligkeit stellen (z. B. zum Schreiben oder Werfen).«

Scheinbar ist es sehr einfach festzulegen, was einen Linkshänder ausmacht. Wie wir allerdings bereits mehrfach erfahren haben, entpuppt sich das Thema Händigkeit bei näherem Hinsehen facettenreicher als angenommen.

Zur Feststellung der Händigkeit wurden im Laufe der Jahrzehnte zahlreiche unterschiedliche Methoden entwickelt. Prinzipiell lassen sich diese in zwei Kategorien unterteilen: Fragebögen oder praktische Tests.

Den bekanntesten und wohl auch gängigsten Fragebogen zur Händigkeit entwickelte der britische Psychologe Richard Charles Oldfield 1971, das sogenannte Edinburgh Handedness Inventory. Er stellte zunächst 20 Fragen zu einfachen, alltäglichen Verrichtungen (siehe Seite 5 f.). Zusätzlich stellte Oldfield noch die Frage nach dem bevorzugten Bein und dem Führungsauge.

Nach mehreren Befragungen von Testpersonen und der Überprüfung seiner Ergebnisse entdeckte der Psychologe, dass sich seine Resultate nicht veränderten, wenn er statt

20 nur zehn Fragen stellte. Es genügte, Menschen nach dem Schreiben, Zeichnen, Werfen, Kehren und Zähneputzen zu fragen und sie angeben zu lassen, mit welcher Hand sie eine Schere, ein Messer ohne Gabel oder einen Löffel benutzen, ein Streichholz anzünden oder eine Schachtel öffnen.

Bereits Oldfield erkannte, dass es viele Übergangsformen zwischen strikten Links- und Rechtshändern gibt.

In der Folge von Oldfields Entwicklung beschäftigten sich noch viele Psychologen mit der Verfeinerung der Fragebögen. Letztlich beziehen sie sich aber immer auf sehr einfache Tätigkeiten, die den Testpersonen bekannt sein müssen. Die Bögen enthalten, wie zum Beispiel das sogenannte Waterloo Handedness Questionnaire, bis zu 60 Fragen. Die Tests gehen übrigens mit der Zeit. So wird in aktualisierten Formen des Edinburgh Handedness Inventory auch nach dem Benutzen einer Computermaus gefragt.

Die zweite grundsätzliche Methode zwischen Links- und Rechtshändern zu unterscheiden, sind praktische Aufgaben. Eine haben Sie ja bereits ganz am Anfang des Buches kennengelernt. Über das Setzen von Punkten unter Zeitdruck hinaus gibt es aber noch weitere Testverfahren zur Ermittlung der Händigkeit. Eines der bekanntesten ist der sogenannten Peg-Moving-Test, der von der britischen Psychologin Marian Annett entworfen wurde. Der Versuchsaufbau besteht aus zwei parallelen Reihen von je zehn Löchern, zum Beispiel in einer Holzleiste und zehn dübelähnlichen Stiften. Diese werden zu Beginn in die Vertiefungen auf der rechten Seite eingesteckt. Der Versuchsteilnehmer muss dann diese Stäbchen mit der rechten Hand so schnell wie möglich nacheinander greifen und auf die linke Seite umstecken. Danach sollen die Stäbchen mit der linken

Hand von der linken Seite auf die rechte Seite umgesteckt werden. Jede Hand wird insgesamt drei- bis fünfmal getestet.

Die Zeiten für die rechte und linke Hand werden addiert und das arithmetische Mittel für jede Hand ermittelt. Anschließend wird die Durchschnittszeit der rechten Hand von der Zeit der linken Hand subtrahiert. Ergibt sich eine negative Differenz, entspricht das einer Linkshändigkeit. Ist die Zeitdifferenz dagegen positiv, steht dies für Rechtshändigkeit. Demnach existieren nicht nur die reinen Links- beziehungsweise Rechtshänder, sondern es gibt viele Mischformen.

Neben diesen einfachen Übungen haben sich Forscher zahlreiche Versuchsanordnungen ausgedacht, bei denen man mit beiden Händen aktiv sein muss, zum Beispiel je eine Kurbel zu drehen, um damit koordiniert einen Cursor auf einem Computerbildschirm zu bewegen.

Auch wenn man damit das Zusammenspiel zwischen Rechter und Linker gut überprüfen kann, haben diese Testverfahren einen entscheidenden Nachteil. Sie sind zu kompliziert als dass man sie mit Kindern durchführen könnte. Aber gerade für die ganz Jungen ist es enorm wichtig, dass ihre Händigkeit festgestellt wird und sie sich entsprechend entwickeln können, ohne dass ihnen ständig ein Gegenstand in die weniger bevorzugte Hand gedrückt wird.

Selbst für Kleinkinder existieren sehr simple Tests, zum Beispiel ein Versuch der Psychologinnen Jacqueline Fagard und Anne Marks. Dabei kommen einfache Spielsachen zum Einsatz, mit denen bereits Babys im Alter von 18 Monaten umgehen können. Die Kinder müssen zum Beispiel folgende Aufgaben lösen: Sie sollen ein Plastikrohr aus einer Holzkiste nehmen. Das Rohr ist allerdings leicht angeklebt und das Kind muss daran ziehen, um es zu bekommen.

Als Nächstes soll eine kleine Plastikpuppe, die unter einem durchsichtigen Tuch versteckt ist, gefunden und hervorgeholt werden. Das Kind muss dafür zuerst mit einer Hand das Tuch hochheben und dann die Puppe ergreifen.

Dann folgt ein verschlossenes Plastikrohr, das eine kleine Figur beinhaltet. Das Rohr muss geöffnet werden, indem man den Deckel dreimal dreht.

Mit solchen Übungen, so fanden die Forscherinnen heraus, lässt sich schon bei kleinen Kindern die Bevorzugung einer Hand feststellen – wenn sie denn schon ausgebildet sein sollte. Besonders hervorzuheben ist die Erkenntnis, dass sich die Händigkeit viel deutlicher bereits bei achtzehnmonatigen Kindern zeigt, wenn sie Tätigkeiten mit beiden Händen ausführen. Das bloße Grapschen nach einem Gegenstand mit einer Hand ist dagegen weniger aussagefähig für die Bevorzugung einer bestimmten Seite. Versuche mit noch jüngeren Babys deuten darauf hin, dass sich eine Lateralisation bei zweihändigen Tätigkeiten bereits nach einem knappen Jahr zeigt.

Zahlreiche andere Varianten von Händigkeitstests sind mittlerweile entwickelt worden. Sie reichen von einfachen Malübungen bis hin zum Bedienen spezieller Apparaturen, bei denen Räder gedreht, Knöpfe gedrückt oder sonstige Manipulationen vorgenommen werden müssen.

Wie auch immer solche Tests gestaltet sind, lassen sich zwei wichtige Schlüsse aus dem Gesagten ziehen: Erstens sind Tests auf Händigkeit immer mit einer gewissen Unsicherheit verbunden. Vor allem Fragebögen leiden darunter, da sie lediglich auf die Selbsteinschätzung der Probanden zielen – und die kann trügen. Am zuverlässigsten dürften noch jene Versuche sein, die eine Befragung mit praktischen Übungen kombinieren.

Die zweite wichtige Schlussfolgerung aus den Tests auf Händigkeit: Links- oder Rechtshänder ist oft keine Frage des Entweder – oder, sondern des Sowohl-als-auch.

Wenn die Teilnehmerzahl an den Händigkeits-Tests ausreichend groß ist, wird sich die Quote der Links- und Rechtshänder annähernd so aufteilen, wie in der Gesamtbevölkerung. Üblicherweise ergibt sich zumindest in westlichen Gesellschaften eine typische Verteilung in Form eines J beziehungsweise eines Hockeyschlägers. Diese Kurvenform entsteht, wenn man in einem Koordinatensystem auf der y-Achse die Häufigkeit aufträgt und auf der x-Achse die Händigkeit. Ganz links stehen die extremen Linkshänder, die sehr selten sind, ganz rechts die extremen Rechtshänder, deren Zahl sehr groß ist. Zwischen den beiden Extremen existieren viele Mischformen, mit Trend nach rechts. Je mehr man sich also dem extremen Rechtshänder nähert, desto größer wird die Gruppe der Menschen, auf die dieses Merkmal zutrifft.

Die Frage, ob es überhaupt Links- beziehungsweise Rechtshänder gibt, kann man deshalb mit Fug und Recht mit dem bei Juristen und Journalisten beliebten Satz beantworten: Es kommt darauf an.

Es gibt zwar reine Rechts- und absolute Linkshänder. Zwischen diesen beiden Extremen erstreckt sich aber ein weites Feld an Übergansformen, vor allem dann, wenn man nicht nur die Seitigkeit bei den Händen betrachtet, sondern andere Körperteile wie Augen, Ohren oder Beine mit einbezieht. Die Frage nach der Händigkeit sollte man also eher erweitern und nach dem Grad und der Ausrichtung der jeweiligen Lateralisation fragen.

Dass diese Fragestellung sinnvoll ist, wird besonders deutlich, wenn man sich nicht nur die Verteilung der Lateralisation innerhalb der Bevölkerung zu einem bestimmten Zeitpunkt betrachtet, sondern auch einmal Gruppen von Menschen mit unterschiedlichem Alter ansieht. Das tat 2006 ein internationales Team von Forschern aus Bochum und dem amerikanischen Pasadena.

Die Wissenschaftler teilten 60 Probanden in vier Gruppen auf und nannten diese 25, 50, 70 und 80. Mit den Zahlen bezogen sie sich auf das durchschnittliche Alter der Personen in der jeweiligen Gruppe. Die Händigkeit der Versuchsteilnehmer wurde zunächst mit dem Edinburgh Handedness Inventory ermittelt. Alle Gruppenmitglieder, unabhängig von ihrem Alter, waren demnach mehr oder weniger strikte Rechtshänder mit einem Lateralisations-Index von um die 85.

Anschließend mussten die Versuchsteilnehmer die Geschicklichkeit ihrer Hände einem Test unterziehen. Zunächst wurde die Ausdauer überprüft. Dazu mussten die Testpersonen die Spitze eines Stiftes frei schwebend in ein kleines Loch mit einem Durchmesser von 5,8 Millimeter halten, ohne dessen Rand zu berühren oder den Arm aufzustützen. Die Apparatur ist so konstruiert, dass die Berührung des Randes einen Stromkreis schließt, was ein akustisches und optisches Signal auslöst. Jeder Teilnehmer musste den Stift 32 Sekunden lang möglichst ruhig halten. Die Fehlerquote der rechten und der linken Hand wurde registriert.

Der zweite Test überprüfte, wie schnell und fehlerfrei die Probanden den Stift entlang einer Zickzacklinie führen konnten.

Im dritten Versuch mussten die Testpersonen mit der Spitze des Stiftes schnell hintereinander in jeweils 20 aufgereihte Löcher mit einem Durchmesser von fünf Millimetern tippen. Auch hier kam es sowohl auf Genauigkeit als auch auf die benötigte Zeit an.

In einem vierten Test mussten die Teilnehmer mit dem Stift so oft wie möglich auf ein 16 Quadratzentimeter großes Quadrat tippen. Ziel war es, in 32 Sekunden möglichst viele Anschläge zu erreichen.

Aus den in diesen vier Tests gewonnenen Daten ermittelten die Forscher anschließend für jede Gruppe einen Lateralitätskoeffizienten. Zu ihrer Überraschung fanden sie heraus, dass sich der Vorteil, den eine dominante Hand gegenüber ihrem schwächeren Pendant besitzt, im Laufe des Lebens offensichtlich verliert. Zeigte sich bei den im Schnitt etwa 25-Jährigen bei nur gut 14 Prozent ein Überlegenheit der Linken, und bei gut 85 Prozent demzufolge eine stärkere Rechte, so veränderte sich dieses Verhältnis zugunsten der Linken bei den Älteren. In Gruppe 50 holte die linke Hand bereits ein klein wenig auf. Hier schnitt bei knapp 22 Prozent die Linke besser ab als die Rechte. Unter den 70- und 80-Jährigen war dann aber bei knapp 42 Prozent die Linke der Rechten bei der Ausführung der Aufgaben überlegen.

Diese Ergebnisse belegen eindrucksvoll die Diskrepanz zwischen der Selbsteinschätzung bezüglich der Händigkeit zum Beispiel im Edinburgh Handedness Inventory (EHI) und der tatsächlichen Lateralisation.

Um sicherzugehen, stellten die Forscher ihr Resultat mit

einer weiteren Untersuchung auf die Probe. Mittels eines Sensors, den man sich um das Handgelenk schnallen kann, überwachten sie die Tätigkeiten von 36 Personen und beobachteten, welche Hand sie wie häufig in ihrem ganz gewöhnlichen Alltag einsetzten.

Es wurden diesmal drei Gruppen gebildete: 25, 50 und 70. Zuvor wurde der Lateralisations-Index aller Teilnehmer durch Befragung nach EHI festgestellt. Aus den Daten, die durch die Alltagsbeobachtung gewonnen wurden, errechneten die Forscher ebenfalls einen Lateralisations-Index.

Gruppe	Alter Ø	Anzahl	Lateralitäts-index im Alltag	Lateralitäts-index EHI
25	27.31±1.51	13	0.11±0.01	85.00±8.60
50	52.44±1.02	9	0.11±0.01	87.78±2.22
70	72.86±9.97	14	0.06±0.01	88.57±2.75

Lateralitätsindizes nach EHI und im Alltag.

Die Probanden schätzten wieder einmal ihre eigene Händigkeit falsch ein. Bei allen Gruppen liegt der Lateralitäts-Index nach EHI über 85. Im EHI bedeutet 100 absoluter Rechtshänder −100 strikter Linkshänder. Es existiert also unter allen Teilnehmern eine klare Tendenz nach rechts.

Mit Hilfe des Lateralisations-Index, der aus der Alltagsbeobachtung resultiert, erkennt man allerdings, dass vor allem die älteren Versuchsteilnehmer viel häufiger ihre Linke einsetzen, als sie selbst annehmen. Das Forscherteam hat hierfür einen eigenen Index entwickelt, der mit 1 absolute Rechtshänder und mit −1 strikte Linkshänder bezeichnet. 0 bedeutet keinen Vorteil für eine der beiden Seiten.

Zumindest diese Daten legen nahe, dass sich mit zunehmendem Alter der Grad der Lateralisation ändert. Ob das ein kompensatorischer Effekt ist, also bei den Rechtshändern die linke Gehirnhälfte im Alter nachlässt und die rechte dafür einige Aufgaben übernimmt, muss noch geklärt werden. Dann müsste sich dieser Effekt ja auch bei Linkshändern zeigen und bei ihnen müsste die Rechte mit zunehmendem Alter aufholen.

Die zuletzt aufgeführten Forschungsergebnisse verdeutlichen einmal mehr, dass die Frage nach links und rechts beziehungsweise nach der Händigkeit keineswegs trivial ist. Und die Erkenntnis, dass sich der Grad der Lateralisation im Verlauf des eigenen Lebens verändern kann, ohne dass man es selbst bemerkt, führt erneut zu der Frage, ob es überhaupt Links- oder Rechtshänder gibt. In Abwandlung des Buchtitels des Philosphen Richard David Precht »Wer bin ich und wenn ja, wie viele?« könnte man vielleicht fragen: Gibt es Links- und Rechtshänder und wenn ja, wie lange?

Die Hand Gottes

Es ist der 22. Juni 1986. Vor mehr als 114 000 Zuschauern schraubt sich im Aztekenstadion von Mexiko-Stadt ein 1,65 Meter kleiner Mann mit dichten schwarzen Locken in die Höhe. Es ist die 51. Spielminute des Viertelfinales der Fußballweltmeisterschaft. Unter der sengenden Sonne Mexikos kämpft England gegen Argentinien um den Einzug ins Halbfinale. Der englische Verteidiger Steve Hodge hat bei einem Abwehrversuch den Ball in die Höhe geschlagen. Das Leder fliegt in Richtung des englischen Torhüters Peter Shilton. Der Torwart stürmt dem Ball entgegen, doch da ist noch dieser kleine, flinke Spieler im blau-schwarzen Dress der Argentinier. Beide springen zum Ball, doch der Engländer kommt zu spät und muss zusehen, wie sein 20 Zentimeter kleinerer Gegner ihn überlupft und das 1 : 0 erzielt. Argentinien führt, trotz aller berechtigten Proteste der Engländer, das Tor sei irregulär erzielt worden.

Tatsächlich hatte der argentinische Spieler Diego Armando Maradona, unbestritten einer der besten Fußballer aller Zeiten, das Tor nicht mit dem Kopf, sondern mit seiner linken Hand erzielt. Wenige Minuten nach dem Führungstreffer dribbelt derselbe Spieler über 60 Meter über den Platz und erzielt das 2 : 0. Diesmal war alles regulär, und das Tor wurde 2002 in einer Internet-Abstimmung durch den Weltfußballverband Fifa zum WM-Tor des Jahrhunderts gewählt.

Auf einer Pressekonferenz nach dem Spiel sagte Maradona – auf das regelwidrige Handspiel angesprochen: »Un poco con la cabeza de Maradona y otro poco con la mano de Dios.« (dt.: Es war ein bisschen Maradonas Kopf und ein bisschen die Hand Gottes.)

Im Jahr 2005 gab Maradona schließlich zu, dass er den Ball mit der Hand gespielt hatte, und im Jahr 2008 entschuldigte sich der Fußballer dafür.

1986 besiegten die Argentinier England mit 2:1 und zogen schließlich ins Finale ein, in dem sie 3:2 über Deutschland triumphierten und zum zweiten Mal Weltmeister wurden.

Maradonas Führungstreffer mit der »Hand Gottes« war einer der berühmtesten Einsätze einer linken Hand – wohlgemerkt durch einen Rechtshänder. Echte Linkshänder sind, zumindest in manchen Sportarten dagegen keine Seltenheit, ja, sie profitieren sogar von ihrer außergewöhnlichen Erscheinung.

Der ehemalige amerikanische Weltranglisten-Erste im Profitennis Pete Sampras fasste das 1998 einmal für seine Sportart so zusammen: »Some people just hate playing lefties. There's a certain mystique surrounding left-handed athletes, and the lefties wisely play it up.« (dt.: Manche hassen es regelrecht, wenn sie gegen Linkshänder spielen müssen. Linkshändige Sportler umweht ein Mythos und den spielen sie sehr klug aus.) Auch Sampras spielte nicht besonders gerne gegen Linkshänder, als disziplinierter Profisportler überwand er allerdings seinen Widerwillen und trainierte häufig mit ihnen. Der Lohn waren nicht nur viele Turniersiege und die Weltranglistenführung, sondern auch Platz zwei in der ewigen Bestenliste bezogen auf Erfolge gegen Linkshänder. Besser als Sampras schneidet derzeit nur

Rafael Nadal ab. Der Spanier spielte Tennis eigentlich beidhändig, trainierte aber ab einem Alter von acht Jahren speziell seine Linke – obwohl er Rechtshänder ist. Sein Trainer ermutigte ihn zu diesem Schritt, denn auch er vermutete einen Vorteil für Linkshänder im Tennis.

Tatsächlich fand der Neuropsychologe David Holtzen im Jahr 2000 mit einer Analyse der Weltranglistenplatzierungen im Tennis von 1968 bis 1999 heraus, dass Linkshänder sowohl in den Top-Ten-Platzierungen als auch bezüglich der Weltranglistenersten-Platzierung und Finalteilnehmer der Grand Slams im Vergleich zur Gesamtbevölkerung deutlich stärker repräsentiert waren. Unter den besten zehn Spielern waren in diesem Zeitraum etwa 24 Prozent Linkshänder unter den Männern und knapp zwölf Prozent Linkshänderinnen unter den Frauen zu finden. Weltranglisten-Erster waren in 34 Prozent der Fälle Linkshänder beziehungsweise zu 30 Prozent Linkshänderinnen. Bis ins Endspiel bei den vier wichtigsten Tennisveranstaltungen der Welt, den Grand-Slam-Turnieren in Australien, England, Frankreich und den USA, drang zu 22 Prozent ein linkshändiger Mann und zu knapp 19 Prozent eine Linkshänderin vor. Zur Erinnerung: Der Anteil aller Linkshänder an der Bevölkerung wird auf maximal 15 Prozent geschätzt, für Frauen sogar noch weniger als für Männer.

Bereits 1996 hatte ein internationales Forscherteam verschiedene Sportarten auf die Häufigkeit von Linkshändern analysiert und festgestellt, dass in manchen Disziplinen außergewöhnlich viele von ihnen aktiv und erfolgreich waren. Neben Tennis reüssierten die Linkshänder beispielsweise im Tischtennis, im Badminton, in manchen Fechtdisziplinen, im Boxen, im Baseball oder im Cricket. Generell stellten die Forscher fest, dass es unter Sportlern tendenziell mehr Linkshänder gibt, als es der Häufigkeit in der Bevölkerung entspricht. In manchen Sportarten kamen Linkshänder allerdings sogar seltener oder maximal so häufig vor, wie es statistisch zu erwarten gewesen wäre – zum Beispiel beim Darts, beim Speer- oder Diskuswerfen, beim Bowling oder beim Snooker, einer Spielart des Billards.

Haben Linkshänder also tatsächlich einen Vorteil beim Sport und wenn ja, welchen? Zur Beantwortung dieser Frage gibt es zwei grundsätzliche Möglichkeiten. Es könnte sein, dass Linkshänder die besseren Sportler sind, zum Beispiel weil sie eher dazu tendieren, für die motorische Steuerung beide Gehirnhälften zu nutzen und deshalb einfach schneller reagieren und besser in der Raumwahrnehmung abschneiden als die Rechtshänder.

Es könnte aber auch sein, dass Linkshänder einen Vorteil aus ihrer Seltenheit ziehen. Da sie nicht so häufig vorkommen, spielen Rechtshänder selten gegen Linkshänder. Die Linkshänder treten aber andauernd gegen Rechtshänder an, sind diese Spielsituation also gewohnt, während sich der Rechtshänder mit dem ungewohnten Gegenüber abplagt.

Die oben genannten Zahlen machen jedenfalls eines klar: Linkshänder besitzen vor allem einen Vorsprung in jenen Sportarten, bei denen die Kontrahenten eins gegen eins direkt gegeneinander antreten. Ist das nicht der Fall, verpufft dieser Vorteil. Es kann also nicht daran liegen, dass Linkshänder generell geschickter mit ihrer Linken zu Werke gehen als die Rechtshänder mit ihrer Rechten. Dann müssten sie beispielsweise im Darts häufiger sein, als es statistisch zu erwarten wäre.

Belege für einen allgemeinen Vorteil der Linkshänder

von Geburt an gibt es derzeit noch nicht. Allerdings wurde an Fechtern nachgewiesen, dass eine bestimmte Form der Lateralisation in ihrer Sportart von Vorteil ist. Das hängt mit der sensomotorischen Steuerung zusammen.

In der Regel wird die Linke von der rechten Gehirnhälfte gesteuert und die Rechte von der linken Hirnhemisphäre. Bei den Augen verhält es sich anders (siehe auch Abbildung 8, S. 49). Was sich in unserem Gesichtsfeld links befindet, nimmt die rechte Hirnhälfte wahr, was rechts ist, registriert die linke Gehirnseite. Daraus können Sportler einen Vorteil ziehen, nämlich wenn ihr Führungsauge von ihrer starken Hand aus betrachtet auf der gegenüberliegenden Seite sitzt, also ein Linkshänder mit einem rechten oder ein Rechtshänder mit einem linken Führungsauge. In beiden Fällen ist dieselbe Gehirnhälfte für alle Vorgänge verantwortlich, also sowohl für das Registrieren von Aktionen, zum Beispiel des Gegners, als auch der Reaktion mit der eigenen Hand, zum Beispiel Angriff oder Verteidigung. Bei Sportlern mit einer anderen Lateralisierung müssen sich erst die beiden Gehirnhälften über das Corpus callosum verständigen. Das benötigt Zeit, und im Spitzensport können bereits Millisekunden über Sieg oder Niederlage entscheiden.

Aber worin besteht nun der Vorteil für Linkshänder in manchen Sportarten? Auf die Spur der treffenden Antwort setzte sich unter anderem der Sportpsychologe Norbert Hagemann. Er führte 108 Tennisspielern, vom Anfänger bis zum Profi, 48 Videosequenzen von vier anderen Spielern in Aktion vor. Es waren Aufschläge, Volleybälle oder Grundlinienschläge zu sehen. Unter den Probanden waren 54 Linkshänder und 54 Rechtshänder. In den Videos waren je zwei der gezeigten Spieler Linkshänder, die anderen beiden waren Rechtshänder. Kurz bevor die Spieler mit ihrem Schläger den Ball berührten, stoppte die Widergabe und die Testpersonen mussten schätzen, wohin der Schlag ihres vermeintlichen Kontrahenten gehen würde.

Hagemann registrierte die Trefferquote seiner Versuchspersonen und entdeckte Erstaunliches: Alle Probanden, egal ob Links- oder Rechtshänder, machten deutlich mehr Fehler, wenn sie einen Linkshänder einschätzen sollten. Derselbe Effekt zeigte sich sogar, wenn in dem Video zwar ein Rechtshänder aufgenommen worden war, die Wiedergabe allerdings gespiegelt erfolgte, also seitenverkehrt. In der Filmaufnahme erschien der Rechtshänder nun als Linkshänder und auch bei diesem falschen Linkshänder irrten sich die Testteilnehmer häufiger als bei einem Rechtshänder.

Dieses Ergebnis deckt einen Vorteil auf, den Linkshänder gegenüber anderen Sportlern haben. Sie sind ihrem Gegner taktisch-strategisch überlegen, weil man sie – wegen mangelnder Übung – einfach schlechter einschätzen kann.

Dasselbe Phänomen zeigt sich auch im Fußball – und zwar beim Elfmeterschießen. Sieben Torhütern der englischen Profiliga wurden Videos von vier Elfmeterschützen vorgespielt, ebenfalls Profis und zur Hälfte Linksfüßer. Wie bei den Tennisspielern hatten auch die Torhüter wesentlich größere Probleme das Verhalten der Linksschützen einzuschätzen und hielten deren Elfmeter in der Testanordnung wesentlich seltener. Auch hier scheinen die links lateralisierten Sportler davon zu profitieren, dass sie seltener sind, denn Erhebungen im griechischen Profifußball und der deutschen Bundesliga beziffern die Zahl der Linksfüßer auf 16 bis 18 Prozent. Achten Sie einmal beim nächsten Elfmeterschießen darauf, wie viele Linksfüßer verwandeln und wie viele, die mit rechts schießen. Das vielleicht tragischste Scheitern eines deutschen Nationalspielers im Elfmeterschießen widerfuhr jedenfalls einem Rechtsfuß. Im Endspiel Deutschland gegen die Tschechoslowakei um die Fußballeuropameisterschaft 1976 jagte Uli Hoeneß den Ball über das Tor. Die Tschechoslowaken wurden Europameister.

Den größten Vorteil genießen übrigens linkshändige Fechter, und zwar jene, die mit dem Florett antreten. Bei den Teilnehmern der französischen Meisterschaften von 1979 bis 1993 registrierte Neuropsychologe Holtzen unter den jeweils noch im Wettkampf befindlichen letzten acht 50 Prozent Linkshänder. Unter den Degenkämpfern waren es noch knapp 38 und unter den Säbelfechtern sogar nur noch knapp 13 Prozent. Der Vorteil der Linkshänder schrumpft je nach Waffengattung eventuell deshalb, weil bei Degen und Florett die gültige Trefferfläche viel größer als beim Florett ist. Gilt bei letzterem nur ein Stoß als gesetzt, wenn er den Torso des Gegners trifft, sind das beim Degen respektive beim Säbel der ganze Körper oder der ganze Oberkörper. Deshalb halten die Kämpfer etwas mehr Abstand als beim Florett. Die wenigen Bruchteile einer Sekunde, die damit dem Rechtshänder mehr bleiben, um Aktionen seines Kontrahenten zu parieren, konnten ausreichen, um den Vorsprung der Linkshänder zu egalisieren.

Die Chancen von Linkshändern sind auch bei anderen Sportarten nicht immer gleich. Im Baseball ist der Anteil der Linkshänder sehr unterschiedlich auf die verschiedenen Positionen verteilt. Die Spielregeln im Detail zu erörtern, würde hier zu weit führen. Nur so viel: Ein Werfer muss versuchen, den Ball an einem Schlagmann mit einem Holzschläger vorbei zu einem Fänger zu werfen. Der Schläger versucht den Ball mit seinem Spielgerät zu treffen und möglichst weit ins Feld zu dreschen. Gelingt ihm das, muss er die Eckpunkte eines Quadrates ablaufen, ohne dass die gegnerische Mannschaft es schafft, den Ball wieder dorthin zu spielen, wo er sich gerade befindet.

Der Schlagmann steht an einem Eck des Quadrates, das er so ablaufen muss, als ob es auf dieser Ecke stünde, das heißt die Kanten des Quadrates laufen vom Schläger jeweils im Winkel von 45 Grad weg. Diese Form des Spielfeldes bedingt, dass an der vom Schlagmann aus gesehen rechts befindlichen Ecke, der sogenannten First Base, am besten ein Linkshänder steht, da sich seine starke Hand außen befindet, wenn er zum Schlagmann sieht. Somit deckt er mit seinen Wurfbewegungen einen möglichst großen Radius vor sich ab. Holtzen fand unter den Spielern, die an der First Base aufgestellt werden, tatsächlich 40 Prozent Linkshänder. Auf allen anderen Positionen war der Linkshänder-Anteil zum Teil drastisch geringer, unter den Werfern waren es nur 24 Prozent, unter den Schlagmännern nur 21 Prozent – aber immer noch mehr als in der Bevölkerung.

Für die schnellste Mannschaftssportart der Welt analysierte ein kanadisch-deutsches Forscherteam die Lateralisation der Spieler. Eishockey eignet sich deshalb besonders gut dafür, weil das Spiel die Teilnehmer mit einer komplett lateralisierten Umwelt konfrontiert. Die Kelle der Eishockeyschläger ist nämlich leicht gebogen, und lässt deshalb effektive Schüsse nur mit einer Seite zu. Ein Spieler muss sich also entscheiden, ob er generell rechts oder links schießt. Anders verhält es sich beim Torwart einer Eishockeymannschaft. Er muss sich vor allem darüber klar werden, mit welcher Hand er seinen Schläger zur Abwehr von Pucks führt und an welcher er seinen Fanghandschuh trägt.

In einer aufwändigen Analyse ermittelten die Forscher Daten für drei nordamerikanische Eishockeyligen unterschiedlicher Klassen. Sie verglichen dabei die Seite, auf der Spieler schießen, mit der Seite, auf der Torhüter fangen, und ermittelten auch noch die Erfolgsraten der Sportler.

Eine wichtige Voraussetzung dabei ist, dass zwar alle Spieler, die behaupteten Linkshänder zu sein, rechts schossen, aber nur zwei Drittel aller Rechtshänder links draufhielten. Die Händigkeit beeinflusst die Schussseite zumindest bei den Rechtshändern also nicht eindeutig.

Insgesamt stellten die Forscher fest, dass mit steigendem Spielniveau der Anteil der Linksschießer anstieg, von 59 Prozent in der niedrigsten untersuchten Liga bis auf 64 Prozent in der höchsten Spielklasse. Anschließend wurden die Daten aller Spieler von 1917 bis 2006 analysiert. Dazu wurde jeweils ein Zeitraum von zehn Jahren zusammengefasst, also 1917 bis einschließlich 1926 und so weiter bis 1997 bis 2006. Insgesamt wurden die Daten zu 3269 Feldspielern und 167 Torhütern untersucht. Über die gesamte Zeit nahm der Anteil der Linksschützen und -fänger kontinuierlich zu. Selbst bevor in den 1960er-Jahren die gekrümmte Kelle eingeführt wurde – vorher spielte man mit gerader Kelle, die beidseitiges Schießen erleichterte –, war dieser Trend zu beobachten. Waren in der ersten Dekade nur 57 Prozent Linksschützen vertreten, waren es im letzten beobachteten Zeitraum 67 Prozent. Unter den Torhütern ergab sich kein so eindeutiger Trend. Bei ihnen stieg der Anteil der Linksfänger nur von 88 auf 91 Prozent.

Die Erfolgsquote der verschiedenen Schützen und Fänger unterschied sich dabei deutlich. Rechtsschützen erzielten mehr Tore, Linksschützen sammelten dafür mehr Punkte durch Vorlagen, die zu Toren führten. Bei den Torleuten waren die Rechtsfänger erfolgreicher.

Wie sieht es aber aus, wenn ein einzelner Spieler auf den Torwart zuläuft, also ein Penaltyschießen stattfindet? Auch dazu führten die Wissenschaftler eine Analyse durch. Für den Zeitraum zwischen 2005 und 2007 untersuchten sie fast 3500 Penaltys. 62 Prozent Linksschützen waren angetreten. 89 Prozent der Torhüter fingen mit links.

Die Linksfänger waren dabei nicht so erfolgreich. Sie hielten nur 49 Prozent der Schüsse – viel seltener als die Rechtsfänger, die immerhin 69 Prozent der Schüsse abwehrten. Unter den Schützen ließ sich dagegen kein signifikanter Unterschied feststellen. Links- und Rechtsschützen trafen jeweils zu 33 Prozent. Eine deutliche Differenz bei den Erfolgsquoten zeigte sich aber bei einer bestimmten Kombination. Wenn der Torhüter ein Rechtsfänger war, die ja besonders gut Penaltys abwehrten, dann hatten die Rechtsschützen einen klaren Vorteil gegenüber den Linksschützen. Wer rechts schoss verwandelte zu 29 Prozent, wer links schoss nur zu 19 Prozent.

Alles in allem zeigt sich auch im Eishockey, dass die seltenere Variante einen Vorteil besitzt – wohl eben alleine aufgrund ihrer ungewöhnlichen Erscheinung und der leichten Verzögerung bei der Einschätzung durch den Gegner. Allerdings kehren sich in dieser Sportart die Vorzeichen bezüglich der Seitigkeit um. Den Vorteil der Linkshänder im Tennis oder der Linksfüßer im Fußball haben bei den Eishockey-Spielern die Rechtsschützen und -fänger.

Einen weiteren interessanten Unterschied in der Lateralisation zwischen Sportlern entdeckten Statistiker der Universität Dortmund. In einer Befragung von fast 3400 Personen im Alter von sechs bis 85 Jahren ermittelten sie die durchschnittliche Lateralisation von Augen, Ohren, Händen und Füßen.

Merkmal	links	beidseitig	rechts
Auge	20,0	7,0	73,0
Ohr	19,8	19,9	60,3
Hand	7,0	2,1	90,9
Fuß	9,6	6,6	83,9

Verteilung der Lateralisation unter 3377 Befragten in Prozent.

Anschließend ermittelten die Statistiker die Lateralisation von 57 alpinen Skifahrern und 53 Hand- beziehungsweise Basketballern und fanden heraus, dass die Verteilung unter den Skifahrern derjenigen unter der Vergleichsgruppe weitgehend ähnelte. Unter den Ballsportlern zeigte sich allerdings eine Bevorzugung der Linksäuger und -ohrer. Eventuell liegt hier also der Vorteil nicht bei den Linkshändern, sondern bei jenen Rechtshändern, die ein linkes Führungsauge besitzen und deshalb einen kleinen Reaktionsvorsprung haben. Insgesamt tendierten die Skifahrer zu einer stärkeren Lateralisation nach rechts. Der leicht erhöhte Anteil der Linkshänder unter den Ballsportlern erwies sich als statistisch nicht signifikant.

Gruppe	Auge			Ohr		
	links	beids.	rechts	links	beids.	rechts
Skifahrer	22,8	5,3	71,9	24,6	14,0	61,4
Ballsportler	35,9	7,5	56,6	39,6	9,4	51,0

Gruppe	Hand			Fuß		
	links	beids.	rechts	links	beids.	rechts
Skifahrer	3,5	1,8	94,7	5,3	1,8	92,9
Ballsportler	9,4	1,9	88,7	5,7	15,1	79,2

Verteilung der Lateralisation unter Sportlern in Prozent.

Einen anderen Vorteil könnten Linkshänder ganz allgemein im Sport haben, wie Psychologen von der Universität Edinburgh herausfanden. Sie untersuchten 4710 Schulkinder im Alter von elf bis 15 Jahren auf ihre sportlichen Aktivitäten und ihr Verletzungsrisiko. Immerhin 42 Prozent der Befragten gaben an, dass sie in den vergangenen zwölf Monaten mindestens einmal eine Verletzung davongetragen hatten. Knapp 16 Prozent mussten sogar mindestens eine Nacht im Krankenhaus verbringen. Ein knappes Drittel der Verletzungen stammte aus Sportaktivitäten. Bei einem Abgleich mit der Händigkeit kamen die Wissenschaftler dann zu zwei interessanten Ergebnissen: Linkshänder waren nur zu einem Viertel von Verletzungen überhaupt betroffen. Bei den Rechtshändern erlitt dagegen mehr als ein Drittel einen Schaden. Zwar ergab sich kein Unterschied, welche Körperpartien bei Links- oder Rechtshändern betroffen waren. Allerdings unterschied sich die Schwere der Blessuren. Von den verletzten Linkshändern mussten knapp 19 Prozent mindestens eine Nacht im Krankenhaus bleiben, unter den Rechtshändern blieb das lediglich knapp zehn Prozent nicht erspart. 73 Prozent der Linkshänder verpassten mindestens einen Schultag wegen Sportverletzungen, von den Rechtshändern waren es nur 53 Prozent.

Die Schwere der Verletzungen könnte mit dem Kampfesmut der Linkshänder zusammenhängen – zumindest wenn man den Ergebnissen einer Untersuchung mit 51 Profifußballern der ersten türkischen Liga folgt. 33 der Kicker waren Rechtshänder, 18 Linkshänder. Bei letzteren wollen die Forscher der Atatürk Universität ein viel aggressiveres Verhalten während des Spiels festgestellt haben. Die Rechtshänder hätten demnach ausgleichender agiert. Ob sich darin der in Fuß- und Handball weit verbreitete Mythos bewahrheitet, dass Torhüter und Linksaußen, die ja häufig Linkshänder oder -füßer sind, immer ein bisschen verrückt sind, muss bis auf weitere umfassendere Studien allerdings dahingestellt bleiben.

Ein weiteres Vorurteil, das Linkshändern anhaftet, ist jedenfalls bedeutend schmeichelhafter. Sie sollen, auch wieder wegen ihrer weniger stark ausgeprägten Lateralisation im Gehirn, besonders kreativ und musisch begabt sein. Deshalb sollen unter Musikern besonders viele Linkshänder sein. Auch hierzu hat die Universität Dortmund Zahlen erhoben und mit der bekannten Bezugsgruppe verglichen.

Gruppe	Auge			Ohr		
	links	beids.	rechts	links	beids.	rechts
Musiker	29,7	4,3	66,0	39,7	9,1	51,1
Bezugs-gruppe	20,0	7,0	73,0	19,8	19,9	60,3

Gruppe	Hand			Fuß		
	links	beids.	rechts	links	beids.	rechts
Musiker	8,5	2,1	89,4	6,4	5,7	87,9
Bezugs-gruppe	7,0	2,1	90,9	9,6	6,5	83,9

Verteilung der Lateralisation unter Berufsmusikern in Prozent.

Wie schon bei den Sportlern zeigt sich auch bei den Musikern keine Tendenz zu einer stärkeren Links-Lateralisation von Hand oder Fuß. Lediglich die sensorischen Organe Auge und Ohr weichen deutlich von der Allgemeinheit ab. Besonders stark scheint der Trend zum linken Ohr als Führungsohr. Da die Töne, die in dieses Ohr hallen, von der rechten Gehirnhälfte wahrgenommen werden und diese gleichzeitig als die musischere der beiden Hemisphären gilt, verwundert diese Tendenz bei Musikern nicht.

Allerdings erklärt dieses Phänomen nicht das Gerücht, dass es unter den Musikern besonders viele Linkshänder gäbe. Dieses mag von einer anderen Eigenschaft berufsmäßiger Virtuosen stammen. Professionelle Musiker zeigen nämlich generell eine weniger stark ausgeprägte Lateralisation in ihren Gehirnen im Vergleich zur Durchschnittsbevölkerung. Ihre Gehirne gelten aufgrund ihres täglichen Übens mit dem Instrument als besonders flexibel.

Da das Spielen der meisten Musikinstrumente sowohl hohe Geschicklichkeit als auch eine gute rhythmische Abstimmung beider Hände notwendig macht, schulen Musiker diese Fertigkeiten bereits automatisch, während sie das Musizieren erlernen und üben. So schlagen sie üblicherweise untrainierte Menschen, wenn es darum geht, möglichst schnell und gleichmäßig auf einen bestimmten Punkt zu tippen. In der Regel sind sie dabei überlegen, egal ob sie dies mit einer Hand oder beiden Händen abwechselnd tun sollen. Selbst jene, die sich als Rechtshänder bezeichnen, zeigen mit der Linken wesentlich bessere Leistungen als gewöhnliche Rechtshänder und teilweise sogar als Linkshänder mit ihrer linken Hand.

Diese Plastizität ihrer Gehirne hat allerdings ihren Preis: den sogenannten Musikerkrampf. Er befällt etwa ein Prozent aller Berufsmusiker und beendet für gewöhnlich deren Karriere, weil er durch Lähmungen beziehungsweise Krämpfe in den Fingern, das Spielen des erlernten Instrumentes unmöglich macht.

Beim Musikerkrampf handelt es sich um eine neurologische Störung, deren Ursache noch nicht geklärt ist. Man vermutet allerdings, dass diese zu den sogenannten fokalen Dystonien gehörende Erkrankung mit Veränderungen im Gehirn zusammenhängt. Mit bildgebenden Verfahren konnten Neurologen bei Betroffenen erkennen, dass sich die sensomotorischen Areale, die für die Steuerung von kleinem Finger und Zeigfinger verantwortlich sind, stark angenähert hatten. Wahrscheinlich entgleitet dem allzu plastischen Gehirn dadurch die motorische Kontrolle.

Das berühmteste Beispiel für diese Krankheit dürfte der deutsche Komponist und Pianist Robert Schumann sein, dessen Aufzeichnungen ab den 1830er-Jahren von seinem Leiden berichten. So schrieb er an seine spätere Frau Clara 1832: »Unglücklich fühle ich mich manchmal, und hier gerade, daß ich eine leidende Hand habe. Und Dir will ich's sagen, es wird immer schlimmer. Oft hab ich's dem Himmel geklagt und gefragt ›Gott, warum hast Du mir gerade dieses gethan?‹ Es wäre mir hier von so großem Nutzen; es steht alle Musik so fertig und lebendig in mir, daß ich es hinhauchen müßte. Und nun kann ich es nur zur Noth herausbringen, stolpere mit einem Finger über den anderen. Das ist gar erschrecklich und hat mir schon viele Schmerzen gemacht.« Diese und andere zum Teil durch übermäßiges Üben verursachten Malaisen beendeten Schumanns Karriere als Pianist schließlich.

Heutzutage versuchen Mediziner oft, den Musikerkrampf mit dem Nervengift Botox zu behandeln. Es lähmt die betroffenen Muskelpartien und löst den im Gehirn ausgelösten Krampf. Davon profitiert auch der amerikanische Pianist Leon Fleisher. Der 1928 in San Francisco geborene Künstler erkrankte in den 1960er-Jahren am Musikerkrampf und trat jahrzehntelang nur noch als einhändiger, mit links spielender Pianist auf. Seit 1998 wird er allerdings mit Botox behandelt und kann seither die Tastatur seines Flügels wieder mit beiden Händen bedienen.

Musiker können also unter Umständen an einem zu flexiblen Gehirn leiden und sind häufig mit der schwächeren Hand geschickter als andere Menschen. Das hat wahrscheinlich zu dem Eindruck geführt, Linkshänder seien unter Musikern häufiger als üblich.

Seltener als in der Bevölkerung kommen Linkshänder dagegen in einer sehr speziellen Berufsgruppe vor, wie ebenfalls die Statistiker der Universität Dortmund ermittelten. Urologen zeigen demnach allgemein eine Tendenz zur Rechts-Lateralisation. Dabei sticht vor allem ins Auge, dass besonders unter den chirurgisch tätigen Urologen vergleichsweise wenige Linkshänder sind.

Gruppe	Auge			Hand			Fuß		
	links	beids.	rechts	links	beids.	rechts	links	beids.	rechts
Chirurgisch tätige Urologen	19,9	4,0	76,1	4,0	2,8	93,2	8,4	7,2	84,5
nieder-gelassene. Urologen	25,0	4,5	70,5	3,2	4,6	92,2	9,8	7,4	82,8
Bezugs-gruppe	20,0	7,0	73,0	7,0	2,1	90,9	9,6	6,5	83,9

Verteilung der Lateralisation unter Urologen in Prozent.

Für operierende Ärzte stellt sich häufig das Problem, dass Geräte und Werkzeuge nur für Rechtshänder konstruiert werden. In der Chirurgie muss sich der Linkshänder also auf die Welt der Rechtshänder einlassen.

Das gelingt vielen offenbar sehr gut, denn entgegen dem Trend bei den chirurgisch tätigen Urologen entspricht der Anteil von linkshändigen Chirurgen allgemein dem in der Bevölkerung. Untersuchungen an verschiedenen Krankenhäusern zeigen außerdem, dass in der Regel linkshändige

Operateure ebenso gute Resultate erzielen wie ihre rechtshändigen Kollegen. Wenn beide den Rat des antiken griechischen Arztes Hippokrates beherzigen, dann dürfte ohnehin nichts schief gehen. Er empfahl seinen Kollegen bereits im fünften Jahrhundert vor Christus, sie sollten alle Operationen mit beiden Händen ausführen »um Fertigkeit, Eleganz, Geschwindigkeit, Schmerzlosigkeit und Gewandtheit zu erlangen«.

Das Zutrauen in die Fertigkeit von linkshändigen Chirurgen ist allerdings selbst unter ihren linkshändigen Kollegen nicht unerschütterlich. In einer Befragung von 68 Operateuren in New York, gaben zehn Prozent der Linkshänder Bedenken an, sich von einem linkshändigen Kollegen operieren zu lassen. Diese Skepsis stammt wohl aus den Erfahrungen, die sie während ihres beruflichen Alltags machen mussten, denn während ihrer Ausbildung wurden nur 13 Prozent mit für Linkshänder konstruiertem Werkzeug ausgestattet. Das mag sich nicht bis zu den Patienten herumgesprochen haben, aber dennoch gaben immerhin noch sechs Prozent der Chirurgen an, dass Patienten Bedenken wegen ihrer Linkshändigkeit geäußert hätten.

Die harte Tour

Von antiken römischen Steinbrüchen ist überliefert, dass sie bei den als Steinhauer eingesetzten Sklaven oder Arbeitern auf ein bestimmtes Verhältnis von Links- zu Rechtshändern achteten. So arbeiteten dort, wo beispielsweise große, rechteckige Blöcke aus dem Felsen geschlagen werden sollten, immer ein Links- und ein Rechtshänder zusammen. Jeder bearbeitete eine Seite des Blocks. So war gewährleistet, dass sie mit ihrer Arbeitshand jeweils ungehindert weit ausholen konnten, um ihre Hiebe mit den Meißeln wuchtig zu setzen.

Solche »Wertschätzung« von Linkshändern war und ist in der Historie nicht selbstverständlich. Im Jahr 1903 schrieb der italienische Arzt und Gerichtsmediziner Cesare Lombroso, der mit seiner Tätertypologisierung berühmt geworden war: »… je mehr der Mensch in Zivilisation und Kultur fortschreitet, zeigt er im Vergleich zu Primitiven eine immer stärker ausgeprägte Rechtshändigkeit, die männlichen mehr als die weiblichen, Erwachsene mehr als Kinder. Folglich zeigen Frauen und primitive Rassen, selbst wenn sie keine reinen Linkshänder sind, bestimmte Gesten und Bewegungen, die in ihrer Art linkshändig sind.«

Mehr Vorurteile, Mythen und Legenden sind wohl kaum in zwei Sätze hineinzupressen. Allerdings gibt der Tenor von Lombrosos Aussage eine weit verbreitete und über lange Perioden der Menschheitsgeschichte vertretene Einstellung vieler Menschen gegenüber Linkshändern wieder.

So schrieb auch Anfang des 17. Jahrhunderts der spanische Autor Miguel de Cervantes Saavedra in seinem Roman »Der sinnreiche Junker Don Quijote von der Mancha«: »Gott verzeih mir meine Sünden!«, versetzte Don Quijote; »wie schlecht steht es um einen Statthalter, der nicht lesen noch schreiben kann! Denn du mußt wissen, mein Sancho, wenn ein Mensch nicht lesen kann oder linkshändig ist, so beweist das zweierlei: daß entweder seine Eltern zu arm und zu gering waren oder er so verkehrt und schlecht geartet, daß er nicht imstande war, gute Sitte und gute Lehre anzunehmen. Das ist ein großer Mangel an dir, und ich wünschte daher, daß du wenigstens unterschreiben lerntest.«

Wie sehr links und rechts in Sprache und Kultur von Bedeutung sind, soll in einem späteren Kapitel erörtert werden. Hier geht es zunächst um eine ganz praktische und meist fatale Auswirkung dieses Stigmas der Linkshänder – dem Unsinn der Umerziehung. Diese wird in vielen Kulturen heute noch praktiziert. In manchen asiatischen Ländern ist der Anteil der offiziellen Linkshänder ungewöhnlich niedrig, denn dort wird zwangsweises Umlernen der Händigkeit angewendet, bei Mädchen sogar noch häufiger als bei Jungen. Bei einer Studie in Taiwan betrug selbst unter den Angehörigen von besser gebildeten Bevölkerungsschichten, von denen man eine aufgeklärtere Einstellung gegenüber Linkshändern erwarten sollte, der Anteil der umgeschulten Linkshänder 45 Prozent. Weniger als zwei Prozent von eigentlich als Linkshänder eigenstuften japanischen Gymnasiasten nutzen zum Schreiben ihre bevorzugte Hand. Stattdessen schrieben sie – wie es ihnen beigebracht worden war – mit rechts.

Bis in die heutige Zeit halten sich die Vorurteile gegenüber Linkshändern selbst in westlich geprägten und vermeintlich fortschrittlichen Gesellschaften. Sogar in den USA oder Westeuropa war es bis vor wenigen Jahren noch üblich, Linkshänder in der Schule zum Schreiben mit rechts zu zwingen. Zuallerletzt musste als Begründung dafür das Argument herhalten, dass sich Linkshänder mit der westlichen Schreibschrift, die ja bekanntlich von links nach rechts läuft, schwerer tun und sie zum Beispiel die noch feuchte Tinte mit der nachrückenden linken Hand verwischen.

An dieser Stelle erscheint es angebracht, die Entwicklung der motorischen Fähigkeiten und der Lateralisation der Hände bei Kindern zu betrachten. Phänomene der Lateralisation zeigen sich ja bereits beim Fötus im Mutterleib. Nach der Geburt steht allerdings zunächst einmal die Gewinnung und Stärkung motorischer Geschicklichkeit im Vordergrund, denn zunächst hat das Neugeborene kaum Kontrolle über Arme und Hände. Erst im Alter zwischen zwei und vier Monaten fangen die Kinder damit an, Augen und Hände zu koordinieren. Etwa ab dem fünften Monat beginnen sie nach Gegenständen in ihrer Reichweite zu grabschen. Mit neun Monaten zeigen die meisten Babys beim Greifen eine Bevorzugung der rechten Hand, selbst wenn sich etwas links von ihnen befindet.

Am Ende ihres ersten Lebensjahres sind die meisten in der Lage, einen Gegenstand zu greifen und mit einem Finger seine Oberfläche anzutippen. Jetzt entwickelt sich auch der sogenannte Pinzettengriff. Er kommt zum Einsatz, wenn ein Gegenstand zwischen den Kuppen beispielsweise des Daumens und des Zeigefingers eingeklemmt werden soll. Es ist ein feiner Griff, und der Mensch beherrscht ihn sehr gut – viel besser als alle seine Verwandten aus dem Tierreich wie Schimpanse oder Gorilla.

Im Laufe der weiteren Entwicklung stärken Kinder die Muskulatur ihrer Hände durch vielfältige Tätigkeiten. Bereits nach 15 Monaten können sie schon selbstständig essen, zunächst noch mit den Fingern, später mit einem Löffel.

Die motorischen Fähigkeiten entwickeln sich zusehends. Mit 30 Monaten können sie Flüssigkeiten von einem Behältnis in ein anderes gießen oder drehen den Wasserhahn beim Händewaschen selbstständig auf und zu. Etwa in dieser Zeit zeigt sich dann auch die Bevorzugung einer Hand.

Im Alter von drei oder vier Jahren sind die meisten Kinder in der Lage, komplexe feinmotorische Aufgaben zu erledigen. Dazu gehören die Erstellung bewusster Formen, das Auffädeln von Perlen, das Schneiden mit der Schere, das An- und Auskleiden von Puppen oder das gezielte Falten von Papier. Jede dieser Aufgaben verstärkt die Präferenz für eine Hand. Mit etwa vier bis viereinhalb Jahren können die meisten Kinder einen Ball fangen, sogar kleine Perlen auffädeln und füllen die Flächen von Malbildern in etwa entlang der vorgegebenen Flächen aus.

Ab zirka fünf bis fünfeinhalb Jahren halten die Kinder bereits Stifte richtig, können den Schriftzug ihres Namens abmalen und beginnen, sich die Schuhe zu binden.

Wenn sich die Bevorzugung einer Hand bei einem Kind deutlich feststellen lässt, sollten Eltern es darin unterstützen. Für linkshändige Kinder sollten sie dann spezielles Handwerkzeug anschaffen, zum Beispiel Linkshänder-Scheren.

Zwei Dinge sind bei dieser Betrachtung der kleinkindlichen Entwicklung von entscheidender Bedeutung: Erstens muss man sich immer bewusst sein, dass die Entwicklung jedes Menschen individuell verläuft. Die zeitlichen Angaben sind also nur als grobe Richtwerte anzusehen.

Außerdem sollte man nicht außer Acht lassen, dass das Gehirn und seine neuronale Entwicklung enorm plastische Prozesse sind, auf die beispielsweise die Umwelt einen prägenden Einfluss nehmen kann. Die kognitive Entwicklung und die Stärkung der motorischen Fähigkeiten des Kindes entwickeln sich in einem permanenten Dialog.

Ab einem Alter von drei bis vier Jahren verändern sich die Anteile von Rechtshändern, Linkshändern und Beidhändern kaum noch, wie beispielsweise der Psychologe Heinz Krombholz vom Staatlichen Institut für Frühpädagogik in München mit einer Untersuchung aus dem Jahr 1988 zeigen konnte. Demnach sind zwar bei einzelnen Kindern immer wieder Veränderungen der Händigkeit auch in höherem Alter möglich. In der Regel wird sich aber eine bestimmte Lateralisation herausbilden.

Alter Monate	Anzahl	Rechts- händer %	Links- händer %	Beid- händer %
58	602	85,4	8,5	6,1
68	600	84,8	9,8	5,3
72	470	84,0	11,1	4,9
82	757	83,4	7,8	8,9
91	769	85,2	7,2	7,7
102	632	85,3	8,5	6,2

Verteilung der Händigkeit im Kindergarten-und Grundschulalter.

In einer späteren Untersuchung in den Jahren 1999 bis 2001 an Kindergartenkindern im Durchschnittsalter zwischen fünf und sechs Jahren ermittelte Krombholz die Wechselrate der Kinder. Von den zunächst als Rechtshänder klassifizierten, wurden etwa 90 Prozent der untersuchten 276 Kinder auch bei der Abschlussuntersuchung als solche eingestuft. Dagegen wurden gut fünf Prozent von ihnen nach knapp zwei Jahren als Linkshänder angesehen. Links- oder Beidhändigkeit erwiesen sich in diesem Zeitraum als weniger stabil. Nur 63 Prozent der 32 ursprünglich als Linkshänder eingestuften Kinder galten auch noch bei der Abschlussuntersuchung als solche. Von den 15 Beidhändern der Eingangsuntersuchung findet sich zwei Jahre später keiner mehr in dieser Gruppe. Die meisten der Nicht-Rechtshänder, deren Seitigkeit sich ändert, werden zu Rechtshändern. Bei Jungen ist ein Wechsel der Händigkeit deutlich häufiger zu beobachten als bei Mädchen.

Zwei Punkte sollen anhand dieser Ergebnisse noch einmal betont werden: Erstens zeigt sich, dass das Gehirn von Linkshändern oder Beidhändern wohl eine höhere Plastizität aufweist. Zweitens sollte die höhere Wechselrate der Linkshänder nicht zu der Annahme verleiten, dass eine Umschulung der Linkshänder zum Beispiel auf rechtes Schreiben sinnvoll und leicht möglich wäre.

Vielmehr ist es wichtig, dass die Kinder Gelegenheit erhalten, ihre motorischen Fähigkeiten zu entwickeln und zu stärken. Sie sollten keinesfalls durch Zwang, jetzt doch bitteschön eine bestimmte Hand für eine Tätigkeit zu benutzen, in ihrer Entwicklung behindert werden.

Gleiches gilt selbstverständlich für das Erlernen des Schreibens.

Einer, für den eine zwangsweise Umschulung massive Folgen gehabt haben könnte, ist – so zumindest eine Theorie – der 1937 gekrönte britische König Georg VI., dessen Leiden von Colin Firth in dem Oscar-prämierten Film »A King's Speech« dargestellt wurde. Er litt unter dem Phänomen des Stotterns, das unter anderem aufgetreten sein könnte, weil der Linkshänder als Kind auf rechts umgeschult wurde. Ein Hinweis dafür ist, dass die Störung bei ihm erst im Alter von sieben oder acht Jahren auftrat.

Es war damals üblich, Linkshänder umzuerziehen. Selbst Ärzte und Wissenschaftler plädierten dafür und scheuten nicht davor zurück, Zwangsmaßnahmen wie das Fesseln der Linken zu empfehlen. Viele behaupteten sogar, dass Schreiben mit links die geistige Entwicklung des Kindes behindern und eine Unterlassung der Umerziehung irreparable Schäden zur Folge haben könnte.

Die Methoden, die auch in Deutschland bis weit in die zweite Hälfte des 20. Jahrhunderts angewendet wurden, muten allerdings harmlos an verglichen mit dem, wovon der britische Anthropologe Dudley Kidd 1906 von den Zulu, einem Stamm aus Südafrika, berichtet: »Sollte ein Kind einmal seinen Haferbrei mit seiner linken Hand essen, dann stecken die Menschen beide Hände in den heißen Brei als praktische Lektion.« Der Forscher erklärt diese Maßnahme damit, dass bei den Zulu die Linke nur für niedere Tätigkeiten, wie das Beseitigen von Schmutz verwendet würde, und deshalb für nichts anderes eingesetzt werden dürfe.

Solche Maßnahmen sind nicht nur grausam, sondern auch dumm. Grundsätzlich kann man davon ausgehen, dass linkshändige Kinder generell keine größeren Schwierigkeiten beim Erlenen des Schreibens haben als rechtshändige Abc-Schützen. Das betonen auch die Leiterin der Ersten deutschen Beratungsstelle für Linkshänder und umgeschulte Linkshänder in München, Johanna Barbara Sattler und der Neuropsychologe Christian Marquardt. Die beiden begleiteten Grundschüler von der ersten bis zur vierten Klasse und ermittelten ihren Fortschritt und ihre Probleme beim Erlernen des Schreibens. Die Linkshänder zeigten dabei eine ähnliche Entwicklung wie die Rechtshänder. Allerdings erwies sich eine verspätete Einführung des Schreibens mit dem Füller als höhere Hürde für die Linkshänder im Vergleich zu ihren Mitschülern. Die von manchen Linkshändern bevorzugte hakenhafte Schreibhaltung der Linken (siehe Abbildung 21) sollte trotzdem nicht gefördert werden. Zwar bringt die günstigere Schreibhaltung die Erschwernis mit sich, dass die Schreibhand das unmittelbar zuvor Geschriebene zunächst verdeckt und so ein wesentlicher Teil der direkten visuellen Kontrolle entfällt. Die physiologisch betrachtet günstigere Schreibhaltung macht diesen Nachteil aber mehr als wett.

Besonders wichtig für das Schreiben ist eine frühzeitige, aber gelassene Vorbereitung des Kindes. Durch Malen – wohlgemerkt immer mit der bevorzugten Hand – lässt sich der Gebrauch verschiedener Stifte bereits vor der Schule üben. Für das Erlernen des Schreibens empfiehlt die Linkshänder-Beratungsstelle unter anderem, bei der Lage des Heftes darauf zu achten, dass die Seite, die beschrieben wird, links von der Mittelachse des Körpers liegt. Körper und Kopf sollten dabei möglichst gerade gehalten werden. Die linke Hand soll sich auf die Handkante und den kleinen Finger stützen. Handrücken und Unterarm bilden am bes-

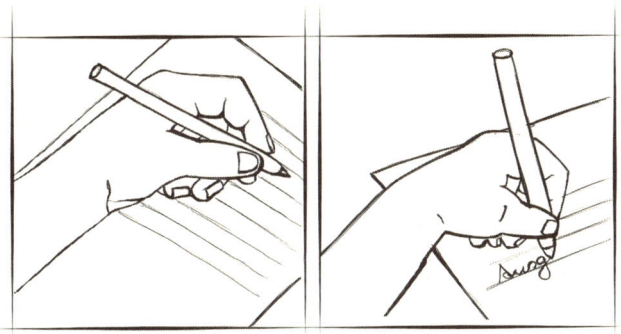

Abb. 21 Die von vielen Linkshändern intuitiv angenommene Haken-
haltung (r.) sollte man nicht einüben. Sie ermöglicht zwar eine direkte visuelle Kontrolle des Geschriebenen, bringt aber insgesamt
mehr Nachteile als die physiologisch günstigere Schreibhaltung (l.).

ten einen stumpfen Winkel. Die rechte Hand hält das Heft
am rechten Blattrand. Die rechte obere Ecke des Heftes
wird im Vergleich zur linken oberen Ecke mehr oder weniger nach unten verschoben. Die Finger bleiben grundsätzlich unterhalb der Schreiblinie. Die Federspitze zeigt etwas
nach rechts oder setzt flach auf dem Blatt auf. Das Schreibgerät liegt auf dem vorderen Glied des Mittelfingers und
wird vom Daumen und Zeigefinger gehalten. Der Stift sollte
weder zu nah noch zu weit von der Spitze gehalten werden.

Als häufigste Mängel listet die Beratungsstelle unter anderem das Heben der linken Schulter, das Vorschieben des
linken Ellenbogens und eine daraus resultierende Krüm-
mung der Wirbelsäule oder die hakenförmige Handhaltung
mit der Schreibhand über der Zeile auf.

Grundsätzlich gilt, dass linkshändige Kinder genauso
schön oder eben genauso unleserlich, genauso schnell und

genauso langsam schreiben können wie Rechtshänder. Sollten bei linkshändigen Kindern besondere Schwierigkeiten auftreten, zum Beispiel extrem langsames Schreiben, kann das mit feinmotorischen Störungen zusammenhängen, die nichts mit der Linkshändigkeit zu tun haben. Solche Störungen treten auch bei Rechtshändern auf. Eine Schriftneigung nach rechts ist für linkshändige Kinder oft nicht leicht durchzuführen. Bei einer günstigen Handhaltung und Lage des Heftes wird die Schriftneigung eher steil bis leicht linksschräg. Unabhängig von der Neigung der Schrift, sollte sie aber gleichmäßig und selbstverständlich lesbar sein.

Die vergleichbare Leistungsentwicklung beim Erlernen des Schreibens lässt sich auch auf andere kognitive und motorische Bereiche der kindlichen Entwicklung übertragen. Das belegen zahlreiche Studien, unter anderem die des Psychologen Krombholz an mehr als 300 Kindern. Er fand keine Unterschiede in den kognitiven Fähigkeiten zwischen links-, beid- und rechtshändigen Kindergartenkindern. Allerdings waren Kinder mit wechselnder Handdominanz jenen mit konstant bleibender Handdominanz in den kognitiven und den feinmotorischen Leistungen unterlegen. In einem Intelligenztest erzielten Kinder mit konstanter Handdominanz höhere Leistungen als jene, die wechselten. Auffällig war vor allem, dass die Leistungen der Kinder, die sich im Untersuchungszeitraum von Rechts- zu Linkshändern entwickelten, keine Unterschiede gegenüber den Kindern mit konstanter Händigkeit zeigten. Benachteiligt waren demnach nur jene, bei denen ein Wechsel von der Links- oder Beidhändigkeit zur Rechtshändigkeit stattfand.

Selbst beim Schuleintritt ist die Händigkeit noch keineswegs bei allen Kindern ohne weiteres ersichtlich und festgelegt. In solchen Fällen sollte mit schulischer Unterstützung und durch Konsultieren einer Beratungsstelle oder eines Schulpsychologen geklärt werden, mit welcher Hand das Kind das Schreiben erlernen sollte. Sorgen um die Entwicklung von nicht rechtshändigen Kindern sind jedenfalls überflüssig. Mit einer auf die individuellen Bedürfnisse abgestellten Förderung entwickeln sich linkshändige Kinder ebenso prächtig wie die Rechtshänder.

Wie schädlich sich dagegen die früher mit drakonischen Maßnahmen wie Eingipsen oder Fesseln der Linken ausgeführte Umschulung der Linkshänder auswirkt, schildert Psychologin und Linkshänder-Beraterin Sattler eindrücklich in ihrem Buch »Der umgeschulte Linkshänder«. Sie berichtet von zahlreichen Fällen, bei denen die Drangsal, mit der falschen Hand schreiben zu müssen, teilweise zu extremen Lern-, Sprach- oder Rechenschwierigkeiten, psychischen Problemen, psychosomatischen und neurologischen Störungen bis hin zu Persönlichkeitsveränderungen führte. Hier zerstört also der zu Anfang dieses Buches erwähnte menschliche Hang zur In-Group und Diffamierung der Out-Group beziehungsweise der Drang, andere in die In-Group zu zwingen, ganze Biographien.

Unter anderem dem Kieler Neurologen Hartwig Siebner und seinem Freiburger Kollegen Stefan Klöppel ist es zu verdanken, dass diese Erkenntnis von Pädagogen und Psychologen auch ein neurologisches Fundament erhält. Zunächst ermittelten die Forscher mit Hilfe des Edinburgh Handedness Inventory die Händigkeit von 16 umgeschulten Linkshändern und jeweils 16 konsistenten Rechts- und Linkshändern. Fast alle Umgeschulten schrieben mit rechts oder beiden Händen, niemand benutzte nur die Linke dafür. Keine andere Tätigkeit zeigt bei den Umgeschulten ein so extremes Bild. Lediglich beim Einsatz einer Schere herrschte in etwa Gleichstand beim Einsatz von Linker oder Rechter, ansonsten überwog immer noch die linke Hand.

Die Forscher untersuchten anschließend die Gehirne der umgeschulten Linkshänder mittels Magnetresonanztomographie und verglichen sie mit denen konsistenter Rechts- und Linkshänder. Während der Untersuchung mussten die Probanden auf ein optisches Signal hin, entweder mit dem linken, dem rechten oder beiden Zeigefingern jeweils einen Knopf drücken.

Hinsichtlich der Reaktionszeit erwiesen sich die umgeschulten Linkshänder als ebenso schnell wie die Vergleichsgruppen. Auch die Bilder der Gehirne bestätigten zunächst die noch vor einigen Jahren nicht vermutete Plastizität des Gehirns. Tatsächlich zeigen einige Areale der linken Hirnhälfte, die an der Steuerung der rechten Hand mitwirken, bei den umgeschulten Linkshändern höhere Aktivität als zu erwarten wäre. Wie bei den konsistenten Linkshändern sollten diese Bereiche in der rechten Hirnhemisphäre, die ja die eigentlich starke linke Hand steuert, aktiver sein. Stattdessen zeigt sich bei den Umgeschulten aber das Bild eines Rechtshänders.

Dass man Linkshänder durch Umerziehung dennoch nicht zu Rechtshändern machen kann, belegt eine genauere Analyse der Ergebnisse. Zwar hatte sich das Aktivitätsmuster in den Gehirn-Arealen geändert, die für die direkte Steuerung der Finger verantwortlich sind. Übergeordnete Bereiche, denen eine bedeutende Rolle bei der Körperwahrnehmung und der Planung von Handlungen zugeschrieben werden, hatten ihr Aktivitätsmuster aber nicht verändert. Hier waren – wie bei den konsistenten Linkshändern – auch bei den Umgeschulten die Bereiche in der rechten Gehirnhälfte immer aktiver. Bei den umerzogenen Linkshändern schossen sie mit ihrer Aktivität sogar noch über diejenige der Linkshänder hinaus, die ihre Händigkeit ausleben durften. Andere bildgebende Studien bestätigen diesen Befund: Bei umgeschulten Linkshändern sind bei Tätigkeiten der rechten Hand häufig Bereiche in der rechten Gehirnhälfte aktiver, als sie das sein sollten.

Mit anderen Worten, das Gehirn eines Linkshänders bleibt in entscheidenden Teilen immer das, wofür es gemacht ist: das Gehirn eines Linkshänders. Eine Umerziehung setzte ein solches Gehirn unter permanenten Stress und erhöhten Leistungszwang. Kein Wunder also, wenn eine Umschulung enorme negative psychologische Folgen haben kann.

Diese können eintreten, auch wenn das Gehirn ein enorm flexibles und anpassungsfähiges Organ ist. Ohne diese Plastizität könnte das Denk- und Steuerungsorgan eines Linkshänders, der zwangsweise umgeschult wird, die Drangsal der Umschulung ja überhaupt nicht meistern.

Die Flexibilität des Gehirns zeigt sich bereits, wenn wir uns einen Arm verletzen. Innerhalb von Tagen verändern sich dann die Areale, die für die Steuerung von Armen und Händen zuständig sind. Das fand ein internationales Forscherteam heraus, als es zehn Rechtshänder untersuchten, die sich den rechten Arm verletzt hatten. Alle mussten die lädierte Extremität mindestens 14 Tage in einer Schlinge tragen, um sie ruhigzustellen. Die Probanden mussten also mit ihrer schwachen Linken Zähne putzen, essen, waschen oder schreiben. Die Gehirne der Patienten wurden spätestens zwei Tage nach Auftreten der Verletzung und dann nach 16 Tagen erneut mittels Magnetresonanztomographie untersucht. Bereits innerhalb dieser kurzen Zeit nahm die Menge der grauen und weißen Gehirnmasse in der linken Hälfte, die ja die Rechte steuert, um bis zu zehn Prozent ab. In der rechten Gehirnhälfte nahm sie dagegen signifikant zu. Parallel zum Wachstum der Gehirnareale für die Linke stieg auch deren Geschicklichkeit.

Die Studie lässt keine Aussagen darüber zu, ob diese Veränderungen permanent sind oder nur vorübergehend. Bei einer so schnellen Reaktion des Gehirns sollte es allerdings überraschen, wenn diese Vorgänge nicht reversibel wären. Leider wurde in dieser Studie nicht untersucht, ob dieses kurzzeitige Umschulen Auswirkungen auf das Befinden oder die Selbstwahrnehmung der Patienten hatte.

Jedenfalls sollte die große Flexibilität, die das menschliche Gehirn auch bei dieser Untersuchung wieder einmal unter Beweis gestellt hat, nicht dazu verleiten anzunehmen, eine Umschulung eines Linkshänders sei eben doch erfolgreich und ohne Nebenwirkungen möglich. Das ist weder nötig noch wünschenswert, auch wenn Linkshänder sich als sehr flexibel erweisen. Meist unterliegen sie nämlich keinem so starken Zwang, unbedingt ihre dominante Hand einsetzen zu wollen – ein weiterer Beleg ihrer weniger ausgeprägten Lateralisierung im Gehirn.

Das verdeutlicht auch ein Experiment, das an der britischen University of Aberdeen durchgeführt wurde. Dabei mussten Links- und Rechtshänder zunächst mit beiden Händen gleichzeitig nach zwei Gegenständen vor ihnen greifen und gleich anschließend mit nur einer Hand nach einem weiteren Gegenstand. Für die zweite Aufgabe sollten die Probanden immer den Arm einsetzen, der dem Ziel am nächsten war. Kurz bevor sie die erste Aufgabe erfüllt hatten, wurde mit einer Vibration an einem der beiden Arme signalisiert, mit welcher Hand die zweite Aufgabe auszuführen sei. Dabei stimmte das Vibrationssignal nicht immer. Manchmal wurde den Testpersonen mitgeteilt, sie sollten den linken Arm bewegen, obwohl der rechte näher am Ziel war und umgekehrt.

Bei diesen falschen Angaben waren die Linkshänder flexibler als die Rechtshänder, wenn das Signal der jeweils dominanten Hand gegeben wurde. Wenn also einem Rechtshänder per Vibration mitgeteilt wurde, er solle gleich seine Rechte für die zweite Aufgabe einsetzen, obwohl die Linke näher am Ziel war, dann konnte er den Impuls, mit der falschen, also der rechten Hand zuzugreifen, nur sehr schwer unterdrücken. Den Linkshändern fiel das bei falschen Signalen an die Linke viel leichter. Sie machten wesentlich weniger Fehler. Da es nicht oft genug betont werden kann: Auch das ist kein Grund, für eine Umschulung von Linkshändern zu plädieren.

Glücklicherweise empfiehlt kein Kultusministerium eines Bundeslandes die Umschulung von Linkshändern. Im Gegenteil, in allen Schulen sind Lehrer dazu angehalten, linkshändige Kinder beim Erlernen des Schreibens mit links zu unterstützen. Exemplarisch für viele gute Anweisungen soll hier nur aus dem Kernlernplan Deutsch an Grundschulen für das Saarland zitiert werden. Zum Umgang mit Linkshändigkeit wird dort empfohlen:

Eine erzwungene Umstellung muss selbstverständlich unterbleiben. Linkshändern sollten folgende Hilfen gegeben werden:

- Linkshänder sollten stets links neben einem Rechtshänder sitzen.
- Das Licht sollte möglichst von rechts einfallen.
- Arbeitsblätter sollten anfangs beim Schreiblernprozess befestigt werden, da der Linkshänder das Schreibwerkzeug schiebt, anstatt es zu ziehen.
- Der Gebrauch weicher Blei- und Buntstifte ist für Linkshänder empfehlenswert.
- Linkshänder sollten das Schreibgerät nicht zu dicht an der Spitze halten, damit sie die eigene Schrift sehen können.
- Das Schreibheft sollte so schräg gelegt werden, dass die linke obere Ecke nach unten zeigt. Dadurch wird eine flüssigere Schreibbewegung unterstützt und das Geschriebene weniger durch die Schreibhand verdeckt.
- Es ist außerdem zu bedenken, dass Linkshändern das Schreiben der Druckschrift leichter fällt als das Schreiben einer verbundenen Schrift.

All jenen, die nicht das Glück hatten, in einer toleranten Umwelt aufzuwachsen und der Tortur des Umschulens unterworfen wurden, rät die Leiterin der Münchner Beratungsstelle für Linkshänder Sattler vor einer eventuellen Rückschulung des Schreibens auf die eigentlich dominante Hand zu einer eingehenden vorherigen Beratung. Eine Rückschulung bezeichnet sie als »Experiment mit dem eigenen Gehirn«, da es ja keinen simplen Schalter im neuronalen Netzwerk gibt, der einfach alles auf Anfang stellen könnte.

Nebenbei bemerkt, sollte diese Formulierung auch jedem zu denken geben, der plant, sich zum Beidhänder trainieren zu wollen, obwohl er es von seiner neurologischen Grundkonstitution nicht ist. Wichtige Punkte, die nach Sattler bei einer Rückschulung von umgeschulten Linkshändern unter anderem zu beachten sind, wären das Alter des Betroffenen, seine Einstellung zur Linkshändigkeit und zu einer Rückschulung und der Grad der Umschulung – also wie viele Tätigkeiten umgestellt wurden und wie viele noch mit der dominanten Hand ausgeübt werden. Von großer Bedeutung sind außerdem die Art und Schwere der Umschulungsfolgen, die aktuelle Lebenssituation des Betroffenen und seine Erwartungen an eine Umschulung.

Eine Rückschulung garantiert jedenfalls keinen Erfolg, weder hinsichtlich des Schreibens noch bezogen auf etwaige Nebenwirkungen der primären Umschulung. Deshalb sollten die Chancen und Gefahren einer Rückschulung individuell bestimmt und abgewogen werden. Das funktioniert nur mit fachkundiger Beratung, wie sie Sattler beispielsweise im Internet unter www.linkshaender-beratung.de anbietet.

Alle, die trotz aller guten Gegenargumente eine Zwangsumschulung von Linkshändern immer noch für eine gute Idee halten, überzeugt vielleicht ein Plädoyer des amerikanischen Politikers und Forschers Benjamin Franklin, das er im Namen der linken Hand in der zweiten Hälfte des 18. Jahrhunderts verfasste:

Eine Petition an die Oberaufsicht des Bildungswesens

Ich wende mich an alle Freunde der Jugend, und beschwöre sie, ihre mitfühlende Aufmerksamkeit auf mein unglückliches Schicksal zu lenken, um das Vorurteil auszuräumen, dessen

Opfer ich geworden bin. Wir sind Zwillinge; und die Augen eines Menschen ähneln sich nicht mehr und haben kein besseres Verhältnis als meine Schwester und ich, wenn es nicht die Parteilichkeit unserer Eltern gäbe.

Von meiner Kindheit an wurde ich dazu angehalten, meine Schwester als die besser ausgebildete zu betrachten. Ich musste ohne die geringste Anleitung aufwachsen, während an ihrer Ausbildung nicht gespart wurde. Sie hatte Lehrer, die ihr zeigten wie man schreibt, malt, musiziert und andere Fertigkeiten erlangt, aber wenn ich Bleistift, Füller oder Nadel auch nur berührte, wurde ich sofort gerüffelt, und mehr als einmal wurde ich geschlagen, weil ich angeblich bockig war und ein graziles Gehabe an den Tag legen wollte. Es ist wahr, dass meine Schwester sich hin und wieder mit mir zusammentat, aber sie übernahm immer die Führung, kam nur auf mich zurück, wenn sie mich brauchte oder sie sich aufspielen wollte.

Aber glauben Sie jetzt nicht, Sirs, dass ich mich aus Eitelkeit beschwere. Nein, meine Beschwernis rührt von einem anderen Grund her. Es ist in unserer Familie üblich, dass die ganze Last, für ein Auskommen zu sorgen, auf meine Schwester und mich fällt. Wenn meine Schwester einmal erkranken sollte, sie vielleicht Opfer der Gicht, des Rheumatismus oder eines Krampfes werden sollte – ohne hier noch andere mögliche Unfälle aufzählen zu wollen –, was sollte dann aus dem Schicksal unserer armen Familie werden? Müsste das Bedauern unserer Eltern nicht außerordentlich groß sein, dass sie so einen Unterschied zwischen Schwestern machten, die sich doch so ähnlich sind? Ach! Wir müssen im Elend verderben, weil es mir versagt ist, einen Bittstellerbrief zu kritzeln, und ich eine andere Hand verpflichten müsste, dieses Schreiben zu verfassen, welches ich die Ehre habe, Ihnen zu präsentieren.

Seien Sie so gnädig, Sir, meine Eltern auf die Ungerechtig-keit ihrer ungleichen Fürsorge aufmerksam zu machen, und die Notwendigkeit, dass sie ihre Aufmerksamkeit und Zuwen-dung beiden Kindern gleichermaßen zukommen lassen.

Ich verbleibe, mit profundem Respekt Sir,
Ihr ergebener Diener,
DIE LINKE HAND

Dieser kleine Essay hat dazu geführt, dass Franklin – wohl fälschlicherweise – zu den Linkshändern gezählt wird, ein Phänomen, das häufig im Zusammenhang mit berühmten oder auch berüchtigten Personen vorkommt, wie wir im nächsten Kapitel noch erfahren werden. Vorerst soll hier die Fürsprache Franklins unterstreichen, dass eine Umschu-lung von Linkshändern unnötig und schädlich ist und je-der, dessen dominante Hand die linke ist, ebenso viel Be-achtung und Förderung verdient wie ein Rechtshänder.

Wenn auch der Einsatz der bevorzugten Hand – oder un-ter Zwang der nicht bevorzugten – der wohl wichtigste Ein-flussfaktor hinsichtlich links und rechts beim Lernen ist, so kommt einem weiteren Phänomen ebenfalls große Bedeu-tung zu. Dieses hängt wiederum mit unserer Wahrneh-mung zusammen.

Ein enorm wichtiges Element bei der Aneignung von neuen motorischen Fertigkeiten ist das sogenannte Imitati-onslernen. Dabei handelt es sich um mehr als bloße Imi-tation, also Nachahmen. Beim Imitationslernen nimmt der Lernende Vorgänge zunächst wahr, durchdenkt sie und fin-det schließlich die beste Lösung für sich, das Gesehene zu imitieren.

Wie wir diese Vorgänge wahrnehmen, hängt wiederum

entscheidend davon ab, wie sie uns präsentiert werden. Wenn es beispielsweise darum geht, eine bestimmte Armbewegung zu erlernen, dann ist es nicht gleichgültig, ob derjenige, der sie uns demonstriert, sich uns frontal gegenüberstellt, uns seinen Rücken zuwendet oder seitlich von uns in einer Linie aufbaut. Im ersten Fall nehmen wir ihn nämlich wie unser eigenes Spiegelbild wahr, in den letzten beiden Fällen repräsentiert er unsere Köperlage eins zu eins.

Um sich die Wirkung von Spiegelbildern auf unsere Wahrnehmung zu verdeutlichen, muss man sich zunächst einmal klarmachen, was es grundsätzlich damit auf sich hat.

Bereits der griechische Philosoph Platon setzte sich in seiner Abhandlung »Timaios« damit auseinander:

Ebenso ist auch die Erzeugung der Bilder in den Spiegeln und der Widerschein in allen Körpern von glatter und glänzender Oberfläche hiernach nicht mehr schwer zu erklären. Denn indem sodann gemäß der Verbindung, welche beiderlei Feuer nach innen und nach außen zu stets mit einander eingehen, beide auf der glatten Oberfläche jedesmal in einen Punkt zusammentreffen und dadurch eine vielfältige Veränderung erleiden, so entstehen daraus notwendig alle hierbei vorkommenden Erscheinungen, zum Beispiel wenn das aus dem eignen Antlitz ausströmende Feuer in dieser Weise mit dem des Sehstrahls auf einer glatten und glänzenden Oberfläche verschmilzt. Als Rechtes nämlich erscheint dabei das Linke, weil die entgegengesetzten Teile des Sehstrahls dabei mit den entgegengesetzten Teilen von dem Lichtstrahl des gesehenen Gegenstandes in Berührung treten wider die sonst gewohnte Art ihres Zusammentreffens. Oder es erscheint auch im Gegenteil das Rechte wirklich als Rechtes und das Linke

als Linkes, sobald nämlich das Licht von innen her bei der
Verschmelzung mit dem anderen, mit welchem es verschmilzt,
nach der entgegengesetzten Seite hin fällt. Dies findet aber
dann statt, wenn die glatte Oberfläche des Spiegels von beiden
Seiten her erhöht ist und so das Rechte nach der linken Seite
des Sehstrahls und das Linke nach seiner rechten hindrängt.
Nach der Länge des Antlitzes aber gekehrt läßt dieser näm-
liche Spiegel alles kopfüber liegend erscheinen, indem er wie-
der das unten Befindliche nach der oberen und das oben Be-
findliche nach der unteren Seite des Sehstrahles hintreibt.

Platon beschäftigt sich also mit der Frage, wie ein Spiegel
etwas abbildet, das vor ihm steht. Er schreibt, dass ein glatter Spiegel rechts und links vertausche. Oben und unten
blieben jedoch erhalten, es sei denn, man biegt den Spiegel
so, dass er eine Höhlung bildet. Dann stellt er die Welt auf
den Kopf.

Mit diesem Problem haben sich viele weitere Denker und
Wissenschaftler auseinandergesetzt – und dabei immer
wieder gefragt, weshalb ein Spiegel links und rechts vertauscht, aber nicht oben und unten. Vielen ist dabei ent-
gangen, dass sie bereits einem falschen Ansatz auf den Leim
gegangen sind.

Prinzipiell weisen sowohl das Original als auch das Spiegelbild drei Dimensionspaare auf, die sich verändern könnten. Oben und unten, vorne und hinten sowie links und
rechts. Welches dieser Paare wird nun durch einen glatten,
herkömmlichen Spiegel vertauscht?

Mit einem einfachen Test können Sie das selbst herausfinden. Schreiben Sie auf ein Stück Papier ein Wort, zum
Beispiel LINKS. Halten Sie die Schrift dann vor einen Spie-

gel. Können Sie das Wort lesen? Sicher nicht so leicht wie auf dem Papier selbst, denn Spiegelschrift sind wir nicht gewohnt. Etwas ist anders, die Buchstaben scheinen merkwürdig in sich verdreht.

Nun schreiben Sie dasselbe Wort auf eine durchsichtige Unterlage, ein Glasstück oder eine Folie zum Beispiel. Dann halten Sie die Schrift vor den Spiegel, so dass Sie diese lesen können. Das funktioniert sicher besser.

Was ist hier los?

Dieses Beispiel zeigt eine Schwierigkeit bei der Wahrnehmung von Spiegelbildern. Entgegen der intuitiven Annahme sind im Spiegelbild nicht rechts und links vertauscht, sondern vorn und hinten. Rechts und links vertauschen in dem Beispiel mit dem Zettel nämlich wir selbst, wenn wir die Schrift dem Spiegel zuwenden. Das erkennt man gut, wenn man die Folie genauso vor den Spiegel hält wie das Stück Papier. Dann sind scheinbar auch hier die Seiten vertauscht.

Dass in einem Spiegel tatsächlich vorne und hinten ausgewechselt sind, erkennt man noch deutlicher, wenn man sich Abbildung 22 betrachtet.

Aber selbst wenn man eigentlich genau weiß, was und wie der Spiegel unser eigenes Gesicht abbildet, bereitet es immer wieder Schwierigkeiten, schnell und treffsicher mit der Hand etwas wegzuwischen, das wir in unserem virtuellen Konterfei entdecken. Ist das nun rechts oder links? Offensichtlich sind wir von der Natur und unserer Evolution nicht dafür ausgestattet, uns im Spiegel zu betrachten.

Vor einer ähnlichen Situation stehen wir, wenn uns etwas demonstriert wird, um uns etwas beizubringen – zum Beispiel eine bestimmte Aktion.

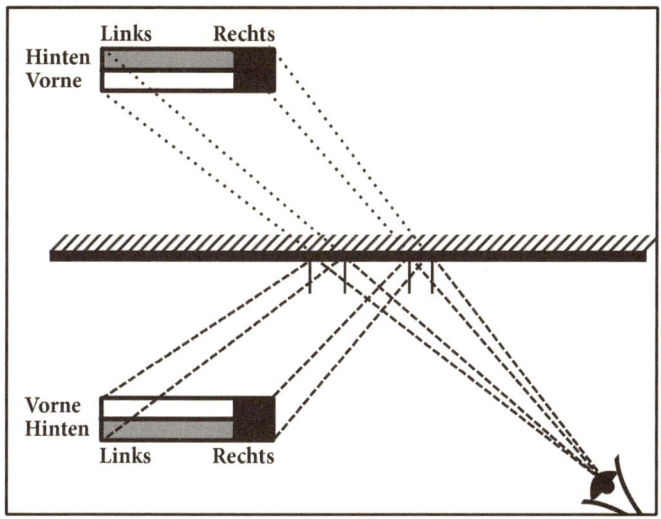

Abb. 22 Der Spiegel vertauscht lediglich vorne und hinten.

Kehren wir nun wieder zum Ausgangspunkt zurück, einer Situation, in der uns jemand frontal gegenübersteht und eine Armbewegung ausführt, sagen wir seine linke Hand an seine Stirn führt. Wir sollen diese Bewegung imitieren. Welchen Arm werden wir dafür nutzen?

Was zunächst wieder trivial klingt, ist das aber ganz und gar nicht. Grundsätzlich existieren zwei Möglichkeiten, der Instruktion zu folgen. Wir können die Armbewegung mit links ausführen, so dass wir sie tatsächlich eins zu eins kopieren und identisch beziehungsweise anatomisch korrekt der Aufforderung unseres Gegenübers nachkommen. Wir könnten uns aber auch wie das Spiegelbild des Lehrers verhalten und den rechten Arm heben.

Das Problem kennt jeder, der einem anderen mitteilen

will, er habe beispielsweise einen kleinen Soßenklecks an der Wange und mit einer wischenden Bewegung sagt: »Mach mal so!« Manchmal versteht der Angesprochene sofort, was wir meinen, manchmal wählt er zunächst die falsche Seite.

Wie Menschen nun eine solche Demonstrations-Situation wahrnehmen und wie sie darauf reagieren, interessierte unter anderem die britischen Psychologinnen Clare Press, Elizabeth Ray und Cecilia Heyes vom University College London. Bereits früher hatten Forscher erkannt, dass die Rate der anatomisch korrekt imitierenden Personen mit dem Alter zunimmt. Im Alter von acht bis 13 Jahren steigt die Rate von zehn Prozent auf die Hälfte. Von 14 bis 18 Jahren erhöht sich die Quote weiter bis auf etwa 85 Prozent.

Die drei Psychologinnen untersuchten nun, wie Menschen auf eine Demonstration einfacher Arm- und Beinbewegungen reagieren. Dazu animierten sie eine gezeichnete Figur auf einem Monitor. 20 Probanden im Alter von 19 bis 42 Jahren, darunter neun Männer, wurden angewiesen, die Bewegungen nachzumachen. Bewusst verzichteten die Experimentatoren darauf anzugeben, ob die Imitation anatomisch korrekt oder spiegelbildlich ausgeführt werden sollte.

Das Ergebnis: Die Versuchspersonen imitierten wesentlich häufiger anatomisch korrekt. Wenn die Figur auf dem Bildschirm den rechten Arm bewegte, taten das auch die Probanden. Wichtig dabei ist, dass man sich vergegenwärtigt, dass dieses Vorgehen von den Testpersonen eine Rotation im Geist nötig machte. Das heißt, um sich in die demonstrierende Person hineinzuversetzen, mussten sie in ihrer Vorstellung den eigenen Körper um 180 Grad drehen.

Die Probanden, die anatomisch korrekt imitierten, machten auch viel weniger Fehler als diejenigen, die sich wie das

Spiegelbild der Figur verhielten. Diesen Hang zur anatomisch korrekten Nachahmung hatten bereits 1995 die Japaner Tadao Ishikura und Kimihiro Inomata herausgefunden, als sie 30 Testpersonen Ballettübungen imitieren ließen. Was dabei am meisten erstaunt: Menschen lernen auf diese Art nicht besser, sondern schlechter im Vergleich zur spiegelbildlichen Imitation. Weil die meisten Menschen aber dabei bleiben, Bewegungen anatomisch korrekt nachzuahmen, hat sich nicht nur in der Wissenschaft eine Redewendung etabliert, wenn es um diese Form des Lernens geht »Adults prefer to do it the hard way«. Frei übersetzt: Erwachsene lieben die harte Tour.

Wenn man sich also entscheidet, jemandem eine Handlung zu demonstrieren, dann sollte man sich gut überlegen, mit welcher Körperseite man agiert. Im Prinzip lernen Menschen besser, nimmt der Lehrer ihre Perspektive ein. Das heißt, um eine Bewegung vorzumachen, stellt man sich am besten neben den Schüler. Das erspart dem Lernenden die mentale Rotation, die er durchführen müsste, würde es ihm frontal präsentiert.

Das ist besonders wichtig im Umgang mit Kindern, wie auch eine Studie aus dem Jahr 2000 belegt. Darin wurde untersucht, wie Kinder im Vorschulalter Bewegungen imitieren. Ein Studienleiter setzte sich vor sie, und fasste sich an die Ohren. Dazu nutzte er entweder nur eine oder beide Hände gleichzeitig. Insgesamt sind also sieben Kombinationen möglich. Mit der linken Hand ans linke oder rechte fassen. Dasselbe kann man selbstverständlich auch mit der Rechten tun – ergibt also schon vier verschiedene Möglichkeiten. Man kann sich aber auch mit beiden Händen gleichzeitig an das Ohr ein und derselben Seite fassen – zwei weitere Möglichkeiten, womit wir schon bei sechs Varianten wären. Oder die Arme überkreuzen sich, und die Rechte fasst ans linke Ohr und die Linke ans rechte. Insgesamt also sieben verschiedene Möglichkeiten.

Die 15 getesteten Kinder im Alter zwischen drei und fünf Jahren sollten diese Bewegungen spiegelbildlich und nicht anatomisch korrekt imitieren, so wie es Kinder in diesem Alter bevorzugen. Das konnten sie auch leidlich gut. In etwa einem Viertel der Fälle machten sie jedoch Fehler – und das besonders häufig, wenn die rechte Hand ans linke Ohr fasste oder die linke ans rechte, also immer nur eine Hand die Mittelachse des Körpers kreuzte. Zwar fassten sich die Kinder dann immer noch ans richtige Ohr, aber mit der falschen Hand.

Vereinfacht man das Experiment, zeigen sich andere Ergebnisse: Jeweils eine Hand fasst nur an ein Ohr, das vorher festgelegt wird. Also greifen die Hände immer nur an das linke oder das rechte Ohr. Jetzt müssen die Kinder keine Entscheidung hinsichtlich des Ohres treffen, sondern sich immer nur noch für den richtigen Arm entscheiden und machen so gut wie keine Fehler mehr. Dasselbe Phänomen zeigt sich, wenn auf zwei Punkte auf einem Tisch gezeigt oder nur der entsprechende Arm vorgestreckt werden soll. Dabei machen die Kinder mehr Fehler, wenn zwei Punkte auf dem Tisch sind. Das Ziel lenkt von der Wahl des richtigen Armes ab. Zwei Richtungsentscheidungen konkurrieren miteinander und überfordern das Gehirn, so dass es Prioritäten setzt. In diesem Fall ist das Ziel wichtiger.

Neben der Perspektive auf denjenigen, der uns etwas vormacht, übt auch die Händigkeit einen Einfluss darauf aus, wie wir eine Bewegung wahrnehmen. Die Gehirne von

Links- und Rechtshändern reagieren nämlich anders auf die Demonstration einer Bewegung mit rechts oder links. Die britischen Psychologen Mark Gardner und Rosalind Potts zeigten konsistenten Rechts- und Linkshändern sowie inkonsistenten Linkshändern eine stilisierte Figur, die in einer Hand einen weißen, in der anderen einen schwarzen Ball hält. Je nach der Händigkeit reagierten die Probanden unterschiedlich schnell auf die Frage, in welcher Hand die Figur den schwarzen Ball hält. Linkshänder erkennen deutlich schneller, dass die Figur den schwarzen Ball in der Linken hält, während Rechtshänder und die Inkonsistenten flotter auf den schwarzen Ball in der Rechten reagieren. Dieses Phänomen tritt ebenfalls auf, wenn die Versuchspersonen die Figur von hinten sehen.

Die Beobachtung der Hirnaktivität von Links- und Rechtshändern bestätigt diesen Befund. Betrachtet ein Linkshänder eine Bewegung eines anderen mit dessen rechter Hand, dann sind besonders jene Gehirn-Areale aktiv, denen eine wichtige Funktion beim Hineinversetzen in andere zugeschrieben wird – und zwar in der rechten Hirnhemisphäre des Linkshänders, also jener Hälfte, die für die Steuerung der dominanten Linken verantwortlich ist. Bei Rechtshändern ist dann die linke Seite aktiv. Betrachtet ein Linkshänder jemanden, der mit seiner Linken agiert, sind ebenfalls die rechten Areale aktiver. Der Rechtshänder zeigt dasselbe Aktivitätsmuster. Ein Linkshänder sollte sich demnach leichter damit tun, wenn ihm ein Rechtshänder frontal etwas mit rechts demonstriert und er es mit seiner Linken nachahmen soll. In diesem Fall muss der Schüler nicht erst noch umschalten. Sowohl das Hineinversetzen in den Lehrer als auch die anschließende Aktion werden ja von derselben Gehirnhälfte geleistet. Dasselbe gilt natürlich mit umgekehrter Seitenangabe für Rechtshänder. Beim Demonstrieren einer Tätigkeit ist es also keineswegs unwichtig, wie man sich gegenüber einem Schüler positioniert und ob es sich um einen Rechts- oder Linkshänder handelt.

Revolverheld und Jahrhundertgenie

Der 14. Juli 1881 markiert den endgültigen Beginn einer Legende. In den Abendstunden dieses Tages, so zumindest die offizielle Version, hauchte der berüchtigte Revolverheld William Henry Bonney, bekannt als Billy the Kid, in einem Weiler in New Mexiko namens Fort Sumner sein Leben aus. Über die Todesumstände des 20-Jährigen kursieren verschiedene Versionen. Jedenfalls war der zum Tode Verurteilte geflohen, nachdem er die zwei Wächter, die extra für seine Bewachung abgestellt worden waren, erschossen hatte. Was auch immer im Detail geschehen sein mag, Sheriff Pat Garret verfolgte den Gesetzlosen und tötete ihn in dessen Schlafzimmer – wohl aus dem Hinterhalt – mit einem Schuss in die Brust. Damit fand zwar die Karriere des als Gelegenheitsdieb gestarteten Pistoleros ein jähes Ende, der Nährboden für Mythen und Legenden war dagegen bereitet.

William Henry McCarty wird 1859, vermutlich am 23. November, geboren. Der Junge gilt als aufgeschlossen und hilfsbereit. Nach dem Tod seiner Mutter 1874 – sein leiblicher Vater wurde nie bekannt – schlägt sich der Verwaiste mit Gelegenheitsjobs durch. 1875 fällt er zum ersten Mal durch Diebstahl auf, ein Käse ist seine Beute. Im selben Jahr wird er erneut verhaftet, diesmal wegen Kleiderdiebstahls. Doch zwei Tage nach seiner Arretierung flieht der Teenager durch den Schornstein des Gefängnisses. Von da ab ist Billy meist auf der Flucht. 1877 tötet er den Hufschmied Frank Cahill, der erste belegte Tote auf seiner Spur. Noch im selben Jahr nimmt er als Kombattant in einem Streit zwischen Viehzüchtern teil. Im sogenannten Lincoln-County-Rinderkrieg kämpfen Viehbarone um das Monopol im Rinderhandel. McCarty schließt sich einer Seite an und wird in zahlreiche Kämpfe verwickelt, in deren Verlauf mehrere Männer sterben.

Schließlich muss der Revolverheld fliehen und sich über die Grenze New Mexikos in Sicherheit bringen. Erst als ihm der Gouverneur Straffreiheit für seine Aussage in einem Strafprozess zu dem Rinderkrieg verspricht, kehrt er wieder zurück. Allerdings hält der Gouverneur die Absprache nicht ein und Billy flieht abermals. Der Outlaw schlägt sich mit Diebereien durch und erschießt im Januar 1880 nachweislich einen Mann in einem Saloon in Fort Sumner, der sich gebrüstet haben soll, dass er Billy the Kid töten werde, sollte er ihm einmal begegnen.

Ende desselben Jahres heftet sich besagter Sheriff Pat Garrett an die Fersen des Gesuchten und verhaftet ihn in einem Prärie-Nest namens Stinking Springs. Billy the Kid wird der Prozess gemacht, und am 13. April 1881 wird er zum Tod am Galgen verurteilt. Doch am 28. April gelingt dem Verurteilten zum letzten Mal die Flucht, bei der er seine Wächter erschießt. Pat Garrett verfolgt ihn erneut, und kurz vor Mitternacht des 14. Juli feuert er seinen tödlichen Schuss auf die Westernlegende ab.

Seither blühen die Spekulationen, was in dieser Nacht wirklich geschah – bis hin zur Theorie, dass Billy the Kid gar nicht gestorben sei, sondern als John Miller weitergelebt und im August 1881 geheiratet habe. Mysteriös ist auch die

Zahl der Opfer, die den Tod durch den Schnellschützen gefunden haben sollen. Die Angaben schwanken zwischen neun und 21 – vier gelten als gesichert.

Sagenhaft ist neben seiner Gefährlichkeit eine weitere Eigenheit, die ihn zu etwas Besonderem macht: Billy the Kid soll Linkshänder gewesen sein.

Diese Annahme beruht unter anderem auf einer fotografischen Aufnahme, der einzigen, die von dem Revolverhelden existiert. Es ist eine sogenannte Ferrotypie. Dieses Verfahren wandten vor allem amerikanische Fotografen zwischen der zweiten Hälfte des 19. bis zum Anfang des 20. Jahrhunderts an. Weil es sehr einfach und gleichzeitig robust war, setzten es bevorzugt Straßen- und Jahrmarktsfotografen ein. Bei der Ferrotypie wird eine auf einem geschwärzten Blech aufgebrachte, lichtempfindliche Schicht aus Jod- und Bromsilber belichtet. Durch die hinterlegte schwarze Schicht des Bleches, erscheinen die eigentlich im Negativ hellen Stellen dunkel. Man betrachtet das Bild wie ein Positiv.

Das Bild von Billy the Kid zeigt einen jungen Mann mit Hut, Weste und den unvermeidlichen Utensilien eines Waffennarren: einer Winchester-Büchse und einem Revolver. Der Urheber des Bildes ist unbekannt. Genau bekannt ist dagegen der Preis, den dieses etwa acht mal fünf Zentimeter kleine Bild im Juni 2011 während einer Auktion in Denver erzielte: 2,3 Millionen Dollar musste ein Sammler dafür berappen. Es ist damit bis heute eines der teuersten Fotos der Geschichte überhaupt.

Kurios ist die Geschichte dieses Fotos auch deshalb, weil es unfreiwillig, aber entscheidend zur Legende der Linkshändigkeit von Billy the Kid beigetragen hat. Lange Zeit

Abb. 23a Das einzige Foto, das von William McCarty existiert. Berühmt wurde er unter den Namen William Bonney oder auch Billy the Kid. Das Foto soll die Linkshändigkeit des Revolverhelden beweisen, da er den Holster hier links trägt (Bild in etwa in Originalgröße).

kursierte das Bild in der Version, die man in Abbildung 23a sieht.

Das Foto ist der einzige vermeintliche Beleg dafür, dass Billy the Kid Linkshänder gewesen sein soll. In keinem Bericht über ihn ist etwas über seine Händigkeit vermerkt, und bei näherem Hinsehen entpuppt sich auch das Foto als entlarvend.

Wenn auf dem Bild alles richtig herum dargestellt wäre, dann wäre es in der Tat noch außergewöhnlicher als es ohnehin bereits ist. So würde die Weste, die der junge Mann trägt, die Knopfleiste tatsächlich links tragen. Ein Umstand, der bis heute fast ausschließlich Frauenblusen vorbehalten ist. Kaum anzunehmen, dass in der konservativen Gesellschaft aus Cowboys und Revolverhelden ausgerechnet Billy the Kid eine Frauenweste angezogen haben sollte.

Dasselbe gilt für den Gürtel. In der Regel schließen Gürtel so, dass der Dorn ihrer Schnalle nach rechts weist – unabhängig von der Händigkeit seines Trägers. Selbst wenn man annimmt, dass der angebliche Linkshänder diese beiden Accessoires gezielt wegen seiner Händigkeit oder eines modischen Spleens so ausgewählt hätte, verrät ein anderes Indiz die Spiegelverkehrung des Bildes.

Die Büchse, die der Mann auf dem Bild präsentiert, ist eine Winchester, Modell 1873. Von dem Gewehr wurden zwischen 1873 bis 1919 mehr als 720 000 Stück hergestellt. Unter anderem war auch die Armee des Osmanischen Reichs damit ausgerüstet. Mit der Repetierbüchse konnte man Munition verschießen, die auch für Revolver üblich war – ein Umstand, den ein Schnellschütze wie Billy the Kid sicher zu schätzen wusste. Das Gewehr ist derart berühmt, dass ihm 1950 sogar ein Film mit dem bekannten Schauspieler James Stewart gewidmet wurde: »Winchester '73«.

Die Waffe zeichnet sich unter anderem dadurch aus, dass sie eine seitliche Ladeklappe hat. Diese befindet sich bei allen Gewehren auf der rechten Seite. Würde das Bild von

Billy the Kid alles richtig herum zeigen, dann würde sich bei dieser Winchester 1873 die Klappe allerdings links befinden – was der Hersteller als unmöglich ausschließt. Die Version des Fotos, die den Revolverhelden zum Linkshänder macht, ist also eine spiegelverkehrte. Kontert man das Foto, was in Zeiten digitaler Bildbearbeitung in Sekundenschnelle möglich ist, dann erkennt man die Täuschung, der man unterlegen ist (siehe Abbildung 23b). Billy the Kid war Rechtshänder.

Trotzdem hat sich der Mythos des mutigen und linkshändigen Schnellschützen derart verfestigt, dass 1958 auch ihm ein explizites cineastisches Denkmal gesetzt wurde. Paul Newman spielte damals die Hauptrolle in »The Left Handed Gun«, frei übersetzt etwa »Der linkshändige Revolver«. Glücklicherweise klingt das im Deutschen sehr ungelenk und die Filmverleiher gaben dem Streifen einen anderen Namen. In Deutschland lief er deshalb unter dem Titel »Einer muss dran glauben« in den Kinos. Zwar erhielt der Film wegen seines wenig schmeichlerischen Blicks auf das Leben eines Pistoleros positive Kritiken. Aus Sicht der Authentizität bezüglich der Händigkeit des Helden fällt er jedoch durch: Der Hauptdarsteller ballert in dem 102 Minuten langen Film tatsächlich mit dem Revolver in der linken Hand auf seine Feinde.

Ob man als Linkshänder nun traurig ist, dass diese legendäre Western-Figur nicht zur eigenen Gruppe gehört und man nicht mehr vom Hauch der Gefährlichkeit umweht ist, oder Freude darüber empfindet, nicht mehr mit einem Outlaw in einen Topf geworfen zu werden, bleibt jedem selbst überlassen. Das Beispiel Billy the Kid belegt auf jeden Fall, wie schwer es sein kann, die Händigkeit eines berühm-

Abb. 23b Das ist die richtige Version des Fotos von Billy the Kid. Man erkennt klar: Der Revolverheld war Rechtshänder.

ten Menschen unabhängig von Mythen und Legenden tatsächlich zu ermitteln.

Billy the Kid ist nur ein Beispiel für viele berühmte oder auch berüchtigte Persönlichkeiten, von denen behauptet wird, sie seien Linkshänder gewesen. Ob man das nun begrüßt, weil man hofft, als Linkshänder auch ein wenig vom Glanz anderer zu profitieren, oder ob man sich ärgert, weil man schlichtweg der Meinung ist, dass es so eine Mystifizierung der Linkshänder gar nicht braucht, immer hängt es mit der unausgesprochenen Intuition zusammen: Linkshänder sind irgendwie anders. Allerdings sollte mittlerweile klar geworden sein, dass das so jedenfalls nicht stimmt. Auch der Mythos, dass Linkshänder besonders begabt, intelligent oder schöpferisch seien, muss hier – für manchen sicherlich leider – begraben werden. Beispielsweise ist immer wieder zu lesen, dass unter den Mitgliedern von Mensa, einer Vereinigung für Hochbegabte, überdurchschnittlich viele Linkshänder zu finden seien. Mensa Deutschland bestätigt das nicht. Zwar existieren keine offiziellen und repräsentativen Zahlen zum Linkshänder-Anteil bei den Vereinsmitgliedern, allerdings antworteten bei einer Befragung im Jahr 2010, an der mehr als 1500 Mitglieder teilnahmen, nur sieben Prozent auf die Frage nach der Händigkeit mit »links«. Vier Prozent sind nach der Umfrage umgeschulte Linkshänder. Selbst wenn man beide Prozentzahlen addiert, ergibt sich daraus kein erhöhter Anteil der Linkshänder in Mensa im Vergleich zur restlichen Bevölkerung.

Zu der Legendenbildung, Linkshänder seien außergewöhnlich begabt, hat sicherlich auch ein echtes Jahrhundertgenie unfreiwillig beigetragen: Leonardo da Vinci.

Der bedeutendste Künstler und Wissenschaftler der Renaissance wurde am 15. April 1452 im italienischen Anchiano bei Vinci als Leonardo di ser Piero geboren. Später bekam er den Beinamen da Vinci als Hinweis auf seine Herkunft aus der Ortschaft Vinci.

Der vielfach gerühmte Maler, Bildhauer, Architekt, Ingenieur, Mechaniker, Anatom und Naturphilosoph gilt als der Universalgelehrte par excellence und schuf grandiose und erstaunliche Werke. In seinen 67 Lebensjahren vollbrachte er eine beinahe übermenschlich erscheinende Leistung auf so vielen Gebieten der Kunst und Wissenschaft, dass erst gar nicht der Versuch gemacht werden soll, diese ansatzweise zu beschreiben. Uns soll nur die viel beschriebene Linkshändigkeit Leonardos interessieren und ein Phänomen, das in der Wissenschaft als Mirror Writing, also Schreiben in Spiegelschrift bekannt ist.

Die erste Beschreibung dieses Phänomens stammt von dem aus Hohenlohe stammenden Arzt Rosinus Lentilius. 1698 beobachtete er ein linkshändiges, epileptisches Mädchen und erfasste an ihr das Phänomen der Spiegelschrift.

Leonardo hat viele seiner Texte in eben dieser Spiegelschrift verfasst, laut Augenzeugenberichten und nach Schriftbildanalysen mit seiner linken Hand. Das entspricht auch den allgemeinen Charakteristika, die sich bei Menschen mit diesem Symptom zeigen. Spiegelschrift tritt in der Regel bei der linken Hand auf und kann verschiedene Ursachen haben. Kinder, die das Schreiben erlernen, zeigen manchmal dieses Phänomen. Meist verschwindet es wieder, spätestens im Teenageralter.

Manche Künstler bringen es sich bewusst bei, um beispielsweise Druckplatten für Gravuren herstellen zu können. Als Symptom von gesundheitlichen Problemen kann Spiegelschrift unter anderem nach Schädigungen der linken Gehirnhälfte bei Rechtshändern auftreten, zum Beispiel in Folge eines Schlaganfalls. Neurologische Erkrankungen wie die Parkinson-Krankheit können ebenfalls zur Spiegelschrift führen.

Bei linkshändigen Kindern, die gezwungen werden, mit rechts zu schreiben, kann Spiegelschrift mit der Linken ebenfalls auftreten – quasi als Kompensation für die dominante Hand. Rechtshänder können dagegen Spiegelschrift zeigen, wenn beispielsweise eine Verletzung der Rechten zur Umschulung auf das Schreiben mit der Linken zwingt.

Wieso verfasste Leonardo da Vinci seine Texte in Spiegelschrift? Übrigens tat er das zwar ausgiebig, aber nicht ausschließlich, wie immer wieder behauptet wird. Er war sehr wohl in der Lage, auch der Konvention entsprechend zu schreiben. Eine Theorie besagt, dass er die Spiegelschrift nutzte, weil er die damals äußerst aktive und bedrohliche Inquisition der katholischen Kirche fürchtete und den Inhalt seiner Schriften verbergen wollte. Diese These erscheint wenig stichhaltig, denn das Entziffern wäre sehr leicht gewesen – entweder mit Hilfe eines Spiegels oder mit einer Lichtquelle hinter dem umgedrehten Papier, so dass die Tinte im durchscheinenden Licht zu lesen gewesen wäre.

Einer anderen Theorie zufolge erlitt der Meister im jungen Alter eine Verletzung der rechten Hand und musste auf links umschulen. Als Indiz wird unter anderem eine Zeichnung einer deformierten rechten Hand angeführt, die angeblich Leonardos eigene Rechte darstellt. Für diese Theorie gibt es jedoch keine schriftlichen Belege.

Wiederum andere glauben, Leonardo sei Linkshänder gewesen, da zu seinen Lebzeiten Linkshändigkeit allerdings verfemt war und als Hexenwerk betrachtet wurde, wäre er auf rechts umgeschult worden oder hätte sich selbst auf rechts umgeschult. Dagegen spricht, dass Leonardo zwar mit links malte und schrieb, er sich aber selbst nie auf eine erzwungene oder selbst auferlegte Umschulung bezog – was bei seinen vielseitigen Interessen erstaunlich wäre.

Den wichtigsten Hinweis liefert eine Aufzeichnung des Sekretärs des Kardinals Luigi de Aragon. Im Oktober 1517 besuchten der Kardinal und sein Begleiter Antonio de Beatis den Künstler. Der Sekretär berichtet davon, dass Leonardo ihm und dem Kardinal drei Gemälde präsentierte und spielt in seinem Bericht auch auf eine Erkrankung des Meisters an: »Man kann in der Tat keine weiteren guten Arbeiten mehr von ihm erwarten, da eine gewisse Lähmung seine rechte Hand unbrauchbar gemacht hat. Aber er hat einen Schüler, einen Mailänder, der ganz gut malt. Und obwohl der Herr Leonardo nicht mehr in der Lage ist, mit der Sanftheit oder Lieblichkeit zu malen, die charakteristisch für ihn gewesen ist, so kann er doch noch immer grobe Skizzen entwerfen und andere instruieren.«

Die Lähmung, die de Beatis anspricht, hatte vermutlich ein Schlaganfall verursacht. Da Leonardo diesen Schlaganfall aber wohl erst im selben Jahr erlitten hatte, fällt diese Lähmung als Ursache für das Benutzen seiner linken Hand zum Schreiben und Malen aus. Allerdings kann man de Beatis' Äußerung so interpretieren, dass Leonardo üblicherweise mit rechts malte, er also tatsächlich Rechtshänder war.

Was stimmt denn nun?

Mit letztendlicher Sicherheit wird sich die tatsächliche Händigkeit von Leonardo da Vinci wohl nicht mehr bestimmen lassen. Am wahrscheinlichsten ist aber, dass er ein Rechtshänder war, der auch seine Linke gezielt schulte – oder dass Leonardo tatsächlich Beidhänder war.

Das Beispiel des Jahrhundertgenies macht eines deutlich:

Die Suche nach dem Besonderen der Linkshänder, im Positiven wie im Negativen, wird wohl nie aufhören. Deshalb werden auch viele berühmte Namen in Verbindung mit Linkshändigkeit gebracht, obwohl es dafür keine schlüssigen Beweise gibt. Der Münchner Verein Linkshänder e.V. klärt im Internet unter www.beruehmtelinkshaender.info über die Irrtümer im Zusammenhang mit prominenten Linkshändern auf und listet unter anderem falsche oder nicht belegte Linkshänder. Die Recherchen des Vereins und anderer Forscher ergeben eine illustre Gesellschaft vermeintlicher Linkshänder: Alexander der Große, Julius Caesar, Albrecht Dürer, Wolfgang Amadeus Mozart, Ludwig van Beethoven, Johann Wolfgang von Goethe, Franz Kafka, Albert Einstein, Marylin Monroe, Neil Armstrong, Pablo Picasso. Die Reihe der angeblichen Linkshänder ließe sich beliebig lange fortsetzen. Indes existieren für alle genannten Namen – wie für so viele andere – keine stichhaltigen Belege, dass sie Linkshänder waren; weder Gemälde noch Fotos, noch Filmaufnahmen, noch Aussagen von Zeitgenossen oder eigenhändige Aufzeichnungen. Genauso wenige Indizien gibt es dafür, dass sie Rechtshänder waren – was nicht erstaunt, denn wer würde in einem Tagebuch extra vermerken, dass er Rechtshänder ist. Die Händigkeit dürfte nur dann eine Rolle spielen, wenn sie mit Problemen verbunden ist. Und das ist die wirklich gute Nachricht: Offensichtlich schlagen sich die meisten Linkshänder hervorragend durchs Leben. Anders wäre es kaum zu erklären, dass es selbst bei denjenigen, die tatsächlich Linkshänder waren, gar nicht so einfach ist, das zweifelsfrei zu belegen.

Letztendlich tritt mit dem Bemühen, prominente Linkshänder zu finden, neben dem Bedürfnis nach Identifikationsfiguren auch der Drang nach Mustererkennung zutage. Wie ganz zu Beginn des Buches erläutert, sind wir ständig auf der Suche nach Wiederkehrendem, um es in bestimmte Schemata einsortieren zu können. Das verleiht eine nur trügerische Sicherheit. Ein entspannter Umgang, wie er offensichtlich aus vielen Biographien von berühmten Linkshändern abzulesen ist, wäre da wesentlich hilfreicher.

Zum Trost für alle, die ob der nicht zutreffenden Linkshändigkeit der genannten Prominenten hadern, sollen hier noch einige sehr berühmte und eindeutig identifizierte Linkshänder genannt werden: Paul McCartney, Jimi Hendrix, Douglas Adams, Barack Obama, Bill Clinton, George H. W. Bush, Ronald Reagan, Paul Klee, Angelina Jolie, Morgan Freeman, Desmond Tutu, Martina Navratilova, Mezut Özil. Zugegeben, eine beliebige Auswahl, aber es sollte für jeden Geschmack ein Prominenter dabei sein.

Das Bedürfnis, berühmte Linkshänder zu identifizieren, hängt sicher auch mit der kulturellen Prägung zusammen. Sie resultiert wiederum aus der Sprache, der Religion, der Kunst und aus banalen Alltagserfahrungen. Linkshänder, so die allgemein verbreitete Meinung, wurden und werden teilweise auch heute noch schief angesehen. Das ist jedoch eine zu extreme Sichtweise. Denn nicht immer schneidet links schlechter ab als rechts.

Scheiterhaufen und die tödliche Linke

Der Duden listet 208 Wörter und Begriffe im Zusammenhang mit »rechts« beziehungsweise »recht«. Darunter tummeln sich Worte wie Rechtsanwalt, Rechtsverdreher, Rechtser – veraltet für Rechtshänder –, Rechtsaußen, rechtzeitig, rechtlich, rechtsextrem, rechtsum, rechtsufrig und viele mehr. Allerdings beziehen sich nur 41 dieser Wörter auch tatsächlich auf eine Richtungsangabe, also den Wesenskern von rechts. Die Mehrzahl hat einen ganz anderen Bezug. Das Recht, also die in Gesetzestexten ausgedrückte Form gesellschaftlicher Normen, nimmt dabei den größten Teil ein, gefolgt von Begriffen, die auf das politische Spektrum anspielen. Zwar rührt Letzteres auch von der Richtungsangabe rechts her, hat aber mittlerweile eine eigenständige Bedeutung angenommen.

Dagegen führt das Standardwerk der deutschen Sprache lediglich 59 Wörter und Begriffe im Zusammenhang mit »links« beziehungsweise »link« auf. Hier beziehen sich 41 auf eine Richtungsangabe – also der übergroße Anteil. Neben der neusprachlichen Wortschöpfung des Link, also des Querverweises im Internet, beziehen sich andere Worte auf eine entsprechende politische Ausrichtung. Vor allem aber sticht »linkisch« aus der im Vergleich zu den Rechts-Wörtern überschaubaren Ansammlung an Begriffen mit link beziehungsweise links hervor. Grundsätzlich haftet an Worten, die mit links beginnen, eher eine negative Bewertung.

Auch Redewendungen im Zusammenhang mit links sind in der Regel abwertend gemeint. Jemanden hereinlegen, heißt ihn zu linken. Mit demjenigen hat man eine linke Tour veranstaltet. Wer linkisch ist, gewinnt nicht gerade Sympathien. Und wer sinister ist, das lateinische Wort für links, der ist uns nicht geheuer. Etwas mit links erledigen, bedeutet eine Aufgabe anzugehen, die auch der Ungeschickteste bewältigt. Etwas links tragen oder auf links wenden heißt, die falsche Seite nach außen zu kehren. Jemand ist ein linker Hund – ein rechter Hund ist niemand. Selbst in Bayern lautet die für Halunken anerkennende Redewendung: »A Hund isser scho« – und nicht »A rechter Hund«. Eine Sache links liegen zu lassen, bedeutet sie mit Verachtung zu strafen. Übrigens eine Formulierung, die bereits in der Bibel vorkommt, wo es in der Apostelgeschichte heißt: »Als wir aber Zypern erblickten, ließen wir es links liegen, fuhren nach Syrien und gelangten nach Tyrus; denn dort sollte das Schiff die Fracht ausladen.«

Schon hierbei wird deutlich, dass bereits in der Sprache bei rechts eher Positives mitschwingt, links wird eher dem Negativen zugeordnet. Das mag unter anderem damit zusammenhängen, dass Rechtshändern, die ja bei weitem in der Mehrheit sind, vieles rechts leichter von der Hand geht. Das zeigt bereits der auf Seite 101 erwähnte Versuch, bei dem ein Skihandschuh die geschickte rechte Hand behindert, wodurch sich die positive Grundhaltung gegenüber dieser Seite verändert. Normalerweise ist rechts für Rechtshänder geschickter, besser, leichter. Deshalb verwundert es nicht, dass in einer von Rechtshändern dominierten Welt auch ihre Sprache diesen Zusammenhang schafft.

Die frühesten Hinweise darauf, dass rechts und links

über die bloße Richtungsangabe hinaus eine moralische oder religiöse Bedeutung erhielten, datieren bis in die Steinzeit. In der sogenannten Glockenbecherkultur, die bis etwa 2200 vor Christus in Süd-, West- und Mitteleuropa andauerte, bestatteten die Angehörigen dieser Kultur ihre Toten in charakteristischer Art und Weise in Erdgräbern. Die Verstorbenen wurden in gehockter, der Embryonalhaltung ähnelnder Position begraben. Die Ausrichtung der Leichname orientierte sich dabei an deren Geschlecht. Frauen wurden mit dem Kopf nach Süden und den Füßen nach Norden bestattet. Ihre Extremitäten wurden nach rechts gewandt. Männer lagen dagegen mit dem Kopf nach Norden und den Füßen nach Süden im Grab. Ihre Extremitäten waren nach links ausgerichtet. Beide Geschlechter blickten also nach Osten in Richtung der aufgehenden Sonne.

Etwa zeitgleich existierte in Nord-, Mittel- und Osteuropa die nach ihrer Schnurkeramik benannte Kultur. Ihre Angehörigen beerdigten ihre Toten ebenfalls in Hockstellung und seitlich liegend. In Mitteleuropa lagen die Frauen mit dem Kopf nach Osten und den Füßen nach Westen. Männer wurden in der entgegengesetzten Richtung, mit dem Kopf nach Westen begraben. Der Blick ist Richtung Süden gewandt, zum Zenit der täglichen Sonnenbahn. Außerdem liegen Männer stets auf ihrer rechten Seite, Frauen auf der linken.

Noch ältere Zeugnisse der Links-rechts-Symbolik finden sich in der sogenannten Kurgan-Kultur, die sich ab dem fünften Jahrtausend vor Christus vom Don und Gebieten nördlich des Kaspischen Meeres bis ins östliche Mitteleuropa ausbreitete. Ihre Angehörigen bestatteten Frauen und Männer ebenfalls in unterschiedlicher Lage, meist spiegelbildlich entweder auf der linken oder rechten Seite liegend und ebenfalls an der Nord-Süd- oder der Ost-West-Achse ausgerichtet.

In dieser frühen Zeit hatten links und rechts also bereits rituelle Bedeutung – wenn auch heute kaum mehr auszumachen ist, welchen tieferen Sinn die Menschen der Steinzeit darin sahen.

Von einer manifesten Identifikation von links und rechts mit den Geschlechtern im fünften Jahrhundert vor Christus haben wir dagegen bereits erfahren. Wir erinnern uns, damals empfahl der griechische Philosoph Anaxagoras seinen Geschlechtsgenossen, sich den linken Hoden vor dem Geschlechtsverkehr abzuschnüren, um männliche Nachkommen zu zeugen. Wenn auch dieser Ratschlag trotz seiner Kuriosität über Jahrhunderte weiter verbreitet wurde, so haben doch andere Philosophen, vor allem Aristoteles, weit mehr Einfluss auf die Bewertung von links und rechts genommen. Schon die Griechen betrachteten die Rechte als die starke, machtvolle, gute Seite und links eher als schlecht.

So stellte im fünften Jahrhundert vor Christus der griechische Philosoph Empedokles einen Zusammenhang zwischen dem Geschlecht des Menschen und rechts und links her. Der Uterus der Frau sei zweigeteilt. In der heißeren rechten Hälfte entstünden Jungen, in der linken, kälteren Mädchen.

Auch in der »Ilias« des Dichters Homer wird die positive Assoziation der Griechen im Zusammenhang mit der Rechten deutlich. Während der Belagerung Trojas durch die Hellenen kommt es zum Kampf zwischen Achilles und dem Troja-Verteidiger Asteropaios. Homer macht auf eine Besonderheit des Kriegers aufmerksam, seine Beidhändigkeit:

»… allein zwei Lanzen zugleich warf Asteropaios, der Held, der rechts mit jeglicher Hand war.« Auch bei Homer steht »rechts« also für geschickt, gewandt, kräftig.

Besondere Bedeutung erlangte rechts und links für das Militär der antiken Griechen. Seit dem siebten Jahrhundert entwickelten sie die Schlachtformation der Phalanx. Dabei stehen die Kämpfer in dichten Reihen Schulter an Schulter. Jeder Soldat trägt in der Linken einen Schild zur Abwehr feindlicher Geschosse oder Schwerthiebe. In der Rechten hält er seine Waffe, einen Speer beispielsweise, eine Lanze oder ein Schwert. Die Krieger stehen mit dem linken Bein nach vorne ausgerichtet, der Schild deckt ihren Körper und das rechte Bein stützt nach hinten ab. Die Soldaten der Phalanx haben die Tendenz, sich möglichst eng aneinander zu drängen, denn dann schützt sie nicht nur ihr eigener Schild, sondern auch die Abwehr des Nachbarn. Die Schlachtreihe bestand üblicherweise aus einem linken und einem rechten Flügel und einem Zentrum. Der rechte Flügel hatte einen Nachteil. Der jeweils letzte Soldat in der Reihe trug seinen Schild ja auch in der linken Hand. Durch diese Anordnung bot er aber auf seiner rechten Seite eine offene Flanke für Angriffe. Deshalb tendierten die Kämpfer am rechten Rand des Flügels immer ein wenig mehr dazu, nach rechts zu drängen, damit der Feind sie nicht überflügeln konnte. Da aber alle anderen Soldaten, im Bestreben dicht zusammenzubleiben, nachrückten, tendierte die ganze Gefechtsordnung nach rechts.

Deshalb wurden Schlachten häufig auf dem rechten Flügel eröffnet. Dort hielt sich auch der Oberbefehlshaber auf, und hier wurden meist die Elitetruppen postiert. Da es sich beim Feind aber genauso verhielt, eröffnete er auch auf seiner rechten Flanke den Kampf, und eine Entscheidung wurde erst dann erzielt, wenn die beiden siegreichen rechten Flügel aufeinander trafen.

Bei den antiken Römern verlor sich diese unterschiedliche Gewichtung der beiden Flügel eines Heeres wieder. Sie kämpften nicht in großen, geordneten Schlachtreihen wie die Griechen, sondern teilten ihre Truppen in kleinere, beweglichere Einheiten auf. Damit waren schnellere taktische Manöver möglich als mit der gewaltigen, aber schwerfälligen Phalanx.

Bei den römischen Soldaten mutet allerdings eine andere Eigentümlichkeit im Zusammenhang mit rechts und links zunächst merkwürdig an. Der Legionär trug sein Schwert in der Regel rechts und nicht, wie man es zumindest von einem Rechtshänder erwarten würde, links. Der Grund hierfür liegt in der Art und Weise, wie man mit der Rechten ein Schwert aus der Scheide zieht. Zieht man mit rechts eine Waffe auf der linken Körperhälfte, dann kreuzt nicht nur der Arm die Mittellinie des Körpers, beim Herausziehen kreuzt auch die Schneide des Schwertes diese Linie. Die Bewegung verläuft eher horizontal.

Zieht man stattdessen ein Schwert mit rechts auf der rechten Seite, geschieht das in der Vertikalen. Mit ein wenig Übung benötigt man dafür wesentlich weniger Platz, was im Kampfgedränge und im engen Schutzbereich hinter dem eigenen Schild von Vorteil ist.

Die linke und die rechte Hand selbst erlangte nicht nur beim Kriegshandwerk besondere Bedeutung, sondern auch in der Religion von Griechen und Römern. Mit rechts agieren die Götter, schleudert Zeus respektive Jupiter seine Blitze, wühlt Poseidon beziehungsweise Neptun mit seinem

Dreizack die Wellen auf. Von den Römern ist auch die Verehrung von rechten Gotteshänden bekannt, die in der charakteristischen Haltung, mit zur Handfläche geknicktem Ring- und kleinem Finger und den drei anderen gestreckt dargestellt sind. Typische Gebetshaltung der antiken Glaubenden war die erhobene Rechte.

Die Linke erlangt vor allem Bedeutung im Zusammenhang mit den Göttern der Unterwelt, Verderben und der Beschwörung der Toten. Bei den Griechen geißelt eine der Erinnyen, die von den Römern später Furien genannt wurden, alle Frevler, bevor sie in die Unterwelt eingehen und hält ihnen mit der Linken Schlangen vor, um sie zu erschrecken.

Das schlechte Image der Linken übertrug sich auch auf die Linkshänder. So hielten viele Römer Linkshändigkeit für einen Makel oder sogar als Ausdruck einer Behinderung. Das veranlasste den römischen Juristen Domitius Ulpianus, kurz Ulpian genannt, im dritten Jahrhundert nach Christus in einer Schrift explizit darauf zu verweisen, dass Linkshändigkeit kein Gebrechen ist: »Des weiteren ist zu wissen, dass ein Linkshänder nicht krank oder mangelhaft ist, es sei denn, er gebraucht wegen der Schwäche der Rechten stärker die Linke. Aber dann ist er eigentlich kein Linkshänder, sondern behindert.« Ulpian sah sich zu diesem Hinweis genötigt, weil viele Römer dazu neigten, linkshändige Sklaven als *beschädigte Ware* zurückzugeben oder einen niedrigeren Preis für sie auszuhandeln.

Die argwöhnische Haltung gegenüber der Linken mag sich auch in der Kleidung der Griechen und Römer ausgedrückt haben. Zu öffentlichen Veranstaltungen trugen die Römer ihre Toga, ein speziell geformtes, um den Körper gewundenes Tuch. Dabei hing ein Zipfel des Tuches über die linke Schulter nach vorn herab. Der Stoff wurde über den Rücken um den Körper und unter dem rechten Arm hindurch gewickelt. Der dadurch entstehende Zipfel wurde wiederum auf die linke Schulter gelegt, so dass er über diese Schulter nach hinten herabfiel. Der linke Arm war damit vollkommen umhüllt und verborgen.

In einem bestimmten Bereich des öffentlichen Lebens war Linkshändigkeit allerdings nicht unbedingt ein Makel: Linkshänder haben Vorteile bei konfrontativen Sportarten, bei denen die Kontrahenten eins zu eins gegeneinander antreten. Die Römer machten bekanntermaßen einen makabren »Sport« zum öffentlichen Spektakel: die Gladiatorenkämpfe. Auch bei diesen mordlüsternen Veranstaltungen müssten sich die Linkshänder einen Vorteil verschafft haben, so lange sie selten blieben. Tatsächlich ist zum Beispiel durch bildliche Darstellungen wie dem Mosaikboden einer Römervilla, der im rheinland-pfälzischen Bad Kreuznach ausgegraben wurde, der Einsatz linkshändiger Arenakämpfer belegt. Auch auf einer gekritzelten Wandzeichnung in der durch einen Vulkanausbruch 79 nach Christus unter Asche begrabenen Stadt Pompeji ist ein linkshändiger, siegreicher Gladiator zu sehen. Der Erzeuger dieses Graffiti lässt in seiner Inschrift nicht unerwähnt, dass der dargestellte Gladiator Albanus Linkshänder ist, denn er versieht dessen Namen mit dem Kürzel »sc«, was für scaeva steht, also für Linkshänder. 19 Siege hat der antike Held errungen.

Der römische Kaiser Commodus, der von 180 bis 192 nach Christus regierte und gerne als Gladiator in der Arena auftrat, rühmte sich sogar selbst wegen seiner Linkshändigkeit – zum Beispiel indem er Statuen nach seinem Gusto verändern und mit selbst gewählten Inschriften verzieren ließ. Der römische Geschichtsschreiber Cassius Dio berichtet von einer besonderen Maßlosigkeit des Herrschers: »Er ließ das Haupt des Colossus abnehmen und darauf ein Abbild des Seinen setzen. Dann gab er ihm eine Keule in die Hand und legte einen Bronzelöwen zu seinen Füßen, so dass er einem Hercules glich. Schließlich ließ er neben seinen schon genannten Beinamen noch folgende Worte darauf schreiben: ›Meister der secutores; nur Linkshänder, hat er zwölfmal – ich betone – eintausend Mann besiegt.‹«

Auch wenn man derlei Berichte mit Vorsicht lesen und ihren Propaganda-Charakter berücksichtigen muss, wird doch der Stolz des Commodus deutlich, dass er als Linkshänder in der Arena kämpfte – obwohl die Linke auch bei den Römern keinen guten Ruf genoss.

Dass die Figur des Kaisers Commodus in dem mit Oscars prämierten Film »Gladiator« entgegen der historischen Kenntnis als Rechtshänder dargestellt wird, ist dagegen nur eine Fußnote der Geschichte – und nur eine von unzähligen Unstimmigkeiten in dem auf Spektakel und Action abzielenden Streifen.

Viele Kulturen machen einen expliziten Unterschied zwischen links und rechts und schreiben den beiden Seiten jeweils unterschiedliche Eigenschaften zu. Oft wird links mit schwach, falsch, weiblich, gefährlich und unterlegen gleichgesetzt. Rechts bedeutet dagegen meist stark, geschickt, männlich, ehrlich, überlegen. Vergleichbare Bewertungen von links und rechts finden sich rund um den Globus und für alle Epochen.

So ergab eine Untersuchung von Steingravuren der mittelamerikanischen Maya, die ihre Blütezeit bis etwa 900 nach

Christus erlebten, dass Herrscher bevorzugt mit dem Gesicht nach rechts dargestellt wurden, Untergebene dagegen meist nach links schauten. Die dargestellten Fürsten nutzen ihre rechte Hand, wenn sie bei einer Tätigkeit abgebildet wurden. Die Untergebenen setzten dagegen ihre Linke ein.

Die Rechtshändigkeit scheint auch unter den Maya üblich gewesen zu sein. In einer Studie wurden unter 1700 Gravuren oder Zeichnungen insgesamt 60 identifiziert, die 121 Schreiber oder Maler zeigen. 42 von ihnen halten ein Schreib- oder Zeichenutensil. 34 sind Rechtshänder, lediglich acht halten ihr Werkzeug in der Linken. Damit entspricht das Verhältnis von Rechts- zu Linkshändern 81 zu 19 Prozent – was dem heute geschätzten Anteil der Linkshänder ähnelt. Wenn diese Zahlen auf die Maya-Gesellschaft übertragbar wären, müsste man davon ausgehen, dass sie keinen strengen Zwang zur Umschulung kannten, obwohl sie mit rechts eher Stärke und Positives verbanden.

Viele Völker kannten und kennen die Ächtung der Linken. Die Maori in Neuseeland, die Mohave in der Wüste Arizonas, die Gogo und Kaguru in Tansania sind nur einige Beispiele für Kulturen, in denen links als schlecht und rechts als gut bewertet wird. Das setzt sich fort von traditionellen Kulturen bis hin in modern geprägte Gesellschaften. So ergab eine Befragung an Schulen im afrikanischen Malawi aus dem Jahr 2005, dass 75 Prozent der Lehrer und Schüler es ablehnen, die linke Hand für Alltagsverrichtungen zu verwenden. 87,6 Prozent sprachen sich sogar dafür aus, die Linkshänder zwangsweise umzuschulen. Händeschütteln zur Begrüßung, Malen und Schreiben waren die drei am häufigsten genannten Tätigkeiten, die nicht mit links absolviert werden sollten.

Dabei hat die Verachtung der linken Seite nicht immer mit dem oft genüsslich zitierten Faktum zu tun, dass die Linke zum Reinigen des Gesäßes auf der Toilette benützt würde, und deshalb ausschließlich die Rechte beispielsweise zum Essen verwendet werden soll. Diese an den praktischen Bedürfnissen der Hygiene ausgerichtete Regel ist zwar eine häufige Ausdrucksform der Diskriminierung der Linken, auch sie ist aber lediglich Beleg der Tatsache, dass Rechtshänder nun einmal wesentlich häufiger sind als Linkshänder. Von dieser Mehrheit wird rechts einfach deshalb besser bewertet, weil ihr auf dieser Seite auch alles leichter von der Hand geht. Das dürfte letztendlich die biologische Grundlage für die Ausprägung der mannigfaltigsten kulturellen und religiösen Diffamierung der linken Hand oder gar der gesamten linken Körperseite sein.

In der Kultur Mesopotamiens im Mittleren Osten waren links und rechts allerdings nicht eindeutig besetzt. So ist in den Summa alu, einer Sammlung von Prophezeiungen, die bis zur zweiten Hälfte des zweiten Jahrtausends vor Christus in Keilschrift verfasst wurden, links nicht automatisch schlecht und rechts nicht zwangsläufig gut. Zwar lautet ein Omen: »Wenn ein Mann eine Unternehmung beginnt und ein Falke fliegt an ihm von rechts nach links vorbei, wird das Unternehmen erfolgreich sein.« Hier kommt das Gute also von rechts.

An anderer Stelle heißt es aber: »Wenn ein Mann eine Reise startet und eine Krähe hüpft zu seiner Rechten und kräht, dann wird dieser Mann nicht dorthin gehen, wo es ihm gut gehen wird, und er wird unglücklich sein.« Hier bedeutet rechts also ein schlechtes Vorzeichen.

Selbst in unserer Kultur ist links ja nicht immer eindeutig

schlecht, wie man im Bezug auf das letzte Beispiel den Spruch anführen könnte, der einem unwillkürlich einfällt, sobald man an einer Schafherde vorbeifährt: »Schäfchen zur Linken, Freude tut winken. Schäfchen zur Rechten, gibt's was auszufechten.« Auch wenn diese positive Bewertung von links eher der Reimkunst geschuldet seine dürfte, so kommt hier doch links besser weg.

In manchen Kulturen werden der Linken sogar besondere Kräfte zugeschrieben. So existierten bis fast zum Ende des 20. Jahrhunderts unter den Meru, einem Volk, das nordöstlich des Mount Kenya lebt, noch geistliche Führer mit Schamanenkräften. Diese Mugwe genannten Männer sollten unter anderem übernatürliche Kräfte besitzen und mussten deshalb ihren linken Arm immer verbergen, denn aus ihm strömte die magische Kraft des Führers. Sie konnte Tod und Verderben bringen.

Bei den antiken Römern besaß die Linke ebenso magische Wirkung. Dem Ringfinger der linken Hand wurde besondere Heilwirkung zugeschrieben. Er wurde sogar digitus medicinalis genannt, wörtlich medizinischer Finger. Er kam beispielsweise zum Einsatz, wenn Heilpflanzen gepflückt werden sollten, die nur mit dem Daumen und dem Ringfinger der Linken berührt werden durften.

Durch eine weitere Funktion, die er in vielen anderen Kulturen besitzt, erhielt dieser Finger seinen deutschen Namen: Ringfinger. Schon die antiken Römer trugen bevorzugt am vierten Finger der linken Hand Ringe, besonders als Zeichen der Liebe. Eventuell erhofften sich die Partner durch die magische Kraft der Linken auch einen Schutz vor Zwist in der Ehe.

Von der antiken griechischen und römischen Kultur

wurde sowohl das Christentum als auch der Islam beeinflusst. Beide haben die Ächtung der Linken weit verbreitet. In allen drei Schwesterreligionen Judentum, Christentum und Islam gilt die linke Hand als die schlechtere, unreine. Im Judentum wie unter den Christen wird der Segen nur mit der Rechten gespendet. Der Teufel agiert dagegen mit der Linken. Ein gläubiger Moslem soll die Moschee mit dem rechten Fuß zuerst betreten.

Die Bibel verweist sowohl im Alten wie im Neuen Testament häufig auf rechts und links. Die bekannteste Stelle dürfte eine Passage aus dem Matthäus-Evangelium sein, in der das Jüngste Gericht beschrieben wird, an dem Gott die Guten von den Bösen trennt und entsprechend behandelt:

Wenn aber der Sohn des Menschen kommen wird in seiner Herrlichkeit und alle Engel mit ihm, dann wird er auf seinem Thron der Herrlichkeit sitzen; und vor ihm werden versammelt werden alle Nationen, und er wird sie voneinander scheiden, wie der Hirte die Schafe von den Böcken scheidet.

Und er wird die Schafe zu seiner Rechten stellen, die Böcke aber zur Linken.

Dann wird der König zu denen zu seiner Rechten sagen: Kommt her, Gesegnete meines Vaters, erbt das Reich, das euch bereitet ist von Grundlegung der Welt an; denn mich hungerte, und ihr gabt mir zu essen; mich dürstete, und ihr gabt mir zu trinken; ich war Fremdling, und ihr nahmt mich auf; ich war nackt, und ihr bekleidetet mich; ich war krank, und ihr besuchtet mich; ich war im Gefängnis, und ihr kamt zu mir.

Dann werden die Gerechten ihm antworten und sagen: Herr, wann sahen wir dich hungrig und speisten dich? Oder durstig und gaben dir zu trinken?

Wann aber sahen wir dich als Fremdling und nahmen dich auf? Oder nackt und bekleideten dich?

Wann aber sahen wir dich krank oder im Gefängnis und kamen zu dir?

Und der König wird antworten und zu ihnen sagen: Wahrlich, ich sage euch, wenn ihr es einem der geringsten dieser meiner Brüder getan habt, habt ihr es mir getan.

Dann wird er auch zu denen zur Linken sagen: Geht von mir, Verfluchte, in das ewige Feuer, das bereitet ist dem Teufel und seinen Engeln!

Denn mich hungerte, und ihr gabt mir nicht zu essen; mich dürstete, und ihr gabt mir nicht zu trinken; ich war Fremdling, und ihr nahmt mich nicht auf; nackt, und ihr bekleidetet mich nicht; krank und im Gefängnis, und ihr besuchtet mich nicht.

Dann werden auch sie antworten und sagen: Herr, wann sahen wir dich hungrig oder durstig oder als Fremdling oder nackt oder krank oder im Gefängnis und haben dir nicht gedient?

Dann wird er ihnen antworten und sagen: Wahrlich, ich sage euch, wenn ihr es einem dieser Geringsten nicht getan habt, habt ihr es auch mir nicht getan. Und diese werden hingehen in die ewige Pein, die Gerechten aber in das ewige Leben.

Deutlicher kann man die Verachtung für links und die Erhebung von rechts kaum ausdrücken. Zahlreiche andere Texte im Buch der Bücher verweisen auf rechts und links, nicht immer mit einer Wertung.

So erfasste der italienische Sprachwissenschaftler Franco Fabbro einmal alle Zitate aus der Bibel, die sich auf rechts und links beziehen, und wurde insgesamt 200 Mal fündig.

Im Alten Testament identifizierte er 151 Stellen, im Neuen Testament 49.

Nicht alle Aussagen bewerten dabei links und rechts. Auffallend ist aber, dass wesentlich häufiger rechts beziehungsweise die Rechte erwähnt wird als links und die Linke. Fabbro fand im Alten Testament 82 Stellen, die sich alleine auf rechts beziehen, aber nur zwölf, die ausschließlich links behandeln. Im Neuen Testament taucht links alleine noch viel seltener auf. Lediglich zwei Passagen konnte Fabbro ausmachen.

Die Rechte ist in der Bibel die gerechte, starke, göttliche Hand. Gott agiert mit ihr, straft, schöpft, segnet mit rechts. Auch auf Michelangelo Buonarrotis berühmtem Gemälde »Die Erschaffung Adams« in der Sixtinischen Kapelle im Vatikan berührt Gottvater den ersten Menschen mit seiner Rechten. Adam streckt ihm dagegen seine Linke entgegen. Diese Anordnung mag auch gestalterischen Aspekten geschuldet sein, denn wenn Adam Gott die Rechte entgegenhielte, würde er sich vom Betrachter abwenden. Letztlich spiegelt sich darin aber auch die Verherrlichung der göttlichen Rechten. Zahlreiche Stellen im Buch der Bücher nehmen Bezug auf links oder rechts. Schon im Alten Testament heißt es bei Mose: »Der Herr kam vom Sinai, und er leuchtete ihnen auf von Seir her; leuchtend erschien er vom Bergland Paran und kam von heiligen Zehntausenden her; aus seiner Rechten ging ein feuriges Gesetz für sie.«

Bei Jesaja steht: »Ja, meine Hand hat die Erde gegründet und meine Rechte die Himmel ausgespannt. Sobald ich ihnen zurufe, stehen sie allesamt da.«

Trotzdem verurteilt auch das Alte Testament links und die Linkshänder nicht total. So steht im Buch Richter: »Und die Kinder Israels taten wieder, was böse war in den Augen des Herrn. ... Und die Kinder Israels dienten Eglon, dem König von Moab, Jahre lang.

Da schrien die Kinder Israels zum Herrn. Und der Herr erweckte ihnen einen Retter, Ehud, den Sohn Geras, einen Benjaminiter, der linkshändig war. Und die Kinder Israels sandten durch ihn den Tribut an Eglon, den König von Moab. Da machte sich Ehud ein zweischneidiges Schwert, eine Spanne lang, und gürtete es unter seinem Gewand an seine rechte Hüfte. Und er überbrachte Eglon, dem König von Moab, den Tribut. ... Ehud aber griff mit seiner linken Hand zu und nahm das Schwert von seiner rechten Hüfte und stieß es ihm in den Bauch, und es fuhr auch der Griff der Klinge hinein, und das Fett schloß sich um die Klinge; denn er zog das Schwert nicht aus seinem Bauch, so daß es ihm hinten hinausging.«

Hier tritt ein Linkshänder als Retter des Volkes Israel auf. Zwar führt er einen Meuchelmord aus, wird aber dennoch als Anführer gefeiert.

Die Kampfkraft und der Vorteil, den Linkshänder im eins gegen eins oft haben, waren eventuell auch damals schon bekannt, wie zumindest folgende Stelle aus dem Buch der Richter vermuten lässt: »Und es wurden an jenem Tag die Söhne Benjamins aus den Städten gemustert: 26 000 Mann, die das Schwert zogen, ohne die Bürger von Gibea; von ihnen wurden 700 gezählt, auserlesene Männer. Und unter all diesem Volk waren 700 auserlesene Männer, die linkshändig waren; die schleuderten alle einen Stein haargenau, ohne das Ziel zu verfehlen.«

Auch hier sieht man, dass es keine allgemeine Verteufelung der Linkshänder gibt.

Selbst im Neuen Testament wird – anders als die Beschreibung des Jüngsten Gerichts bei Matthäus vermuten ließe – links nicht grundsätzlich mit schlecht gleichgesetzt. Bei Matthäus heißt es an anderer Stelle: »Da trat die Mutter der Söhne des Zebedäus mit ihren Söhnen zu ihm und warf sich vor ihm nieder, um etwas von ihm zu erbitten. Er aber sprach zu ihr: Was willst du? Sie sagte zu ihm: Sprich, daß diese meine beiden Söhne einer zu deiner Rechten, der andere zur Linken sitzen sollen in deinem Reich! Aber Jesus antwortete und sprach: Ihr wißt nicht, um was ihr bittet!«

Hier sind links und rechts gleichberechtigt, keine der beiden Seiten steht für gut oder schlecht. Dennoch hat sich unter Christen durch vielfache Interpretationen und Auslegungen links schließlich als schlecht etabliert.

Besonders bitter war ein Auswuchs des Irrglaubens an Hexen und Zauberer, der die Geschichte der Menschheit zäh begleitet und in verschiedenen Ausprägungen zu mehr oder minder grausamen Verfolgungen und Exzessen führte. In der frühen Neuzeit kam es zu grassierenden Hexenverfolgungen in Europa, die im 15. bis zum 18. Jahrhundert in Wellen auftraten. Der Aberglaube, aber auch Bibeltexte und deren Interpretation hatten dazu geführt. Es ist ein weit verbreiteter Irrtum, dass Hexenverfolgungen im Wesentlichen während des Mittelalters stattgefunden hätten. Nahezu in allen Zeiten hat es diese gegeben. Den frühneuzeitlichen Hexenprozessen fielen geschätzt zwischen 40 000 und 60 000 Menschen zum Opfer – viele wurden lebendig auf dem Scheiterhaufen verbrannt.

Der Hexenwahn wurde von einigen Menschen besonders geschürt. Eine große Bedeutung erlangte dadurch der Dominikanermönch und Inquisitor Heinrich Kramer, dessen

Buch »Hexenhammer« 1486 erstmals erschien. Darin fasst er seine Vorstellungen von Hexen und Zauberern zusammen, wobei auch die linke Körperseite eine Rolle spielt. So schreibt er: »Auch dieses aber ist unbedeutend im Vergleiche zu den Träumen, welche die Hexen abergläubisch beobachten. Denn wenn sie, wie oben gesagt, nicht leibhaftig ausfahren, sondern nur im Geiste erfahren wollen, was von ihren Hexengenossinnen getrieben wird, dann haben sie sich im Namen ihres Teufels und aller Dämonen auf die linke Seite zu legen. Daher kommt es, daß ihnen das einzelne durch Vision der Einbildung gezeigt wird.«

An anderer Stelle steht: »Wenn sie nämlich in einem Falle nicht körperlich ausfahren, aber doch wissen möchten, was in der betreffenden Versammlung von ihren Genossinnen verhandelt würde, dann würde von ihnen die Weise beobachtet, daß sich die Hexe im Namen aller Teufel auf die linke Seite schlafen legte: dann führe etwas wie ein bläulicher Dampf aus ihrem Munde, und alles sähe sie ganz deutlich, was dort verhandelt würde. Wenn sie aber körperlich ausfahren wollten, wäre es nötig, die oben erwähnte Weise zu beobachten.«

Man erkennt sowohl eine Verbindung zwischen dem Weiblichen und der linken Seite als auch eine Verknüpfung mit dem Bösen, Schlechten.

Auch hier greift das Wort von Marcus Aurelius, des römischen Kaisers, der im zweiten Jahrhundert nach Christus regierte und auch der Philosoph auf dem Thron genannt wird: »Auf die Dauer der Zeit nimmt die Seele die Farbe deiner Gedanken an.«

Eine der bekanntesten Hexenjagden fand hingegen nicht in Europa, sondern in Nordamerika statt. Im Jahr 1692 erfasste den kleinen Ort Salem in Neuengland eine religiöse Massenhysterie, in deren Verlauf innerhalb von vier Monaten wegen angeblicher Hexerei 19 Menschen gehängt, einer zu Tode gefoltert und bis zu 300 weitere Personen verhaftet und angeklagt wurden. In der Haft starben weitere fünf Menschen.

Linkshänder wurden zwar nicht explizit als vom Teufel besessen verfolgt, und Linkshändigkeit alleine genügte nicht, um auf dem Scheiterhaufen zu enden, allerdings erhöhte Linkshändigkeit sowohl in den Prozessen von Salem als auch in Europa die Wahrscheinlichkeit, hingerichtet zu werden.

Das Christentum hat viel dazu beigetragen, dass der Linken bei unzähligen Menschen bis heute ein schlechter Ruf anhaftet. Das manifestiert sich heute noch. Die griechische Nationalversammlung stiftete 1829 den sogenannten Erlöser-Orden. Dieser Orden besteht seit 1863 aus einem weißemaillierten, goldgeränderten Johanniterkreuz, das an einer goldenen Königskrone hängt. In den Winkeln erscheint ein grün emaillierter Eichen- beziehungsweise Lorbeerkranz. Das Medaillon zeigt ein Bildnis von Jesus und ist umgeben von einem blauen Reif, der in goldenen griechischen Schriftzeichen den folgenden alttestamentarischen Spruch aus der Genesis trägt: »Η ΔΕΞΙΑ ΣΟΥ ΧΕΙΡ, ΚΥΡΙΕ, ΔΕΔΟΞΑΣΤΑΙ ΕΝ ΙΣΧΥΙ« (Herr, Deine rechte Hand ist verherrlicht in ihrer Kraft). Ob jemals ein Linkshänder abgelehnt hat, diesen Orden wegen des diskriminierenden Textes anzunehmen, ist nicht bekannt.

Bis heute findet sich die Bevorzugung der rechten Seite in den Darstellungen der Kreuzigungsszene. Jesus in der Mitte und rechts und links von ihm hängen zwei Verbrecher am

Kreuz. Einer zeigt sich einsichtig und erfährt Erlösung, der andere fällt der Verdammnis anheim. Unschwer zu raten, wen welches Schicksal trifft. Derjenige, der auf Jesu rechter Seite hängt, hat das bessere Los.

Spieglein, Spieglein –
Wer ist schöner, links oder rechts?

Das bereits erwähnte Jahrhundertgenie Leonardo da Vinci schreibt in seinen Notizen: »Wenn Du malst, dann solltest Du häufig einen flachen Spiegel nehmen, um Dein Werk darin zu betrachten, und Du wirst es dann verdreht sehen, und es wird wie von jemand anderem gemalt wirken. Damit wirst Du alle Fehler besser beurteilen können als auf irgendeine andere Art.«

Der Künstler hatte erkannt, dass Spiegelbilder zwar annähernd identisch wirken, sich aber dennoch vom Original so sehr unterscheiden, dass wir das erkennen, und manches an dem Spiegelbild mehr Eindruck auf uns macht, als wir das beim Original jemals feststellen würden. Aber ist das wirklich so? Wie gut ist der Mensch darin, Spiegelbild und Original zu unterscheiden?

Wie bereits erwähnt, vertauscht ein flacher Spiegel nicht rechts und links, sondern vorne und hinten. Wenn wir aber vor einem Bild stehen und zum Beispiel vom Betrachter aus gesehen rechts daneben einen solchen Spiegel halten, dann sind im Spiegelbild zwar immer noch vorne und hinten vertauscht, für den Betrachter wirkt es aber so, als ob es sich um links und rechts handelte. Für ihn ist nun das, was sich auf dem Original rechts befand, links, und was links war, ist für ihn nun rechts. Ansonsten sehen wir alles, was wir im Originalbild wahrnehmen, auch im Spiegelbild. Stellen Menschen einen Unterschied fest, je nachdem ob man ihnen das Original oder das Spiegelbild zeigt?

Die Unterscheidungsfähigkeit des Menschen zwischen rechts und links entwickelt sich vergleichsweise spät, das wurde bereits weiter oben ausgeführt. Die meisten erlangen den sicheren Umgang mit diesen beiden Seiten erst ab einem Alter von neun Jahren oder später. Selbst im Erwachsenenalter sind wir nicht immer sicher und machen Fehler. Es sollte also niemanden verwundern, wenn es sich mit Original und Spiegelbild ebenso verhielte.

Eine Studie aus dem Jahr 2009 lässt vermuten, dass es zumindest nicht gleichgültig ist, ob wir uns ein Original betrachten oder dessen Spiegelbild. In dem Experiment mussten 151 Versuchspersonen Drucke des englischen Künstlers Thomas Bewick bewerten. Der Grafiker und Holzschneider lebte von 1753 bis 1828 und trug maßgeblich dazu bei, dass sich die Drucktechniken der damaligen Zeit verbesserten – unter anderem weil er besonders hartes Holz von Buchsbäumen zur Herstellung seiner Druckplatten verwendete. Die Holzplatten, in die er seine Stiche ritzte, bestanden außerdem nicht aus Brettern, die – wie sonst üblich – längs aus einem Baumstamm geschnitten worden waren. Bewicks Platten waren Holzscheiben, die quer zur Wuchsrichtung aus einem Stamm gesägt wurden. Deshalb musste er beim Anfertigen der Gravuren keine Längsfasern im Holz mehr zertrennen, und er konnte seinen Stichel viel behutsamer und feiner einsetzen. Bis heute sind die Tierdarstellungen Bewicks begehrte Ausstellungsstücke in Galerien und Museen, weil es ihm gelang, seine Motive sehr lebensnah wirken zu lassen.

In besagtem Experiment sollten die Probanden nun acht

Bilder von Bewick beurteilen. Die Drucke zeigten einen Esel, einen Hund, ein Schaf, ein Schwein, einen Wolf, einen Löwen, einen Elefanten und ein Pferd. Alle Tiere waren in einer Seitenansicht abgebildete. Die ersten vier mit dem Profil nach rechts, die letzten vier nach links.

Den Testpersonen wurden zehn Wortpaare vorgegeben, die jeweils den Endpunkt einer Bewertungsskala zwischen null und sieben markierten:

kämpferisch – gutmütig, faul – aktiv, flink – plump, unzuverlässig – zuverlässig, fügsam – störrisch, durchtrieben – ehrlich, zahm – wild, dumm – intelligent, stark – schwach, gut – böse.

Um die Wirkung zu überprüfen, die eine Ausrichtung des Profils nach links oder rechts erzielt, präsentierten die Forscher entweder die Originale oder gespiegelte Versionen der Tierporträts. Tatsächlich fielen die Bewertungen bei den Originalbildern extremer aus. So wurde ein Löwe als wesentlich wilder angesehen, wenn er im Original seine linke Seite präsentierte, als wenn er im Spiegelbild vermeintlich seine Rechte darbot. Diese Bewertung spielte sich allerdings unbewusst ab. Wenn man die Betrachter danach fragte, ob sie nun ein Original oder ein Spiegelbild betrachteten, waren sie nicht in der Lage, dies treffsicher einzuschätzen. Dem Menschen scheint demnach der Spürsinn für Spiegelbild und Original zu fehlen.

Tatsächlich sind drei bis vier Monate alte Kinder nicht in der Lage, Profile von ein und demselben Gesicht zu unterscheiden, wenn sie einmal nach links und ein andermal nach rechts zeigen. Ebenso verhält es sich mit schrägen Linien, die in einem Winkel von 45 Grad stehen. Für die Kinder ist / gleich \. Unterschiede von 90 Grad, beispielsweise – im Vergleich zu |, werden dagegen mühelos erkannt. Die Schwierigkeit, zwischen Spiegelbild und Original zu unterscheiden, setzt sich im Verlauf der Entwicklung fort und drückt sich beispielsweise in der Verwechslung von b und d, p und q oder 3 und E beim Erlernen der Schriftsprache aus.

Wie häufig trifft die evolutionäre Geschichte des Menschen auf eine neuzeitliche Umwelt und verschafft uns das ein oder andere Problem. Das ist zumindest eine, logisch klingende anthropologische Interpretation des Phänomens der Spiegelbild-Verwechslung. In der Natur treffen Lebewesen äußerst selten auf Spiegelbilder, vielleicht hin und wieder in einer reflektierenden Wasseroberfläche. Folglich haben sie auch keine Relevanz für das Überleben. Selbst wenn man davon ausgeht, dass die meisten Säugetiere äußerlich bilateral spiegelbildlich erscheinen, ihre linke Körperhälfte sich also wie das Spiegelbild ihrer rechten ausnimmt, hat das für den eigenen Evolutionserfolg kaum Bedeutung. Jedenfalls dann nicht, wenn man sich das Aufeinandertreffen eines Räubers und seiner Beute ausmalt. Kommt der Sex ins Spiel, sieht die Sache etwas anders aus, aber dazu später. Vorerst sehen wir beispielsweise einen Löwen auf uns zukommen.

Wenn wir ihn frontal betrachten, dann sind die beiden Hälften seines Kopfes zwar annähernd symmetrisch, weisen aber sicher kleine Abweichungen voneinander auf. Oberflächlich betrachtet verhalten sie sich aber wie Original und Spiegelbild. Hat es für uns irgendeinen Sinn, einen Unterschied zwischen diesen beiden Hälften festzustellen?

Sicher nicht, wir müssen lediglich registrieren: Da kommt

ein Löwe, und wir sollten uns tunlichst in Sicherheit bringen. Nichts wie weg!

Ebenso verhält es sich, wenn wir den Löwen im Profil sehen. Ob er uns nun die linke Seite seines Konterfeis zeigt oder die rechte, ist erst einmal uninteressant. Auch hier müssen wir lediglich erkennen: Achtung, Löwe!

In welche Richtung er sich bewegt, steht auf einem ganz anderen Blatt. Bevor wir überhaupt auf eine Bewegung reagieren, müssen wir zunächst in Alarmstimmung versetzt werden. Dafür genügt der auslösende Reiz Löwe. Extra zu unterscheiden, Löwe im linken oder rechten Profil ist nicht notwendig und sogar zu kompliziert.

An diesem Punkt stoßen wir wieder einmal auf einen scheinbaren Widerspruch in der Biologie: Ganz zu Beginn dieses Buches haben wir erfahren, dass treffsicheres Erkennen einer Spiegelverkehrung von entscheidender Bedeutung sein kann, zum Beispiel wenn es um die Unterscheidung zweier ansonsten identisch aufgebauter Moleküle wie den Aminosäuren geht. Insofern spielen Original und Spiegelbild in Chemie und Biologie eine wichtige Rolle. In der, von der menschlichen Warte aus betrachtet, winzigen Welt der Moleküle können sie über Leben und Tod entscheiden.

Wenn aber Spiegelbild und Original von so grundlegender Bedeutung für das Leben sind, wie kann es sein, dass sie dann in der makroskopischen Welt, in der wir uns als Wesen bewegen, keine so herausragende Rolle spielen?

Dass wir uns auch in einer Spiegelwelt recht ordentlich zurechtfinden würden, haben zahlreiche Experimente belegt. Dazu wurden Testpersonen mit Spezialbrillen ausgestattet, die die Welt buchstäblich auf den Kopf stellten oder zumindest links und rechts vertauschten. Die meisten Probanden waren nach einer Eingewöhnungszeit in der Lage, sich trotzdem gut zu orientieren und zu navigieren. Erste Untersuchungen weisen darauf hin, dass diese Fähigkeit maßgeblich an die Flexibilität des menschlichen Gehirns gekoppelt ist. Andere Primaten besitzen diese Gabe ebenfalls, wogegen andere Tier-Gattungen eine ähnliche Anpassungsfähigkeit vermissen lassen.

Der Mensch und seine nächsten Verwandten aus dem Tierreich demonstrieren damit nur ein weiteres Mal ein in der Biologie weit verbreitetes Phänomen: Auf der Basis eines begrenzten und vergleichsweise starren – in diesem Fall molekularen – Ausgangsmaterials, entwickeln sich mannigfaltige und vor allem flexible, übergeordnete Strukturen, die eine enorme Anpassungs- und Wandlungsfähigkeit besitzen.

Nun erleben die allermeisten Menschen heutzutage keine Situation, in der sie direkt mit einem Löwen konfrontiert wären. Stattdessen treffen wir häufig auf Gegebenheiten, in denen es durchaus vorteilhaft wäre, schnell und treffsicher zwischen Spiegelbild und Original zu unterscheiden – wie beispielsweise bei b und d.

Wenn es selbst bei diesen einfachen Symbolen schwierig ist, Spiegelungen auseinanderzuhalten, stellt sich die Frage, wie gut wir das mit noch komplexeren Bildern können. Dieser Frage gingen unter anderem britische Psychologen in den 1970er-Jahren nach. Sie zeigten 100 Studenten 50 Bilder aus vier Londoner Museen, einmal in der Originalversion und gleichzeitig deren Spiegelbild. Auf den Gemälden waren Porträts, Landschaften oder Stillleben zu sehen. Die Probanden sollten zwei Fragen beantworten: Welches Bild gefällt Ihnen besser? Welches ist das Original?

Es stellte sich zwar heraus, dass etwas mehr als die Hälfte

der Versuchsteilnehmer das Original sowohl erkannten als auch als ästhetischer einschätzten. Dieses Übergewicht an zutreffenden Antworten war aber so gering, dass es kaum von einer zufälligen Wahl abwich. Ein Ergebnis, das sich mit vielen weiteren Untersuchungen dieser Art deckt.

Eines sprang jedoch ins Auge: Wenn die Studenten das gezeigte Bild kannten, waren sie sehr viel häufiger und sicherer in der Lage, das Original zu identifizieren. Neben dem bloßen Unterscheidungsvermögen zwischen Bild und Spiegelbild anhand ihrer immanenten Bestandteile bedarf es also einer weiteren Komponente, nämlich des Lernens. So verhält es sich ja bereits bei den Buchstaben b und d. Wir müssen uns erst – teilweise mühsam – beibringen, die beiden spiegelbildlichen Formen zu unterscheiden, weil wir diese Fähigkeit, zumindest intuitiv, nicht besitzen. Insofern hat Leonardo da Vinci mit seiner Aussage am Anfang dieses Kapitels also recht. Bei etwas Vertrautem fällt uns an dessen Spiegelbild sofort auf, dass etwas nicht stimmt, mithin sind wir dann vielleicht auch in der Lage, nicht nur die Unstimmigkeit der Seitenverkehrung an sich zu erkennen, sondern auch andere Fehler.

Dass man sich bei einzelnen, unvertrauten Bildern täuschen lässt, mag noch verständlich erscheinen. Aber wenn wir eine ganze Folge von Bildern präsentiert bekommen, namentlich einen Film betrachten, dann muss uns doch auffallen, dass sich der eine Streifen in einer Spiegelwelt abspielt, während der andere in unserer, der originalen Welt handelt.

Das überprüfte ein internationales Psychologenteam 2011 und führte verschiedenen Testgruppen zwei Filme des japanischen Regisseurs Akira Kurosawa vor.

Der Filmemacher wurde vor allem durch seine Werke aus den 1950er- und 1960er-Jahren weltberühmt. Am bekanntesten dürfte sein Film »Die sieben Samurai« aus dem Jahr 1954 sein. Darin leidet ein armes Bauerndorf unter den fortwährenden Plünderungen durch Banditen. Sieben Samurai entschließen sich, dem Unrecht ein Ende zu setzen, und befreien schließlich das Dorf und seine Bewohner in entbehrungsreichen Kämpfen, bei denen auch vier der Schwertkämpfer sterben.

Handlung und vor allem die filmische Inszenierung des Themas inspirierte zahlreiche Filmemacher, unter anderem den Hollywood-Regisseur John Sturges, der bereits 1960 eine westliche Adaptation des Themas unter dem Titel »Die glorreichen Sieben« mit Starbesetzung in die Kinos brachte.

Doch Kurosawas Einfluss reicht weit darüber hinaus. Allerdings hat sich sein Œuvre vielen westlichen Kinobesuchern nicht erschlossen. Seine Filme eignen sich nicht nur wegen ihrer ästhetischen Gestaltung für Tests auf Spiegelbildunterscheidung, sondern auch deshalb, weil in ihnen in der Regel nur japanische Schriftzeichen vorkommen. Westliche Betrachter, die in asiatischen Schriftbildern nicht bewandert sind, dürften entsprechende Schriftzüge, zum Beispiel auf Ortsschildern oder an Geschäftsfassaden also nicht als seitenverkehrt erkennen.

Die Forscher führten nun 172 Testpersonen die beiden Schwarzweiß-Filme »Yojimbo« von 1961 und »Sanjuro« von 1962 vor.

Der Film »Yojimbo« beginnt damit, dass der Samurai Ronin auf eine Weggabelung trifft, an der sich die Straße in eine linke und eine rechte Trasse verzweigt. Der Kämpfer wirft einen Stock in die Höhe und wartet auf das Ergebnis.

Der Stock zeigt nach rechts und der Held wählt diesen Weg. Er kommt in ein Dorf, in dem zwei Unternehmer um die Vorherrschaft ringen. Der Samurai wird, wie nicht anders zu erwarten, in die Kämpfe verwickelt, besteht alle Gefahren heldenhaft und siegt letztendlich über alle Bösewichter.

»Sanjuro« ist eine Fortsetzung mit derselben Titelfigur, die aber diesmal mehr mit den Brüchen und Widersprüchlichkeiten von Gewalt und Samurai-Wesen spielt.

Die Hälfte der Testgruppen betrachtete sich diese Filme im Original, die andere Hälfte in der spiegelverkehrten Version. Obwohl knapp ein Fünftel der Zuschauer angab, den jeweiligen Film zuvor schon einmal gesehen zu haben und sich fast die Hälfte des Publikums als Kurosawa-Fans bezeichnete, bekamen alle Versionen ähnliche Bewertungen hinsichtlich des Gesamteindrucks. Lediglich zwei Personen fiel überhaupt auf, dass sie eine gespiegelte Version vorgeführt bekamen. Eine davon konnte japanische Schrift lesen und erkannte die Seitenverkehrung der Zeichen. Die andere Testperson hatte den Film zuvor schon gesehen. Alle anderen irritierte die Spiegelwelt in den Streifen nicht.

Menschen sind also weder bei statischen Bildern noch in Filmen besonders gut in der Lage, Spiegelbild und Original zu unterscheiden, so lange sie es nicht gelernt haben beziehungsweise mit dem Original gut vertraut sind.

In diesem Zusammenhang überrascht vor allem ein weiteres Ergebnis, das die Forscher im Rahmen ihrer Studie erzielten. Sie befragten Studenten, wie sie ihre Fähigkeit zur Aufdeckung einer Spiegelwelt einschätzen würden – und entdeckten ein kolossales Fehlurteil. Die übergroße Mehrheit war sich ziemlich sicher, dass es ihr sehr schnell auffallen würde, wenn etwas spiegelverkehrt wäre.

Eine Frage lautete: Stellen Sie sich vor, dass die gesamte Welt spiegelbildlich wäre. Die meisten Dinge wären so wie vorher, außer dass die meisten Menschen um Sie herum nun die linke Hand zum Essen, Händeschütteln, Zeigen und so weiter benutzen würden. Wie lange würde es dauern, bis Sie das bemerken?

Nicht einmal zehn Prozent antworteten mit »Nie«, jeweils fast ein Drittel war überzeugt, dass sie es »sofort«, »in weniger als einer Stunde« oder nach »mehr als einer Stunde« bemerken würden.

Wieder einmal zeigt sich, dass zwischen den tatsächlichen Fähigkeiten und der eigenen Einschätzung eine gewaltige Lücke klaffen kann. Dies trifft insbesondere hinsichtlich der Wahrnehmung und der Auswertung eigener Sinneseindrücke zu.

Wenn wir also, entgegen unserer eigenen Vermutung, gar nicht so gut in der Lage sind, spiegelbildlich verkehrte Kunstwerke auseinanderzuhalten, spielt dann links und rechts in der darstellenden Kunst keine Rolle?

Zumindest der Kunsthistoriker Heinrich Wölfflin, der von 1864 bis 1945 lebte, würde vehement widersprechen. Er gilt als der Erste, der sich eingehend mit der Links-rechts-Thematik in der bildendenden Kunst beschäftigt und die Diskussion über damit zusammenhängende Phänomene auf ein kunsthistorisches Fundament gestellt hat. Nach ihm folgt die menschliche Blickbahn über ein Bild der Regel, dass sie links unten beginnt, zur Mitte hin aufsteigt, um schließlich wieder nach rechts unten zu fallen. Demzufolge müsse sich auch der Bildaufbau danach richten. Nachfolger Wölfflins entwarfen abgewandelte Modelle, aber immer lag der Anfang einer den Blick führenden Bildkomposition links.

Um es kurz zu machen, die Wissenschaft hat bislang keine schlüssige Antwort darauf, ob es sich tatsächlich so verhält. Phänomene wie der Pseudoneglect und die in westlichen Kulturen geltende Konvention der Schreibrichtung von links nach rechts sprechen dafür. Andere Untersuchungen, zum Beispiel mit Apparaturen, die Augenbewegungen registrieren, ergeben ein uneinheitliches Bild – und kommen teilweise zu ganz anderen Ergebnissen.

Für eine Teildisziplin der bildlichen Darstellung wurden allerdings besonders viele Experimente und Untersuchungen durchgeführt, so dass sich wenigstens für dieses Gebiet zunehmend profunde Erkenntnisse abzeichnen: das Porträt.

Das menschliche Gesicht ist unbestritten die Körperpartie, die über die stärkste Ausdrucks- und Signalkraft im zwischenmenschlichen Mit- oder auch Gegeneinander verfügt. Und schon seit jeher beschäftigt sich der Mensch diesbezüglich mit einer wichtigen Frage: Bin ich schön?

Diese Frage ist keineswegs banal oder nur selbstverliebt. Schönheit, als Ausdruck der Attraktivität für einen Fortpflanzungspartner, entscheidet maßgeblich über den Erfolg der eigenen Erblinie im Laufe der Evolution – und ist deshalb auch eine wichtige Größe bei der Formung oder Erhaltung neuer Arten.

Neben anderen körperlichen Merkmalen bemisst der Mensch die Schönheit seines Gegenübers vor allem an dessen Gesicht. Ein augenscheinliches Merkmal unseres Konterfeis tritt dabei allerdings nicht offen zutage, die vermeintliche Symmetrie beziehungsweise Asymmetrie unserer beiden Gesichtshälften.

Allgemein wird von Evolutionsbiologen angenommen,

dass Symmetrie eher als attraktiv und begehrenswert bewertet wird. So könnte ein weitgehend symmetrisches Gesicht den Betrachter auf die Gesundheit seines Trägers hinweisen – und darin die verschlüsselte Botschaft guter Erbanlagen übermitteln. Zahlreiche Studien belegen die Richtigkeit dieser Vermutung. Menschen beurteilen Gesichter, die weitgehende Symmetrie aufweisen, eher als attraktiv als jene, die starke Asymmetrien zeigen. Dabei ist Symmetrie nicht gleich Symmetrie.

Eine Hälfte unseres Gesichtes ist nie exakt das Spiegelbild der anderen. Folglich weist ein komplettes menschliches Gesicht immer Asymmetrien auf. Diese Unregelmäßigkeiten, fand ein internationales Forscherteam 2007 heraus, müssen nicht zwangsläufig unattraktiv sein. Befinden sie sich beispielsweise außerhalb des sogenannten Mertens-Dreiecks, dem Gesichtsareal, das sich als ein auf dem Kopf stehendes Dreieck zwischen den Augen und der Unterkante der Unterlippe erstreckt, werden sie als nicht gravierend wahrgenommen. Manche dieser Asymmetrien steigern sogar die Attraktivität ihres Trägers. Als Faustformel gilt: Je weiter von der senkrecht verlaufenden Mittelachse des Gesichtes entfernt eine Asymmetrie auftritt, desto weniger beinträchtig sie die Attraktivität. Gleiches gilt für die vertikale Anordnung. Je weiter unten eine Asymmetrie auftritt, desto unangenehmer wird sie wahrgenommen.

Im Prinzip hatten diese Wirkung wohl bereits die Menschen im Europa des 17. und 18. Jahrhunderts erkannt, waren doch zeitweise Schönheitsflecken der letzte Schrei an Adelshöfen quer über den Kontinent. Zwar wurden die Pflästerchen auch benutzt, um Hautunreinheiten zu verdecken, die infolge mangelnder Hygiene oder von Krankheiten damals an der Tagesordnung waren. Die erotische Wirkung des ein oder anderen künstlich aufgelegten Flecks dürfte sich damals aber ebenso entfaltet haben.

Wie sehr nun Symmetrie oder Asymmetrie unseres Gesichtes darüber entscheidet, ob wir mehr oder weniger schön sind, darüber gibt es keine endgültige wissenschaftliche Aussage. Allerdings deuten immer mehr Studien darauf hin, dass wir sehr wohl in der Lage sind, ein gewisses Maß an Symmetrie zu erkennen und es mit einer tatsächlich verbundenen, allgemein günstigen körperlichen Konstitution gleichzusetzen. Das gilt allem Anschein nach nicht nur für westlich geprägte Kulturen, sondern auch in anderen Gesellschaften, beispielweise in Afrika oder Asien.

Wenn sich die beiden Hälften unseres Gesichts dennoch immer ein wenig unterscheiden, sagt eine von ihnen vielleicht mehr aus als die andere? In zahlreichen Experimenten haben Forscher die Porträts von Menschen der Länge nach halbiert und aus je zwei linken oder zwei rechten Hälften ein und desselben Gesichts ein neues, aus zwei gleichen Hälften bestehendes komponiert – quasi als ob sie entlang der Mittellinie der Nase einen Spiegel halten würden. Die Ergebnisse dieser Tests sind nicht eindeutig. Zwar werden auch die Rechts-rechts oder Links-links-Gesichter von attraktiven Personen als attraktiv eingeschätzt, wo aber genau der Sitz der Schönheit ist, konnten auch diese Versuche nicht aufdecken. In manchen Untersuchungen erwies sich lediglich die rechte Gesichtshälfte von Frauen als aussagekräftiger als das linke Komposit-Konterfei.

Was sich bei ähnlichen Tests allerdings herausstellt: Die linke Gesichtshälfte gibt Emotionen wesentlich deutlicher wieder als die rechte. Um dies zu verstehen, müssen wir uns zunächst wieder an das allgemeine Phänomen der Lateralisation und die Aufteilung unseres Gehirns in eine rechte und eine linke Hemisphäre erinnern. Je eine Hirnhälfte steuert überwiegend die ihr gegenüberliegende Körperseite. Unser linkes Gehirn befehligt demzufolge die rechte Gesichtshälfte. Die rechte Hirnhemisphäre ist ja auch die emotionalere, was eine Erklärung für die größere Expressivität auf der von ihr beeinflussten Körperseite wäre.

Tatsächlich werden nicht nur die Bewegungen der linken Gesichtshälfte als ausdrucksstärker empfunden, sondern auch die des ganzen Körpers. Testpersonen, die in entweder ärgerliche, fröhliche oder traurige Stimmung versetzt und anschließend aufgefordert wurden, entsprechend ihrer Gemütslage zu gehen, drückten die jeweilige Emotion mit der linken Körperhälfte viel deutlicher aus. Jedenfalls nahmen das Beobachter so wahr. Dieser Eindruck blieb erhalten, nachdem man ihre Bewegungen spiegelverkehrt vorspielte. Die Händigkeit des Akteurs machte dabei keinen Unterschied. Sowohl bei Links- als auch bei Rechtshändern war die linke Seite die ausdrucksstärkere.

Dass dieses Konzept der Lateralisation eines der Grundprinzipien der Biologie ist, haben wir bereits an vielen Beispielen kennengelernt. Die Expressivität ist ein weiteres, das bereits vor Millionen von Jahren im Menschen angelegt wurde. Das zeigen auch Studien an Schimpansen. Bereits in den Gesichtern der Affen zeichnen sich Emotionen stärker in der linken als in der rechten Hälfte ab.

Doch so sehr sich die linke Seite auch anstrengt und sich um möglichst ausdrucksstarke Bewegungen bemüht, in einem Punkt kann sie der rechten das Wasser nicht reichen. Die rechte Gesichtshälfte repräsentiert unsere Persönlich keit und unsere Identität besser als dies ihr Gegenüber kann. Das ist zumindest der Fall, wenn man Probanden Kompositgesichter aus jeweils nur einer Gesichtshälfte zeigt. Verglichen mit dem Originalgesicht finden die meisten Menschen, dass ein Antlitz, das sich aus zwei rechten Gesichtshälften zusammensetzt, dem echten Konterfei ähnlicher ist als ein Kompositgesicht aus linken Hälften.

Welche Folgen diese Unbalance für die Wahrnehmung unseres Gesichtes und letztlich unserer Persönlichkeit durch andere hat, muss die Forschung allerdings erst noch ergründen. Gesichter, die mehr von ihrer linken Hälfte zeigen, scheinen aber unsere Aufmerksamkeit mehr zu fesseln. Dies mag einerseits ein Indiz dafür sein, dass der Mensch emotionaler und weniger rational ist, als er es selbst gerne zugeben möchte. Ob uns das eher positiv oder negativ einem anderen Menschen gegenüber stimmt, ist ebenfalls noch nicht geklärt. Einige Experimente weisen darauf hin, dass Gesichter, die uns ihre linke Hälfte zeigen, vor allem hinsichtlich negativer Emotionen intensiver wahrgenommen und weniger positiv beurteilt werden.

Vielleicht ist die größere Ausdruckskraft der linken Gesichtshälfte aber auch lediglich die puzzleteilgleiche Kompensation für den vorher bereits erwähnten Pseudoneglect, der dafür verantwortlich ist, dass wir das, was sich in unserem linken Gesichtsfeld befindet, deutlicher wahrnehmen. Demzufolge läge ja auch die linke Gesichtshälfte eines Gegenübers im Schatten der Aufmerksamkeit – und muss eben stärker um Beachtung ringen.

Ob wir ein Gesicht für attraktiv halten, hängt dagegen nicht nur von rechts und links in dem betrachteten Gesicht ab, sondern auch davon, wo es uns präsentiert wird. Das ist jedenfalls das Ergebnis einer amerikanischen Studie aus dem Jahr 2009. Dabei mussten weibliche Probanden einmal die sexuelle und dann die generelle Attraktivität von Gesichtern bewerten. Präsentierte man ihnen die Konterfeis so, dass sie vor allem im linken Gesichtsfeld der Probandinnen wahrgenommen wurden, schnitten die Gesichter auf der Sex-Skala besser ab. Erschienen die Gesichter eher rechts von den Beobachtern, wurde ihre allgemeine Attraktivität höher bewertet. Auch wenn es sich dabei um vorläufige Ergebnisse handelt, sollten Flirtwillige sich ihrem Ziel vielleicht vorsorglich besser von links nähern, um ihre Chancen zu erhöhen.

Der Kunstgeschichte hat die unterschiedliche Darstellung von Gesichtern und ihrer daraus folgenden Wirkung jedenfalls angeregte Diskussionen verschafft. Abbildungen des menschlichen Antlitzes sind selten absolut frontal. Meist richtet sich das Gesicht zumindest ein wenig nach rechts oder links und präsentiert mehr von einer Hälfte.

So analysierten beispielsweise der bereits mehrfach erwähnte britische Psychologe und führende Lateralisations-Experte McManus mit seinem Kollegen Nicholas Humphrey 1973 die Ausrichtung von 1474 Porträts. Alle Gemälde wurden in Westeuropa zwischen dem 16. und dem 20. Jahrhundert einschließlich gefertigt. Die beiden Forscher fanden einen erstaunlichen Unterschied zwischen der Darstellung von Männern und Frauen. Die Gesichter der Frauen waren vom Betrachter aus gesehen zu 68 Prozent nach links gerichtet, die der Männer dagegen nur zu 56 Prozent.

Die Bevorzugung der linken Profilseite in Porträts könnte die Tatsache erklären, dass Rechtshänder Gesichter oder Wesen überwiegend mit dem Gesicht nach links zeich-

nen. Für linkshändige Maler gilt diese Regel nur einge-
schränkt. In manchen Versuchen tendierten Linkshänder
sogar dazu, Profile eher nach rechts schauend zu zeichnen.
Das trifft sowohl bei menschlichen Konterfeis als auch bei
Tierzeichnungen zu. Selbst Autos, die aus einer Garage fahren, zeichnen Linkshänder eher von rechts nach links fah-
rend. Rechtshänder bevorzugen die umgekehrte Richtung.

Entspricht diese intuitive Positionierung von Gesichtern
dann auch dem Geschmack des Publikums? Dieser Frage
ging unter anderem die amerikanische Neuropsychologin
Dahlia Zaidel 1994 nach. Sie befragte 43 Probanden nach
ihrer Beurteilung von 48 Porträts. Einem Teil der Versuchspersonen zeigte sie die Bilder allerdings spiegelverkehrt.
Trotzdem unterlag das Urteil der Betrachter einer klaren
Tendenz. Bilder die Menschen zeigten, die vom Betrachter aus gesehen nach links blickten, wurden schlechter bewertet als andere – selbst wenn sie gespiegelt präsentiert
wurden.

Wenn aber Frauen häufiger derart unvorteilhaft dargestellt werden, stellt sich die Frage: Ist das eine Gemeinheit
des Künstlers, weil er die holde Weiblichkeit extra schlecht
aussehen lassen will, oder gibt es dafür andere Gründe?

Hierzu führten australische Psychologen ein aufschluss-
reiches Experiment im Jahr 1999 durch. Sie ließen Testpersonen für ein Foto posieren. Zuvor erhielten die Probanden
allerdings unterschiedliche Instruktionen. Mal sollten sie
sich vorstellen, das Bild würde als Erinnerungsfoto für ihre
Familie gemacht – die emotionale Variante des Versuchs.
Anderen wurde wiederum gesagt, das Foto würde anläss-
lich ihrer Aufnahme in die Royal Society als kluger Kopf
angefertigt – die rationale Variante.

Unabhängig von ihrem Geschlecht tendierten die Probanden in der emotionalen Variante dazu, ihre linke Profilseite der Kamera zuzuwenden. Bei den rationalen Bedingungen zeigten mehr Testpersonen ihre rechte Seite. Dass Menschen intuitiv und eine bestimmte Erwartungen erfüllende Profilseite präsentieren, bestätigten die Psychologen Annukka Lindell und Nicola Savill 2010. Sie ließen 109 Probanden die Porträts von zwölf Models betrachten. Auf einem Bild blickten die Abgebildeten vom Betrachter aus gesehen nach links, zeigten also mehr von ihrem linken Profil. Auf dem anderen verlief die Blickrichtung umgekehrt.

Die Probanden sollten nun einschätzen, ob die Dargestellten wohl eher Englisch, Psychologie oder Chemie studierten. Das Ergebnis war eindeutig: Diejenigen, die auf dem Foto nach links blickten, wurden eher als Englischstudenten einsortiert. Denjenigen, die den Kopf eher nach rechts wandten, trauten die Versuchspersonen eher ein Chemiestudium zu. Hinsichtlich der Psychologie ergab sich kein eindeutiges Bild. Dieses Ergebnis zeigt sich auch bei spiegelverkehrten Fotos – was ein deutlicher Hinweis darauf ist, dass die rechte Gesichtshälfte tatsächlich kühler, rationaler wirkt als die linke.

Ob die Tendenz, die linke Gesichtshälfte von Frauen verstärkt zu betonen, ihre Ursache im Blick und der Malweise des jeweiligen Künstlers oder in einer von den Modellen bevorzugten Art der Präsentation begründet liegt, bleibt dennoch offen. Am wahrscheinlichsten dürfte eine Kombination aus beiden Ursachen sein. Jedenfalls scheint sich diese Tendenz bis heute fortzusetzen – zumindest wenn man sich zwei prominente Beispiel aus der Geschichte betrachtet.

Das Konterfei von Königin Elizabeth II. von England ziert seit Jahrzehnten britische Briefmarken. Immer ist sie mit ihrem linken Profil dargestellt. George Washington, der erste Präsident der USA, dessen Porträt auf der Ein-Dollar-Note zu sehen ist, blickt dagegen vom Betrachter aus gesehen nach rechts, zeigt also mehr von seiner rechten Gesichtshälfte.

Eine Analyse von Porträts des niederländischen Malers Rembrandt van Rijn durch den bereits mehrfach zitierten Linkshänder-Experten McManus liefert einen Hinweis darauf, dass der Maler – vielleicht sogar unbewusst – Einfluss darauf nahm, wie sich Personen auf seinen Bildern darstellen. Auf 57 Selbstporträts des Künstlers zeigt er 48 Mal mehr von seiner linken Gesichtshälfte. Das entspricht etwa 84 Prozent. Vergleicht man diese Häufigkeit mit der Darstellung anderer Personen, so lässt sich eindeutig ein Gradient feststellen: Je näher der zu malende Mensch Rembrandt stand, desto eher bildete er mehr von dessen rechtem Profil ab. Männliche Verwandte zeigen auf den Gemälden zu 82 Prozent die rechte Wange, Männer, die nicht mit Rembrandt verwandt waren, nur zu 60 Prozent. Verwandte Frauen präsentiert uns der Künstler zu lediglich 44 Prozent mit der rechten Gesichtshälfte, nicht verwandte sogar nur zu 21 Prozent. Sowohl die Verwandtschaft als auch das Geschlecht des zu porträtierenden Menschen spielen also eine Rolle – zumindest bei dem niederländischen Maler.

Der Psychologe McManus folgert daraus, dass es bei Malern die grundsätzliche Tendenz gibt, sich selbst mit der rechten und andere Menschen eher mit der linken Wange darzustellen – und zwar um so mehr, je weiter die abzubildende Person von dem Künstler selbst entfernt ist. Als Beleg für diese Theorie der linksbetonten Darstellung des Nicht-Selbst führt McManus christliche Motive an. So zeigen Kreuzigungsszenen Jesus meist mit dem Kopf nach seiner rechten Seite gewandt. Dort hängt der eine von zwei Verbrechern, die mit Christus hingerichtet werden – und zwar der einsichtige, der Jesus bedauert. Auf der anderen Seite, also Christus zur Linken, hängt der Räuber, der verdammt wird, weil er nur an sein eigenes Schicksal denkt.

Jesus zeigt dem Betrachter also seine linke Wange. Der Heiland ist so weit wie überhaupt denkbar von dem Betrachter und dem Maler entrückt.

Zugleich befindet sich der in diesem Fall »gute Kriminelle« rechts von der Hauptperson, also jener Seite, die im Christentum eher positiv besetzt ist.

Eine der häufigsten christlichen Darstellungen in der westlichen Kultur über viele Jahrhunderte hinweg ist sicher die Mutter Gottes mit Jesus als Kind. Auch bei diesem Motiv wird Jesus üblicherweise mit der linken Wange dargestellt. Demzufolge stützt die Mutter Maria seinen Kopf mit ihrem linken Arm und schaut ihr Kind an. Sie zeigt dem Betrachter ihre rechte Wange.

Doch nach McManus' Analysen veränderte sich diese Darstellungsweise im Laufe der Jahrhunderte. Auslöser dafür war demnach die immer weiter um sich greifende Verehrung Marias und die Betonung ihrer unbefleckten Empfängnis. Je mehr dieser Marienkult sich verbreitete, desto mehr wurde Maria auch zu einer geheiligten Person, die den gewöhnlichen Menschen entrückt war. Bereits im späten Mittelalter, ab dem 12. und 13. Jahrhundert, und verstärkt in der darauffolgenden Renaissance änderte sich deshalb die Darstellung ihres Gesichtes. Immer häufiger blickt nun auch Maria nach rechts und zeigt demzufolge mehr von ihrer linken Gesichtshälfte.

Das Problem, dass dadurch beide – sowohl die Gottesmutter als auch Jesus – in dieselbe Richtung blicken, und diese Anordnung einen unnatürlichen Eindruck erweckt, lösten viele Künstler mit einem besonderen Kniff. Sie malten einfach noch einen Gegenstand an den Punkt, zu dem beide schauen, und schon wirkt die Blickrichtung von Mutter und Sohn wieder natürlich.

Manchem mag McManus' Interpretation zu weit gehen. Sie ist zumindest ein interessanter Beitrag in der wohl nie endenden Diskussion, was denn nun schön ist. Auch wenn dies jeder nach seiner Fasson beurteilen mag. Zumindest eines sollte dieses Kapitel deutlich gemacht haben: Die Schönheit liegt nicht nur im Auge des Betrachters, in Teilen haftet sie tatsächlich dem Objekt unserer Aufmerksamkeit an.

Hamburger für Linkshänder

Etwas Besonderes bezüglich der Linkshändigkeit findet weithin kaum Beachtung: Über Linkshänder werden keine Witze gemacht. Weiter gefasst kann man sogar sagen, dass es allgemein keine Witze über Händigkeit gibt. So sehr man auch danach sucht, das einzige scherzhafte oder doch eher sarkastische Bonmot dazu dürfte ein Spruch sein, der es von Toiletten-Wänden mittlerweile sogar zum T-Shirt-Aufdruck geschafft hat: Ich würde meinen linken Arm dafür hergeben, beidhändig zu sein.

Ob das Fehlen von Linkshänder-Witzen nun ein weiterer Beleg dafür ist, dass sie sich eben doch sehr gut durchs Leben schlagen und man deshalb gar keinen Grund hat, sich über sie lustig zu machen, oder ob es doch an dem mystischen Hauch liegt, der Linkshänder umweht, entweder traut sich niemand, Scherze über sie zu machen, oder es fällt tatsächlich niemandem ein wirklich guter Witz dazu ein. Den meisten Menschen scheint es jedenfalls gleichgültig zu sein, ob jemand Links- oder Rechtshänder ist, denn selbst über so ein triviales Unterscheidungsmerkmal wie blonde Haare kursieren Unmengen an Witzen. Anscheinend ist das Kriterium der Händigkeit zu wenig offensichtlich und zu wenig trennscharf, als dass es für Witze geeignet wäre.

Das verhindert allerdings nicht, dass sich der ein oder andere einen Jux mit Linkshändern erlaubt. So veröffentlichte die Schnellimbiss-Kette Burger King 1998 eine ganzseitige Anzeige in der amerikanischen Tageszeitung »USA Today«, auf der sie die Einführung eines »Linkshänder-Whoppers« verkündete – also den Verkaufsstart eines speziellen Hamburgers für Linkshänder. Die Marketing-Experten der Firma beteuerten, das Weichbrötchen mit Fleischbratling und Beilage habe die gleichen Zutaten wie ein normaler Whopper, allerdings sei alles um 180 Grad gedreht, um ihn für Linkshänder besser handhabbar zu machen. Die Leser der Anzeige versäumten es, auf das Datum der Kampagne zu achten: der 1. April. Tausende gingen dem Unternehmen auf den Leim und fragten in den Fastfood-Filialen nach dem neuen Snack. Rechtshänder sollen sogar auf der für sie vorgesehenen Version bestanden haben.

Am 1. April 2012 kursierte eine Nachricht im Internet, die behauptete, der Software-Hersteller Microsoft würde im Sommer desselben Jahres ein neues Betriebssystem für Smartphones anbieten, das speziell auf Linkshänder ausgerichtet sei. Bei »Windows Phones 7.6 Lefty« befände sich beispielsweise die sogenannte Scroll-Leiste, mit der man Bildschirminhalte nach oben oder unten verschieben kann, auf der linken Seite. Auch wenn mancher Linkshänder eine solche Anwendung für sinnvoll halten mag, muss er dennoch weiterhin auf dieses Betriebssystem warten, denn auch diese Ankündigung war nur ein Aprilscherz.

Zahlreiche Gegenstände des Alltags oder des Berufslebens sind dagegen mittlerweile in speziellen Anfertigungen für Linkshänder zu kaufen. Manches erscheint Rechtshändern zunächst überflüssig, weil sie es gewohnt sind, dass alle Gegenstände, mit denen sie hantieren, gängig für sie sind. Bei genauerer Betrachtungsweise stellt sich dann die für einen Linkshänder offensichtliche Tatsache heraus, dass mehr Handwerkszeug speziell für Rechtshänder gefertigt wird, als man annimmt. Wer würde schon denken, dass selbst ein so einfaches Gerät wie ein hölzerner Pfannenwender in der Regel für Rechtshänder optimiert ist. Sowohl die Schrägung seiner Unterkante als auch die leichte Wölbung des Wenders sind so ausgelegt, dass er besonders gut in der Rechten liegt.

Auch herkömmliche Geldbörsen sind meist auf Rechtshänder eingestellt. Sind sie zusammenklappbar, dann öffnet sich das Hartgeldfach meist auf ihrer rechten Seite. Eine Optimierung für Rechtshänder, die, wenn sie nach passendem Kleingeld suchen, das Portemonnaie mit links halten und mit rechts die feinmotorische Aufgabe erfüllen, Cents herauszukramen.

Vor allem das Internet, aber auch zahlreiche Spezialgeschäfte vor Ort bieten Abhilfe. Die Palette an sinnvollen Utensilien, die das Leben von Linkshändern erleichtern, ist lang: Maßbänder, bei denen die Skalierung von rechts nach links läuft. Armbanduhren für Linkshänder. Klappmesser, deren Klingen-Arretierung für Linkshänder angebracht ist.

Bohrmaschinen, Sensen, Scheren, Sparschäler, Dosenöffner, Korkenzieher, Messbecher oder Tassen, sind nur einige der Gerätschaften, die man für Linkshänder kaufen kann. Besonders wichtig ist alles, das linkshändigen Schülern das Lernen erleichtert, wie Füller und Stifte, Spitzer oder Ringblöcke.

Egal wie gut oder schlecht die schulischen Leistungen ausfallen und gleichgültig mit welchem Schulabschluss, in kaum einem Berufsbild kommen Absolventen ohne Computer aus. Zwei unumgängliche Werkzeuge für die Bedienung der Rechenmaschinen sind die Computermaus und die Tatstatur. Auch hierfür gibt es speziell für Linkshänder angepasste Versionen. Bei der Tastatur fällt vor allem das links angeordnete Nummernfeld auf. Ansonsten orientiert sich die Anordnung der Buchstaben an der bekannten QWERTZ- oder der QWERTY-Reihenfolge.

Wie in ihrem Alltag stoßen Linkshänder auch in der Berufswelt auf zahlreiche Hindernisse. Maschinen, deren Bedienelemente für Rechtshänder ausgelegt sind, dürften die häufigste Erschwernis darstellen. Die Bundesanstalt für Arbeitsschutz und Arbeitsmedizin liefert auf ihren Internetseiten zahlreiche Hinweise auf eine für Linkshänder freundliche Gestaltung von Arbeitsplätzen, unter anderem die Broschüre »Händigkeitsgerechte Gestaltung von Arbeitsmitteln«.

Eine große Studie für die Bundesanstalt zum Einfluss der Händigkeit auf die Arbeitswelt und -leistung aus dem Jahr 1992 zieht den Schluss, dass es im Wesentlichen keine entscheidenden Leistungsunterschiede zwischen Links- und Rechtshändern gibt. Vor- beziehungsweise Nachteile der einen sind nicht signifikant beziehungsweise gleichen sich aus.

Interessant sind beispielsweise die Ergebnisse zur Genauigkeit von Messungen mit einem Messschieber. Egal ob Links- oder Rechtshänder, die Probanden waren dann am besten in der Lage exakte Ergebnisse zu liefern, wenn das Gerät grundsätzlich für die Aufgabe geeignet war. Wesentlich unwichtiger war der Umstand, dass ein Rechtshänder mit einer Linkshänder-Schieblehre messen musste oder ein Linkshänder mit einem Werkzeug für Rechtshänder agierte. Die Linkshänder stellten sich in diesen Versuchen insgesamt geschickter an als rechtshändige Probanden – eventuell ein Indiz dafür, dass Linkshänder viel häufiger ihre Anpassungsfähigkeit trainieren müssen.

Darauf deuten auch die Ergebnisse eines Scherenschnitt-Experiments hin. In fast allen Konstellationen schnitten die Linkshänder buchstäblich besser ab. Erstaunlicherweise besonders dann, wenn sie Scheren für Rechtshänder benutzen mussten – wahrscheinlich eine Folge des alltäglichen Trainingseffektes, da an dem Versuch Probanden teilnahmen, die mit Linkshänder-Scheren ungeübt waren.

Die Autoren der Studie sehen deshalb auch weniger in den technischen Voraussetzungen, beispielsweise in entsprechend anzupassenden Maschinen, eine wesentliche Behinderung für Linkshänder, sondern eher in Konventionen. So verweisen sie explizit auf das Beispiel der Kellner, bei denen es nun einmal Usus sei, dass die mit der Rechten bedienten, während die Linke auf den Rücken zu legen sei.

Derlei Behinderung, so die Autoren, gebe es beispielsweise für Dirigenten nicht. Tatsächlich fanden britische Forscher unter mehr als 1500 befragten ausgebildeten Musikern einen leicht höheren Anteil an Linkshändern verglichen mit der Gesamtbevölkerung. Allerdings existieren für manche von ihnen ebenfalls Konventionen, die zumindest teilweise der Praktikabilität geschuldet sind. So müssen linkshändige Violinisten und Bratschisten in Orchestern auf die rechtshändigen Versionen ihrer Instrumente zurückgreifen, da sich ansonsten Platzprobleme ergeben könnten.

Das Bedienen durch einen Kellner folgt ja ebenfalls einer Konvention. Es erfolgt in der Regel von rechts, eine Hilfe für rechtshändige Bedienstete, eine Erschwernis für Linkshänder. Auch die Anordnung des Bestecks und der Gläser orientiert sich an Rechtshändern.

Die gute Nachricht der Studie lautet dagegen, dass Linkshänder keinem generell höheren Unfallrisiko in der Arbeitswelt unterliegen als Rechtshänder. Bei einem anderen Aspekt deckte diese Untersuchung allerdings erneut ein Faktum auf, dem wir bereits mehrfach begegnet sind: der falschen Selbsteinschätzung des Menschen. Für den Studienband wurden 1989 insgesamt 564 Personen im Alter von 15 bis 54 Jahren zu ihrer Händigkeit und Aspekten ihrer Arbeitswelt befragt. 98,6 Prozent gaben an, dass die Händigkeit keinen Einfluss auf ihre eigene Berufswahl gehabt hatte. Allerdings hielten es 14,3 Prozent für sinnvoll, die Händigkeit bei der Berufswahl zu berücksichtigen.

Unter 21 Berufsgruppen, denen die Befragten angehörten, zeigte sich außerdem eine ungleiche Verteilung der Linkshänder. Während unter den Raumausstattern, Fliesenlegern oder Tischlern überdurchschnittlich viele Linkshänder vorkamen, waren unter den Zahnarzthelferinnen und Schneidermeisterinnen nur verschwindend wenige bis gar keine Linkshänder zu finden.

Dabei könnten gerade Zahnarzthelferinnen von ihrer Linkshändigkeit profitieren. Für gewöhnlich sind die herkömmlichen Behandlungsstühle in einer Zahnarztpraxis so ausgelegt, dass sich das sogenannte Speibecken links vom Patienten befindet. Demzufolge sollte der Arzt von rechts her agieren. Das heißt seine Rechte hat in der Regel freies Spiel, während seine Linke eher eingeengt ist. Diese Anordnung bevorzugt rechtshändige Zahnärzte, während Linkshänder, wollten sie ihrer bevorzugten Hand mehr Spielraum eröffnen, von links her operieren müssten, wo sie allerdings das Speibecken einengt.

Für die Zahnarzthelferin verhält es sich aber genau umgekehrt. In der Praxis eines rechtshändigen Zahnarztes, der naturgemäß häufiger sein wird, agiert sie links vom Patienten, hat also einen Vorteil, wenn sie linkshändig ist. Insofern ist der verschwindend geringe Anteil der Linkshänder unter dieser Berufsgruppe nicht nachvollziehbar, und es wäre interessant einmal herauszufinden, ob es immer noch so ist.

Für viele Berufszweige gibt es mittlerweile Hersteller, die alle notwendigen Utensilien, so auch Behandlungsstühle für Zahnarztpraxen, für Linkshänder anbieten.

Für andere wichtige Lebensbereichen des Alltags spielen links und rechts ebenfalls eine wichtige Rolle. Die beiden bedeutendsten sind wohl Schrift und Verkehr. Mag es für die meisten Menschen noch einleuchtend sein, dass sich Verkehrssysteme von Links- auf Rechtsverkehr umstellen lassen – was in der Geschichte einiger Länder tatsächlich stattgefunden hat, so erstaunt dieses Faktum bei Sprachen viel mehr.

Schriften lassen sich unter anderem durch ihre Schreibrichtung unterscheiden. Jene, die waagerecht ausgeführt werden, laufen entweder von links nach rechts – so wie in diesem Buch – oder die Buchstaben fügen sich von rechts nach links aneinander, so wie beispielsweise im Arabischen oder Hebräischen.

Ein Sonderfall sind die sogenannten Bustrephedone. Das Wort stammt aus dem Griechischen und leitet sich von den Worten für Ochse und wenden ab: »bous« und »strephein«. Es spielt auf die Art und Weise an, in der man ein Feld mit einem Ochsen pflügt. Man zieht eine Furche, wendet Tier und Pflug und zieht die nächste Furche entgegen der Richtung der ersten. Übertragen auf eine waagerechte Schrift bedeutet das, die erste Zeile läuft von rechts nach links und die zweite von links nach rechts und so weiter.

Diese Besonderheit findet sich beispielsweise in Aufzeichnungen der antiken Griechen aus dem 6. Jahrhundert vor Christus. Davor verlief das Griechische von rechts nach links. Erst nach einer Übergangsphase mit Bustrephedonen nahm die Schrift im 5. Jahrhundert vor Christus ihren noch heute gültigen Verlauf von links nach rechts.

Inwieweit die Tatsache des Schrift-Verlaufs Wahrnehmung und Einstellung des Menschen prägt, ist zu großen Teilen noch unerforscht. Einige Aspekte wie beispielsweise die bevorzugte Darstellung von Fischen im Rechts- oder Linksprofil wurden bereits angeführt.

Da sich der wesentliche Teil der wissenschaftlichen Literatur in einem Sprachbild wiederfindet, das durch die westlichen Zivilisationen geprägt wurde, macht dies die Vermutung nicht ganz unwahrscheinlich, dass daraus eine gewisse Überheblichkeit hinsichtlich der Bewertung dieses Sprachsystems folgt.

Eine landläufige Annahme ist bislang jedenfalls noch nicht wissenschaftlich belegt. Die Schreibrichtung beeinflusst den Anteil der Linkshänder unter der Bevölkerung nicht. Die Vermutung, dass Schriften, die von rechts nach links laufen, Linkshänder alleine schon deshalb bevorzugen und fördern, weil sie mit ihrer Schreibhand nicht über noch feuchte Tinte wischen müssen, trifft jedenfalls nicht zu.

Insgesamt lässt sich aus dem reinen Überdauern von Schriftsystemen keine Überlegenheit als solche ablesen.

Ebenso wie im Laufe der Evolution manche Arten quasi nur aus Zufall überleben, sind mit der Auslöschung oder eben dem Fortbestand von Schriftsprachen unzählige Unwägbarkeiten verbunden.

Trotzdem behalten links und rechts ihre Bedeutung, selbst bei Neuschöpfungen innerhalb der Schriftsprache. Eine der jüngsten sind die sogenannten Emoticons, eine Abfolge von herkömmlichen Schriftzeichen, bevorzugt innerhalb von E-Mails, die bestimmte Stimmungs- oder Gefühlszustände ausdrücken sollen, zum Beispiel Freude :-) oder Ironie ;-). Die seit den 1980er-Jahren kursierenden Symbole, die auch als auf der Seite liegendes Gesicht zu verstehen sind, werden üblicherweise von links nach rechts gelesen, wie es auch der Konvention westlicher Schriftbilder entspricht. Mittlerweile haben sich allerdings auch linkshändige Versionen verbreitet, die von rechts nach links gelesen werden. Also (-: für Freude oder (-; für Ironie. Ob sich die linkshändigen Emoticons durchsetzen oder überhaupt überleben, wird die Zeit erweisen.

Ähnlich verhält es sich mit dem Verkehr. Heute herrscht in der Mehrzahl der Länder auf der Erde Rechtsverkehr. Diese Konvention hat sich allerdings erst mit der Zunahme der automobilen Fortbewegung Ende des 19. Jahrhunderts verbreitet. Die Begründungen, weshalb in den Jahrhunderten zuvor der Linksverkehr vorherrschend war, sind Legion. Meist hängen sie mit dem wichtigsten und stattlichsten Verkehrsmittel alter Tage zusammen: den Pferden. Da die meisten Menschen es bevorzugen, ein Pferd mit dem linken Fuß zuerst im Steigbügel zu besteigen und das rechte Bein über den Rücken des Reittieres zu schwingen, sollen bei Linksverkehr die Pferde bequemer vom Wegrand zu besteigen gewesen sein. Praktischerweise standen sie bei Linksverkehr dann auch gleich in der richtigen Richtung.

Andere vermuten einen Vorteil für den Linksverkehr, weil Ritter, die meistens auch Rechtshänder waren, so ihr links getragenes Schwert besser ziehen und einem Feind entgegenreiten konnten.

Wieder andere glauben, dass es an den Peitschen der Kutscher gelegen haben könnte, weshalb Linksverkehr bevorzugt wurde. Da viele Straßen unter Alleen verliefen und auch die meisten Kutscher als Rechtshänder die Peitsche zum Antreiben der Rosse rechts neben sich verwahrten, war damit die Gefahr am geringsten, sich in Ästen am linken Straßenrand zu verheddern.

Mehr oder minder logisch mögen diese und unzählige andere Erklärungen für den Vorteil des Linksverkehrs zwar sein. Doch trotz aller Vorteile, die der Linksverkehr einmal geboten haben mag, heutzutage fahren mehr Menschen in Systemen, die auf Rechtsverkehr setzen. Von 221 Staaten und Gebieten der Erde gilt in 59 noch Linksverkehr. Das flächenmäßig größte ist Australien, das bevölkerungsreichste Indien. Die größte zusammenhängende Zahl von Staaten, in denen links gefahren wird, findet sich im Süden und Osten Afrikas. Von Kenia bis nach Südafrika fährt man in zwölf Ländern links.

In puncto Sicherheit bietet keines der beiden Systeme einen Vorteil. Umstellungen erfolgen aus politischen oder praktischen Erwägungen. So ordnete beispielsweise die argentinische Junta 1982 nach der Besetzung der britischen Falklandinseln im Südatlantik den Rechtsverkehr an. Nach der Rückeroberung durch britische Truppen floss der spärliche Verkehr der Inseln allerdings wieder auf der gewohnten linken Seite.

Die letzte große Umstellung eines Flächenstaates von Links- auf Rechtsverkehr erfolgte 1967 in Schweden. Nach langem Widerstand der Bevölkerung setzten sich praktische Erwägungen, zum Beispiel bei der Kompatibilität des Verkehrssystems mit den Nachbarstaaten durch. Da die Motorisierung und infrastrukturelle Erschließung der meisten Länder mit Linksverkehr mittlerweile derart fortgeschritten ist, dürfte der Status quo für lange Zeit erhalten bleiben. Selbst wenn einige Inselstaaten, wie zuletzt Samoa, eine Umstellung von Links- auf Rechtsverkehr vornehmen, dürfte ein ähnlicher Schwenk für Länder wie Indien schlichtweg zu teuer sein.

Auf einem anderen Verkehrsweg herrschte dagegen schon immer eher Rechtsverkehr. Wendeltreppen in Burgen des Mittelalters winden sich meist rechtsherum. Wer sie hinaufsteigen wollte, musste sich also in einer Rechtskurve bewegen. Diese Treppenführung diente dem profanen Zweck der Verteidigung. Sollte es Angreifern tatsächlich gelingen Burggraben und -mauer zu überwinden, so mussten sie den Verteidigern, die von den Zinnen der Wehranlagen herabeilten, rechtsherum entgegenstürmen. Da auch damals schon die Mehrheit Rechtshänder war, mussten sie mit dem Schwert in der Rechten die engen Gänge hinauf. Von oben kamen die Verteidiger. Sie hatten mit ihrer Rechten mehr Bewegungsfreiheit, da sie den gesamten Treppenraum nutzen konnten, um auf ihre Gegner einzudreschen. Die Angreifer wurden dagegen rechts durch den Mittelpfosten der Treppe behindert.

Nachdem das Schießpulver und die Artillerie Einzug

in Europa gehalten hatten, verloren die mittelalterlichen Wehranlagen ab dem 14. Jahrhundert zusehends an Bedeutung. Nun wurden sie nur noch zu Repräsentationszwecken und in historisierendem Stil errichtet und die Drehrichtung der Wendeltreppen wurde belanglos.

Eine weitere gewichtige Bedeutung hatte links und rechts allerdings bei Adeligen und Rittern. Sie findet sich bei Wappen, die vor allem auf Schilden als Zeichen einer entsprechend edlen Abkunft getragen wurden. Der sogenannte Bastardfaden oder in seiner breiteren Form auch Bastardbalken genannte Schrägstrich über einem Familienemblem. Ab dem 15. Jahrhundert trugen dieses Zeichen besonders die unehelichen, damals als Bastarde bezeichneten Nachkommen von Hochadeligen auf ihrem Schild. Der Strich oder Balken läuft dabei vom Betrachter aus gesehen von links unten nach rechts oben. Ein Schrägbalken, der dagegen von links oben nach rechts unten läuft, deutet auf einen legitimen Sohn beziehungsweise auf eine Nebenlinie. Überflüssig zu erwähnen, dass Träger des Bastardfadens danach trachteten, ihn in einen umgekehrt verlaufenden umzuwandeln, um ihre uneheliche Herkunft zu verschleiern.

Ein Ende

Im Dom von Florenz können Besucher oberhalb des Hauptportals eine Uhr bewundern, die verblüfft. Ihr Zifferblatt zeigt keine zwölf Stunden an, sondern 24. Die Uhr und ihre künstlerische Ausgestaltung stammen aus dem 15. Jahrhundert. Das Feld für die erste Stunde befindet sich in etwa dort, wo bei unseren heutigen Zifferblättern die Sechs steht. Daran schließen sich rechts kreisförmig noch 23 weitere Felder an. Das 24. schließt dann wieder mit der linken Seite des ersten Feldes ab. Der einzige Zeiger der Uhr, der wie zu früheren Zeiten üblich nur die Stunden und nicht die Minuten anzeigt, bewegt sich folglich entgegen der Richtung, die wir heute als »mit dem Uhrzeigersinn« bezeichnen. Diese Redewendung hat also ihre eindeutig definierende Bedeutung erst im Laufe der Jahrhunderte erhalten. Uhren ticken nicht zu allen Zeiten gleich, zumindest zeigen sie die Zeit nicht immer gleich an. In der Renaissance konkurrierten noch zahlreiche unterschiedliche Modelle der Chronometer, und erst mit der Massenproduktion im 16. Jahrhundert setzte sich unser heute noch gebräuchliches Zifferblatt mit Zeigern, die sich im Uhrzeigersinn drehen, durch.

Das Beispiel der Uhren steht in der Ökonomie für das Phänomen, dass sich bestimmte Regularien, Produkte oder Methoden durchsetzen, ohne dass sie einen erkennbaren tatsächlichen Vorteil hätten. Sie setzen sich einfach durch und erlangen dadurch allgemeine Gültigkeit, ohne dass dafür eine naturgegebene Ursache nötig wäre. Trotzdem erscheinen sie uns dann als beinahe zwangsläufig und als einzig richtige Lösung für ein Problem – so wie heutige Zifferblätter vordergründig für uns vollkommen natürlich, normal und als einzig logische Darstellung der Stunden eines Tages erscheinen. Doch egal wie die Uhren auch ticken mögen und wie sie die Zeit anzeigen, die objektive Länge eines Tages haben sie noch nirgends verändert.

Ähnlich verhält es sich mit Rechts- und Linkshändern. Die Rechtshänder erscheinen sich selbst, alleine schon aufgrund ihrer größeren Zahl, als logisch und normal. Linkshänder wirken dagegen als Sonderfall. Bei näherer Betrachtung wird aber sowohl Rechts- als auch Linkshändern klar, dass sie etwas Besonderes sind und dass sie beide zur Erforschung des faszinierenden Phänomens der Lateralisation beitragen können.

Linkshändigkeit und die ihr zugrunde liegende Lateralisation ist ein weit verbreitetes Phänomen. Forscher der unterschiedlichsten Disziplinen versuchen, die Rätsel dieses Phänomens zu entschlüsseln. Vieles haben sie bereits herausgefunden. Manches verblüfft, manches lässt uns ratlos zurück – vorerst zumindest.

Eines ist aber klar: Die Lateralisation ist untrennbar mit dem Menschsein verbunden. Ohne sie wären wir nicht die Wesen, die wir nun einmal sind. In uns wurzelt tief die Suche nach Mustern, weil sie uns ermöglichen, Dinge einzuordnen, begreif- und teilweise beherrschbar zu machen. Deshalb muten viele Rechtshänder ihre linkshändigen Mitmenschen auch sonderbar an, denn sie passen nicht in das vorgegebene Muster. Das irritiert, macht aber auch klar, dass die Welt, in der wir uns zu bewegen glauben, oft nicht so ist, wie sie uns erscheint. Die verständliche Reaktion der Unsicherheit sollte niemanden zur Ablehnung verleiten. Wenn man sich näher mit dem Phänomen der Lateralisation beschäftigt, eröffnen sich erstaunliche Perspektiven auf die Welt und das Wesen Mensch. Dabei tritt auch so manche Unzulänglichkeit zutage – sowohl bei Links- als auch bei Rechtshändern.

Die faszinierende Entdeckungsreise, die uns die Forschung zu den Wurzeln unseres Selbst ermöglicht, sollte uns also versöhnlich stimmen und uns erkennen lassen: Der vermeintliche Konflikt zwischen der Rechten und Linken ist unnötig und sollte ein Ende finden. Kein Rechtshänder würde freiwillig auf seine Linke verzichten – ebenso wenig wie kein Linkshänder seine Rechte hergeben möchte. Letztlich gilt das Wort des Schriftstellers Jospeh Roth aus seinem Roman »Rechts und links«: »Jeder Fanatismus macht grausam.«